本书的出版得到上海大学高层次引进人才科研启动经费的资助。

感受拉丁美洲

江时学 著

中国社会科学出版社

图书在版编目（CIP）数据

感受拉丁美洲 / 江时学著 . —北京：中国社会科学出版社，2019.9
ISBN 978 – 7 – 5203 – 5164 – 5

Ⅰ.①感… Ⅱ.①江… Ⅲ.①拉丁美洲—概况 Ⅳ.①K973

中国版本图书馆 CIP 数据核字（2019）第 210234 号

出 版 人	赵剑英
责任编辑	张　林
特约编辑	张　虎
责任校对	赵雪姣
责任印制	戴　宽

出　　版	中国社会科学出版社
社　　址	北京鼓楼西大街甲 158 号
邮　　编	100720
网　　址	http://www.csspw.cn
发 行 部	010 – 84083685
门 市 部	010 – 84029450
经　　销	新华书店及其他书店
印　　刷	北京明恒达印务有限公司
装　　订	廊坊市广阳区广增装订厂
版　　次	2019 年 9 月第 1 版
印　　次	2019 年 9 月第 1 次印刷
开　　本	710×1000　1/16
印　　张	18.75
字　　数	301 千字
定　　价	99.00 元

凡购买中国社会科学出版社图书，如有质量问题请与本社营销中心联系调换
电话：010 – 84083683
版权所有　侵权必究

2004年9月访问古巴时作者与菲德尔·卡斯特罗合影

2008年4月在墨西哥参加世界经济论坛时作者与哥斯达黎加前总统阿里亚斯合影

2009年11月作者在美国国防大学参加中拉关系研讨会

2012年1月5日作者在人民网强国论坛讨论拉美社会问题

作者在天津参加 2018 年夏季达沃斯论坛期间接受英国广播公司（BBC）的采访

作者在天津参加 2018 年夏季达沃斯论坛

作者在中国国际电视台谈论拉美形势

作者 2019 年 3 月 28 日作者在葡萄牙参加"一带一路"讨论会

永远怀念我的母亲

前　　言

最近一二十年，中国与拉美国家的关系快速发展。除双边贸易和投资快速增长以外，高层往来和人文交流也取得了前所未有的发展。

但是，毋庸置疑，中国与拉美国家之间的相互了解是不够的。用一句极为通俗的话来说就是：中国对拉美了解不够，拉美对中国所知甚少。

在国际关系中，相互了解是推动双边关系的最有效的手段之一。此外，"一带一路"的"五通"之一就是民心相通。因此，为了进一步提升中拉关系，我们必须更多地了解拉美。

我自1980年从事拉美研究迄今已近40年。在此期间，我出版过多本学术专著，发表了不少学术论文。但我认为，这些研究成果可能过于学术化，只能"孤芳自赏"，一般读者不会感兴趣。这样一种供求关系委实使我感到很尴尬。

因此，我一直想用一种较为通俗易懂的写法，用一些较为轻松的语言，把我所知道的拉美告诉广大读者。

毫无疑问，横看成岭侧成峰，远近高低各不同。每一个人从不同的视角观察拉美，由此得出的结论也是不一样的。

本书共有100篇小文章，涉及拉美的政治、经济、外交、社会、文化和历史等领域。

需要说明的是，本书不是学术专著，而是通俗读物。因此，本书的读者对象不是知识渊博的学者，而是希望了解拉美的普通人。

目　　录

在这片土地上 …………………………………………（1）
拉美人有什么特点 ……………………………………（4）
"阿里亚斯命题" ………………………………………（7）
影响拉美发展的非经济因素 …………………………（10）
拉美的富国在哪里 ……………………………………（13）
如何看待"第三世界终结论" …………………………（17）
拉美大陆上的"经济政变" ……………………………（20）
"依附论"的"馊主意" …………………………………（23）
不能全盘否定"民众主义" ……………………………（26）
把信封贴在邮票上 ……………………………………（29）
拉美的"腐败文化" ……………………………………（32）
"看不见的拳头" ………………………………………（35）
俄罗斯应该如何学习拉美 ……………………………（38）
非正规经济漫谈 ………………………………………（40）
"不患贫而患不均" ……………………………………（44）
不要贬低拉美 …………………………………………（47）
"拉美化"是一个伪命题 ………………………………（51）
一个"反动分子"的辩白 ………………………………（53）
不宜使用"拉美病"的提法 ……………………………（56）

全球化与反全球化 …………………………………… (59)
"另一个世界是可能的" ……………………………… (62)
"中等收入陷阱"不是数字游戏 ……………………… (65)
莫名其妙的"1000美元门槛" ………………………… (68)
哈利森的"文化决定论" ……………………………… (71)
文化差异的尴尬 ……………………………………… (74)
从牧羊娃的回答说起 ………………………………… (76)
把爱娃·庇隆的头像印在美钞上 …………………… (79)
"国家风险"不容忽视 ………………………………… (82)
强龙难斗地头蛇 ……………………………………… (84)
"芝加哥弟子"是何许人也 …………………………… (86)
慧深、郑和与孟席斯 ………………………………… (89)
拉美国家200多岁了 ………………………………… (92)
中国不吹牛 …………………………………………… (94)
与"中国龙"跳探戈舞 ………………………………… (97)
拉美大陆上的"印度象" ……………………………… (100)
中国是拉美经济的"天使" …………………………… (103)
爱恨交加的关系 ……………………………………… (105)
门罗总统不必在棺材里打滚 ………………………… (108)
"小马歇尔机会"不会得逞 …………………………… (111)
那里是天堂还是地狱 ………………………………… (115)
敢问路在何方 ………………………………………… (117)
结婚意味着什么? …………………………………… (120)
拉美足球的喜怒哀乐 ………………………………… (123)
"这就是你说的民主吗" ……………………………… (127)
拉美军人的作用 ……………………………………… (130)

拉美的民族主义 ………………………………………… (133)
皮诺切特的"政治遗产" ………………………………… (136)
如何认识解放神学 ……………………………………… (138)
拉美的女总统 …………………………………………… (140)
慎用"拉美学" …………………………………………… (143)
斗牛与"动物权" ………………………………………… (145)
美洲金银的重大贡献 …………………………………… (148)
小布什总统的"笑柄" …………………………………… (151)
澳门要做中国与巴西的"红娘" ………………………… (153)
抢银行的人去银行办银行卡 …………………………… (156)
毒品的供给与需求 ……………………………………… (159)
肥胖也是一种美丽 ……………………………………… (162)
巴西的两个奇迹 ………………………………………… (165)
巴西的"入常"梦 ………………………………………… (168)
巴西的希望为什么总是在明天 ………………………… (171)
"肥猫"罢工 ……………………………………………… (173)
用鲜血保护地球之"肺" ………………………………… (175)
墨西哥是可怜的还是幸运的 …………………………… (177)
墨西哥奥运会前后的故事 ……………………………… (180)
"昨天本市无凶杀案" …………………………………… (183)
拉美的"中东化"现象 …………………………………… (186)
"绿色魔王"的末日 ……………………………………… (189)
为了改变秘鲁的社会性质 ……………………………… (192)
猪肉的特殊"功效" ……………………………………… (195)
"西班牙人滚出去！" …………………………………… (197)
"别为我哭泣，阿根廷！" ……………………………… (201)

秘鲁人爱"吃饭" ……………………………………（204）

秘鲁是如何走上改革之路的 ……………………（207）

"光辉道路"不光辉 ………………………………（210）

国际藜麦年 ………………………………………（213）

了不起的查韦斯 …………………………………（215）

"21世纪社会主义" ………………………………（219）

"美女工厂"委内瑞拉 ……………………………（221）

委内瑞拉与"荷兰病" ……………………………（224）

查韦斯的"阴谋论" ………………………………（226）

委内瑞拉的"府院相争" …………………………（229）

谁是一国之主 ……………………………………（232）

坏事真能变好事 …………………………………（235）

阿连德总统死于何人之手 ………………………（237）

美国人心目中的独裁者 …………………………（240）

加勒比的4个"S" …………………………………（243）

西半球只有一个社会主义国家 …………………（246）

卡斯特罗是一个伟人 ……………………………（250）

"加勒比海的中国" ………………………………（254）

古巴为什么没有爆发"茉莉花革命" ……………（257）

人类历史上持续时间最长的经济封锁 …………（260）

古巴为什么没有上访 ……………………………（264）

一个没有高楼大厦的国家 ………………………（267）

非凡的领袖　杰出的学者 ………………………（269）

中国送给巴哈马的大礼 …………………………（272）

海地为什么如此贫穷 ……………………………（275）

驳"中国害臊论" …………………………………（278）

波多黎各会不会成为美国第 51 个州 …………………………（280）
富可敌国的开曼群岛 ………………………………………（283）
拉美研究如何避免"摘樱桃" ………………………………（285）
后记 …………………………………………………………（288）

在这片土地上

大洋彼岸，有一块神奇的土地。

在这片土地上，曾经有过非常了不起的三大历史文明（玛雅文明、阿兹特克文明和印加文明）。

在这片土地上，据说中国航海家郑和的脚印要比哥伦布的脚印早几十年。

在这片土地上，既有皮诺切特和查韦斯这样的政治家，又有加西亚·马尔克斯和巴勃鲁·聂鲁达这样的文化名人。

在这片土地上，既有不计其数的摩天大楼，又有大片大片的贫民窟；既有拥有数百亿美元的大富翁卡洛斯·斯利姆，也有近2亿贫困人口。

在这片土地上，东山再起的左派曾经是举世瞩目的一大"景观"。

在这片土地上，中国的国家主席和副主席曾在短短的半个月内留下足迹。

在这片土地上，独特的水土和气候奉献出享誉世界的高质量咖啡；喝上一杯这样的咖啡，你能体味到初恋时的香醇和失恋时的苦楚。

在这片土地上，获得世界选美比赛的冠军最多。

在这片土地上，有一个国家的内战曾延续了半个多世纪。

这片土地，就是大洋彼岸的拉丁美洲。

拉美有33个国家，还有10多个未独立的地区，地域面积相当于欧洲大陆的3倍，人口近6亿。

需要说明的是，在我国，学术界和媒体所说的"拉美"，常常包括了加勒比地区。当然，在必要时，也会说"拉美和加勒比"。例如，在我国外交部的组织机构中，主管拉美事务的叫"拉丁美洲和加勒比司"，简称"拉美司"。

在我国外交部的网站上，拉美和加勒比的33个国家被置于南美洲和北美洲两大地区：南美洲有12个，北美洲有23个。在北美洲的23个国家中，除美国和加拿大以外，其余21个就是中美洲国家和加勒比国家。

走遍拉美，你能听到5种语言：西班牙语、葡萄牙语、英语、法语和荷兰语。

就人口、国土面积和经济规模而言，拉美国家之间的差别实在太大了。巴西拥有2亿多人口和850多万平方公里，国内生产总值高达2万多亿美元。而加勒比海岛国圣基茨和尼维斯只有5万多人，国土面积仅为261平方公里，小于北京市的丰台区。经济规模也很小，国内生产总值只有数亿美元。

在历史上，拉美是西班牙和葡萄牙的殖民地，但"拉丁美洲"这一名称却是法国人发明的。1863年，法国军队占领了墨西哥城。翌年，奥地利皇帝的幼弟马可西米利亚诺大公被扶上墨西哥"王位"，成为法国拿破仑三世的傀儡。但这个短命的国王仅"在位"三年。1867年，墨西哥取得了抗法战争的胜利，马可西米利亚诺被处决。

马可西米利亚诺在位时，法国十分希望扩大自己在新大陆上的势力范围，以抵御美国、西班牙和葡萄牙在该地区的影响力。为了达到这一目标，法国人决定先从名字入手。

为了不让人们称这片土地为"西属美洲"，法国人必须想出另外一个名字。最初，法国人试图将其称作"法兰西美洲"（Francoamerica），甚至梦想巴黎能成为"他们的"拉丁美洲的"首都"。但他们觉得这一名称过于张扬，不太符合当时的国际政治格局。于是，他们想到了"拉丁美洲"，因为历史上西班牙也与罗马世界有关，而且西班牙语和葡萄牙语与法语都属于拉丁语系。

据说"拉丁美洲"名称的来历还有另一种解释。法国人米歇尔·舍瓦利耶（Michel Chevalier，1806—1879）于1836年最早使用了"拉丁美洲"这一名称，以便将天主教的南美洲与盎格鲁·撒克逊人新教的北美洲加以区别。

还有人认为，最早使用"拉丁美洲"一词的是哥伦比亚诗人何塞·马里亚·托雷斯·卡依塞多（Jose Maria Torres Caicedo）。1856年，他写了一首题为"两个美洲"（Las dos Americas）的长诗。诗中有这样的字句：

> 这些为联合而诞生的民族，
> 今天却四分五裂，孤立无援；
> 团结是它们的责任，相爱是它们的法律；
> 它们有着共同的根和共同的使命——
> 拉丁美洲人，
> 面对着撒克逊人——
> 这个死敌正威胁着
> 毁掉它们的自由，撕碎它们的旗。

哥伦比亚作家、诺贝尔文学奖获得者加西亚·马尔克斯说："拉美是一个由鬼魂缠身的男人和具有传奇色彩的女人组成的无边无际的大陆，其永不消失的顽强在传奇中变得模糊不清。"

1988年，邓小平作出过这样的预言："人们常讲21世纪是太平洋时代……我坚信，那时也会出现一个拉美时代。我希望太平洋时代、大西洋时代和拉美时代同时出现。"他还指出："中国的政策是要同拉美国家建立和发展良好的关系，使中拉关系成为南南合作的范例。"

2014年7月17日，习近平主席在访问拉美期间出席了在巴西利亚举行的中国—拉美和加勒比国家领导人会晤。在题为"努力构建携手共进的命运共同体"的主旨讲话中，习近平说："当前，中国人民正在为实现中华民族伟大复兴的中国梦而奋斗，拉美和加勒比各国人民也在为实现团结协作、发展振兴的拉美梦而努力。共同的梦想和共同的追求，将中拉双方紧紧联系在一起。让我们抓住机遇，开拓进取，努力构建携手共进的命运共同体，共创中拉关系的美好未来！"

拉美人有什么特点

每一个民族都有一种能够反映其民族特性的特点。拉美人有什么特点呢？我听拉美人讲过以下几个笑话：

天空中乌云密布，雷鸣电闪。亚洲人赶紧把晒在户外的衣服拿回家，关上家门，万事大吉。在户外喝咖啡、"侃大山"的欧洲人立即跑进室内，继续打发其轻松的时间。而拉美人却跑到户外，仰望长空，而且还手舞足蹈。亚洲人和欧洲人问拉美人："你不怕被闪电击中？"拉美人笑嘻嘻地说："那不是闪电，是上帝在用闪光灯为我拍照。"

这个笑话是不是反映了拉美人对生活怀有的乐观心态？

下面这个笑话似乎反映了拉美人的精明和机灵。

美国宇航局（NASA）发明了一种航天器，需要在世界上招收一个试航员，以测试其性能。NASA官员问前来应聘的亚洲人："试飞有危险，因此我们可以给你一笔钱。你要多少？"亚洲人答："1万美元。"NASA官员接着问欧洲人："你要多少报酬？"欧洲人答："2万美元。"NASA官员最后问拉美人要多少美元，拉美人说："我要3万美元。""是不是太多了？亚洲人仅要1万，你要3万？"拉美人答道："虽然我跟你要3万，但我用其中的1万雇佣那个亚洲人上天，因此最后到我银行卡上的实际收入只有2万美元。"

下面这个笑话确实能说明拉美人多么会享受生活。

墨西哥旅游胜地坎昆的海滩上，总有一些拉美人天天在那里躺着晒太阳，无所事事，仅仅瞄着海滩上走来走去的身穿比基尼的姑娘。来此旅游的亚洲人问道："你们天天这样，多浪费时间，为什么不去做点工作？"拉美人问："做什么？"亚洲人说："海里有鱼，可以下海捕鱼啊。"拉美人再问："捕鱼来干什么？"亚洲人说："鱼可以卖，你就可以变成有钱人了。"拉美人又问:"有钱了干什么用?"亚洲人苦口婆心地说:"有钱了你可以享受生活了,可以想干什么就干什么。比如说,你就可以来海滩上晒晒太阳,看看美女,多么快乐啊!"拉美人答道:"我现在就在晒太阳,看美女啊。"

我还听人说,拉美人具有浪漫、傲慢和散漫的特点。说拉美人浪漫和傲慢,我难以下结论。但说拉美人散漫,却是一个公认的事实。

在拉美经营多年的一家中资企业雇用了一个当地司机。由于他经常磨洋工,中资企业向当地的合作伙伴提出,希望换一个司机。当地的合作伙伴说:"不必换。如果你真的要换,你会发现,你换的只是司机的姓名而已。"言下之意是:没有一个当地人会认真地工作。

当然,勤奋工作的拉美人并不少见。一位中国大使曾对我说,他的使馆雇佣的当地人非常希望大使馆在晚上有各种各样的外事活动。使馆在晚上举行的活动越多,当地雇员的加班工资就越多。

"今日有酒今日醉"也是拉美人的一个特点。因此,拉美国家的领导人不必鼓励消费,不必刺激内需。许多拉美人领取薪酬后,大手大脚地消费,很少考虑储蓄,许多拉美企业支付的不是月薪,而是周薪。否则,下半个月他们就会两手空空。

拉美文化中的时间观念较为淡薄,因此,拉美人办事拖拉或不守时的现象十分普遍。秘鲁前总统加西亚说,秘鲁人习以为常的"秘鲁时间"(hora peruana)不仅影响了生产率的提高,而且还引起了许多外国投资者的抱怨。为此,秘鲁政府在2007年3月开展了一个名为"遵守时间"(la hora sin demora)的运动,要求政府、企业、学校和其他一些组织机构抛弃"秘鲁时间",强化时间观念。

我曾在国外参加过两个研讨班。我的感觉是,拉美人总是迟到或缺席,亚洲人最守时,也很少缺席。

在墨西哥进行过长期研究的美国学者奥斯卡·刘易斯在其颇有影响力的《桑切斯的孩子们:一个墨西哥家庭的自传》(1963年)一书中,生动地描写了墨西哥人的生活方式。书中的主人公曼纽尔·桑切斯说道:"……如果我马上要死了,我就应该在活着的时候享受一下。我怎么知道自己在下一辈子会是什么样?如果我现在口袋里有十个比索,想吃个冰激凌,那我就买一个,即使干不了别的事也要买一个。这样我就不会口馋了。我不愿意拒绝自己任何要求。我常常问我自己：人生一世，图的是什么？图的是积累起来的一样一样东西，还是满足自己的要求所带来的那种经历？我觉得人的经历更有价值。我劳动了一辈子，因此，现在我想去哪里，就坐出租车去。我不愿意挤公共汽车。如果我去饭店吃饭，我不要豆子，而是要一块烤牛排和几个鸡蛋。如果我想坐下，我就坐下。如果我早晨不想起床，我就睡觉。我留下的最好的遗产就是教我的子女如何生活。我不想让他们成为傻瓜——我敢对我妈发誓。我不想让我子女成为普通劳动者。"

  还有人抱怨拉美人说话不算数。我的一位朋友在墨西哥进修时，结识了一个墨西哥朋友。有一天，这个墨西哥朋友跟他说："我要请你吃饭，你一定要接受我的邀请。"这位中国学者按时来到餐馆，但是等了几个小时也未见人影。翌日，他问那个墨西哥朋友为什么失约。墨西哥人说："是吗？我邀请你了吗？"

  有一次我去拜访某拉美国家驻华大使，并请教他几个问题。我说我去过你们的国家，你们的葡萄酒真棒！这位大使立即对他的秘书说："把江教授的地址要来，明天送他两瓶葡萄酒。"时至今日，我仍未见到葡萄酒。

  还有一位拉美国家的驻华大使也很有趣。他在不同场合见到我的时候，总是笑嘻嘻地说："你还没有到过我的国家。我一定安排你去访问，或参加学术会议，或讲学，或……"迄今为止，我仍然在期待着他发出的正式邀请，而他早已卸任回国了。

  当然，人们对拉美人的偏见或模式化的看法也随处可见。例如，1940年12月，美国的一个民间机构曾在全国范围内就这个问题进行过一次民意测验。80%的受访者认为，拉美人皮肤黝黑。近50%的受访者回答：脾气急躁。按照百分比的高低，其他回答是：易动感情、笃信宗教、落后、懒惰、愚昧、好猜疑、友好、肮脏、自豪、想象力丰富、机灵、聪明、诚实、勇敢、慷慨、有进取心、效率高。

  一个名叫芭芭拉·克鲁兹的美国学者曾对美国的7年级至12年级的教科书进行过分析和总结。她的结论是：这些教科书对拉美人的特点的描写基本上是懒惰、消极、不负责任、自相矛盾、贪婪、兽性十足和狂暴。

  其实，我认识的拉美人基本上都给我留下了较好的印象。我的同事、朋友或熟人对拉美人的评价也都是以正面为主。

"阿里亚斯命题"

我有幸与哥斯达黎加前总统奥斯卡·阿里亚斯有过两次面对面的机会。第一次是2008年4月。我应世界经济论坛之邀，赴墨西哥坎昆参加世界经济论坛拉美会议（World Economic Forum on Latin America）。某日，我坐电梯去会场。电梯下了几层，停了，电梯门打开后，进来两个人，一位是长者，另一位是年轻人。我看那位老人十分面熟，似乎在哪里见过。我仔细地看了他一眼，终于想起来了：他就是哥斯达黎加总统奥斯卡·阿里亚斯。

走出电梯后，我鼓足勇气问阿里亚斯总统可否与我合影，留作纪念。他笑嘻嘻地说可以。我把照相机给了他身边的年轻保镖。小伙子为我与阿里亚斯总统留下了难得的合影。

2011年4月，我应邀赴西班牙首都马德里参加一个名为北美洲—欧洲—拉丁美洲三方对话会。阿里亚斯也参加了会议，并在午餐会上发表讲演。阿里亚斯在2010年大选后不再担任哥斯达黎加总统，但在这一次会议上，他同样给我留下了深刻的印象。会议期间，他坐在最后一排，静静地聆听与会者的发言。当时我想，谁能知道那位坐在不显眼的地方的老人居然是一个国家的前领导人、诺贝尔和平奖获得者。

在我眼中，阿里亚斯是一个了不起的人物。

首先，在他当政期间，中国与哥斯达黎加建立了外交关系。自中国在1991年11月9日宣布中止与尼加拉瓜的外交关系以来，哥斯达黎加是与我国建交的唯一中美洲国家，其政治意义之巨大是可想而知的。

其次，阿里亚斯在20世纪80年代积极调停中美洲冲突，并因此而在1987年10月获得了诺贝尔和平奖。须知，持续时间近十年的中美洲冲突，使有关国家蒙受了巨大的损失。

再次，阿里亚斯曾在 1986—1990 年和 2006—2010 年两次担任总统。在他当政期间，哥斯达黎加政治稳定，经济发展，人民安居乐业。

最后，我还非常钦佩阿里亚斯对拉美发展问题所作的精辟分析。诚然，他的观点并非百分之百的正确，但他看问题的角度是非常独特的，提出的许多观点很值得我们深思。

2009 年 4 月 17—19 日，第五届美洲国家首脑会议在加勒比海国家特立尼达和多巴哥举行。19 日的议程之一是与会者发言。这也是拉美国家的领导人与美国总统奥巴马第一次在正式场合见面。在阿里亚斯发言之前，委内瑞拉总统查韦斯、玻利维亚总统莫拉莱斯、尼加拉瓜总统奥尔特加、阿根廷总统费尔南德斯和厄瓜多尔总统科雷亚已作了或长或短的发言。他们在讲话中都提到了美国，并将拉美独立以来的近两个世纪中遇到的各种问题归咎于美国。

阿里亚斯在发言中说："我有这样一个印象：每次拉美和加勒比国家的领导人与美国总统会面时，我们总是把我们在过去、现在和将来遇到的问题归咎于美国。我认为这样做是不公正的。"他说："哈佛大学和威廉玛丽学院是美国最早创建的大学。我们不能忘记，早在美国建立这两所大学以前，拉美就已经有了大学。我们也不能忘记，在 1750 年以前，美洲大陆上的每一个人都是一样的：都很贫穷。"他说："工业革命出现在英国时，德国、法国、美国、加拿大、澳大利亚和新西兰等国都搭上了这列火车。但工业革命像流星一样掠过了拉美，我们甚至都没有注意到它。我们肯定失去了一个机会。"

阿里亚斯说："50 年前，墨西哥比葡萄牙富有。1950 年，巴西的人均收入比韩国高。60 年前，洪都拉斯的人均收入高于新加坡。……我们拉美人肯定做错了什么。我们错在什么地方呢？"他的回答是：拉美人的受教育时间平均只有 7 年，拉美的征税率是世界上最低的，而拉美的军费开支则高达每年 500 亿美元。他说："这些错误不是人家的错误，而是我们自己的错误。"

阿里亚斯说道："我经常问我自己：谁是我们的敌人？正如科雷亚总统刚才所说的那样，我们的敌人是不公正，是缺少教育，是文盲，是我们没有把钱花在人民的健康上。"他还说，21 世纪是亚洲世纪，不是拉美世纪。他赞赏中国在过去的 30 年中使 5 亿人摆脱贫穷。他说："我们还在无休止地辩论意识形态问题。在我们讨论哪一种'主义'最佳的时候，在我们讨论资本主义好还是社会主义和共产主义好、自由主义好还新自由主义好的时候，亚洲人却已经找到了一种符合21世纪的'主义'，那就是'实用主义'。"

在2011年第一期的美国《外交事务》杂志上，阿里亚斯发表了一篇题为"文化是至关重要"的文章。在这一文章中，阿里亚斯再次痛心地问道："拉美国家独立200年以来，没有一个成为真正意义上的发达国家。拉美错在什么地方？为什么其他地区的原来落后于我们的国家却取得了我们长期以来梦寐以求的成效？"

阿里亚斯说："我们中的许多人用阴谋论或自我怜悯的理由来回答上述问题。他们指责西班牙帝国在过去掠夺了我们的财富，也指责美国帝国在今天榨取我们的血。他们说，国际金融体系设法阻碍拉美的发展，或有意通过全球化来把拉美置于黑暗中。他们总是把拉美的欠发达归咎于其他人，就是不在拉美自己身上找原因。"

阿里亚斯写道，1820年，拉美的人均国内生产总值比美国高出12.5%；今天，拉美的人均国内生产总值只有美国的29%。他认为，拉美文化中的4个特征是阻碍拉美现代化进程的障碍：抵制改革、缺乏信心、民主准则脆弱、崇尚军事实力。他说，为了构建一种充满自由和进步的文化，拉美人应该抛弃政治上的僵化，对公民的要求作出积极的回应，并通过对富人征税来扩大政府财政收入的来源。作为一个没有军队的国家的政治家，阿里亚斯对拉美国家的军费开支不断增加尤为关切。他在这篇文章中写道，"军事主义"是一种倒退的、具有破坏性的力量，应该被"和平文化"取而代之。

阿里亚斯认为，"拉美地区的政治领导人很少有耐心或技能来引导他们的人民走完改革进程。在一个民主国家中，领导人应该像校长那样，善意对各种疑问和问题作出回答，解释清楚为什么要增加一门新的课程，增加这一课程的好处在哪。但在拉美，领导人常用这样一句话来证明自己是正确的：'因为我就是这样说的'"。

我们不妨把阿里亚斯对拉美发展问题的分析称为"阿里亚斯命题"。毋庸置疑，"阿里亚斯命题"有一定的片面性，但他对影响拉美发展进程的外因与内因的分析，确实是有一定道理的。

影响拉美发展的非经济因素

我在互联网上看到，日本人为女士设计的一款爱马仕包（Hermes Birkin）售价190万美元。包包上有数不清的珍珠和宝石，包包的带子上也有许多珠宝，把拎包的带子解下来后可以当作项链用。

然而，在这个极乐世界的另一端，却有惨不忍睹的贫困和饥饿。国际媒体经常报道，持久的天灾人祸使一些非洲国家的穷人食不果腹、衣不蔽体。据说有些非洲儿童因长期吃不到东西而失去了吞咽功能。当国际人道主义救援人员给儿童喂牛奶时，他们却不知道如何咽下去。

为什么有些国家的居民可以买得起190万美元的包包？为什么有些国家的居民却连饭都吃不饱？

的确，人类社会面临的最大难题就是如何加快发展。为什么有些国家能长期取得较高的经济增长率？为什么有些国家能成为新兴工业化国家？为什么有些国家难以摆脱贫穷落后？为什么有些国家在发展道路上姗姗来迟？

长期以来，经济学家为寻求上述问题的答案作出了不懈的努力。概而言之，发展的决定因素不外乎外部因素和内部因素两大类。由于外因是变化的条件，内因是变化的根据，因此，发展的决定因素应该以内部因素为主。

在影响发展进程的各个内部因素中，世界各国的学者提出了五花八门的观点。美洲开发银行的经济学家在《影响发展的决定因素》（*Development Beyond Economics*）一书中选择了三个非经济因素：人口、地理和政治体制。他们认为，这些因素是影响长期发展的决定因素，但很少引起人们的关注，这在一定程度上是因为这些问题的讨论超出了经济学的传统范围。

关于人口对发展的影响，该书认为，人口是导致拉美国家的发展水平低于发达国家的一个重要原因。当前，许多拉美国家正处在人口转型期，而且，在21世纪上半期，人口转型的趋势还将进一步加快。这就为拉美的发展创造了一个独特的机遇：处于生产能力和储蓄能力最强的年龄阶段的人口将会增加，而需要享受教育以及公共医疗服务的儿童将会减少，依赖养老金和社会福利的老龄人口也会继续保持相对较小的数量。

在探讨地理因素对发展的影响时，美洲开发银行的经济学家写道："一系列实证研究得出的结论表明，收入水平和增长与一个国家的地理条件有关（其中包括自然条件和与人类活动有关的条件）。地理的影响通过卫生条件、土地的产出率、资源的多寡、交通运输的成本、经济的规模和市场大小等因素发生作用。"

这些经济学家认为，地理主要通过三个方面对经济和社会发展产生影响：土地生产率、健康状况以及自然灾害发生的频率和强度。他们的观点是："拉美国家在制定公共政策时很少考虑地理因素，并且因为忽略了地理与发展之间的关系而蒙受巨大损失；热带疾病使成千上万人的生命受到威胁，却没有有效的治疗方法和药物；土地生产率低下和耕作技术落后致使拉美国家的农民依然生活贫困；大量农村人口涌进城市，城市却无法提供足够的基础设施来满足人口不断增长所产生的需求。"

最近二三十年，政治因素对发展的影响已成为国际学术界关注的一个重要课题，因此该书也讨论了政治体制（而非政治人物）对经济发展的影响，并着重阐述了民主社会的政治进程中固有的困难，探讨了这些困难如何经常使民主社会不能提高经济增长率和强化社会正义。该书作者认为，"政治与发展之间的关系是复杂的。政治决定了政府服务的水平，也决定了谁能从中受益，进而又影响个人与个人之间以及不同地区之间的不公平。政治也决定了采用什么样的正规制度以及这种制度如何运转、如何影响政府的效率和如何影响私人部门的效率。此外，政治还决定了民主在多大程度上能够成功地把公民的喜好转化为有效而公平的政策"。

社会发展的重要性越来越突出。该书作者认为，"拉美的社会发展自相矛盾。该地区的谋杀率为世界之最，生命和财产得不到尊重。但是在公民自由和尊重民主权利方面，该地区却站在发展中世界的前列"。

该书认为，有些拉美国家的收入水平已相当于发达国家的平均水平，而有些拉美国家则与非洲国家的平均水平相同。尽管拉美的国与国之间在经济上和社会发展方面有差异，但它们也有明显的共性，即收入分配严重不公。

美洲开发银行是国际上非常知名的多边金融机构。它拥有庞大的研究队伍，并且与拉美国家保持着非常密切的联系。这些有利条件使该机构能掌握大量第一手资料和数据。这些资料和数据无疑提升了该书的权威性。

虽然该书出版于2000年，但在今天重温这本书，我们仍然可以从中得出一些有益的启示。

拉美的富国在哪里

如果我们非要把世界上那么多国家分成发达国家和发展中国家两大类，如何区分？区分的标准是什么？这些看起来很简单的问题，其实很难回答。

有人说，中东国家很富有，但是，除以色列以外，中东没有一个发达国家。

顾名思义，发展中国家就是那些经济发展水平和物质生活水平较低的国家。但这一定义显然是不尽人意的。什么样的物质生活水平算是高的？两者的分界线在哪里？

联合国前秘书长安南曾说过："发达国家是人民能够在安全的环境中享受自由而健康生活的国家。"根据这一说法，不能使人民"在安全的环境中享受自由而健康生活的国家"就是发展中国家了。这一定义显然过于模糊。而且，联合国统计署的有关文件表明，联合国没有对"发达国家"和"发展中国家"作出明确的界定。联合国有时也使用这两个术语，但仅仅是为了统计上的方便，并非对某个国家的发展水平作出定论。

联合国的有关文件还说，在通常情况下，日本、加拿大、美国、澳大利亚、新西兰以及西欧国家是发达国家。这是否意味着其他国家就是发展中国家了？

世界银行以人均国民收入（GNI）的高低为依据，将世界各国分为4大类：低收入、中低收入、中高收入和高收入。根据2017年7月1日世界银行公布的数据，低于1005美元为低收入，中低收入为1006美元至3955美元，中高收入为3956美元至12235美元，超过12236美元为高收入。

经济合作与发展组织（OECD）被视为"富国俱乐部"。按理说，

OECD 的成员国应该是发达国家了，但它居然吸纳了常被视为发展中国家的墨西哥、智利、韩国和土耳其。当然，在这四个国家中，根据世界银行的统计（2017 年），只有墨西哥的人均国内生产总值较低，仅为 8910 美元，而土耳其、智利和韩国则高达 10546 美元、15346 美元和 29742 美元。

在许多人的心目中，以下几个国家常被看作发展中国家，但在 2017 年，它们的人均国内生产总值均在万美元以上：阿拉伯联合酋长国（40698 美元）、以色列（40270 美元）、巴哈马（30762 美元）、科威特（29040 美元）、文莱（28290 美元）、巴林（23655 美元）、沙特阿拉伯（20849 美元）。

最近一二十年，"新兴市场"越来越成为学者和媒体广为使用的术语。

"新兴市场"这个叫法是谁想出来的？根据我偶然接触到的资料，这一名称是一个名叫安东伊尼·范艾格特梅尔（Antoine van Agtmael）的荷兰人发明的。

1991 年，在世界银行下属的国际金融公司（International Finance Corporation）工作的范艾格特梅尔受命建立一个面向发展中国家的投资基金。最初他想把这个基金叫作"第三世界投资基金"。但他觉得"第三世界"这个词不好听。他说："没有人会把钱放到一个第三世界投资基金中去的。我认为我们应该用一个正面的、积极向上的名称。"

周一上班的路上，他获得了灵感，决定用"新兴市场"这个听起来使人感到振奋和有希望的名词。

范艾格特梅尔的可贵之处在于他能用高屋建瓴的眼光看待世界的变化。他在接受普华永道的采访时说，历史上，中国和印度是世界大国，但被欧洲、美国和日本超过了，因为欧洲、美国和日本在创新和竞争力等方面超过了中国和印度。现在，这一进程开始发生逆转了。在全球经济中处于外围地位的国家开始认识到，如果它们能实施理智的经济政策和提升劳动力的教育水平，它们就能在世界上与其他国家展开竞争。

与"新兴市场"相提并论的是"新兴经济体"。谷歌搜索引擎的搜索结果告诉我们，这两个词语的搜索结果均超过 2.8 亿次，但大大少于"发展中国家"的 5 亿次结果。

东欧剧变、苏联解体后，国际上出现了转轨国家这一术语。这些国家中的摩尔多瓦等国较为落后，因此没有人说它不是发展中国家。那么俄罗斯是发展中国家还是发达国家？这显然是一个容易引起争议的问题。我记得有人写过一篇很好的论文，题为"俄罗斯是一个发展中国家吗？"他们认为，在当今这个世界上，只要不是发达国家，就都属于发展中国家的范畴。俄罗斯的市场经济体制不发达，国民经济中存在着严重的二元化特征，因此俄罗斯是一个发展中国家。

以市场经济体制是否发达和二元化特征是否明显来鉴别发展中国家，也是一种很好的思路。但是，如何判断一个国家的市场经济体制发达或不发达？如何界定一个国家的经济中存在的二元化是非常严重还是不太严重？

此外，苏联和东欧地区的转轨进程迟早会结束。转轨结束后，俄罗斯会自动地变成发达国家吗？如何断定转轨进程的终结？

除发展中国家这一叫法以外，我们还经常听到以下名称："穷国""不发达国家""欠发达国家""南方国家""后进国家"和"新兴工业化国家"等。且不论如何界定上述叫法，我们肯定不能用这些名称来替代"发展中国家"这一在国际政治经济学中更为通用的术语。

为"发展中国家"这一名词作出明确的界定既有理论意义，也有现实意义。国内学术界的一位老前辈曾多次说过，"'南北差距在不断扩大'这一说法是不符合实际情况的"。

确实，由于我们不能明确地界定南方国家（发展中国家）和北方国家（发达国家），因此，简单地说南北差距在扩大或缩小都是欠妥的。如果我们把俄罗斯和东欧的转轨国家、业已加入OECD的墨西哥、智利、土耳其和韩国以及人均国内生产总值超过2万美元的阿拉伯联合酋长国、以色列、巴哈马、科威特、文莱、巴林和沙特阿拉伯当作发达国家，南北差距是这样一种状况；如把这些国家当作发展中国家，南北差距肯定就变成另外一种状况了。

2011年10月，我在一个讨论中国与阿根廷双边关系的会议上听到一位阿根廷学者说，中国的国内生产总值已雄居世界第二，因此中国不再是一个发展中国家了。他还说，中国与拉美国家的关系不是南南合作的关系，而是"中心"与"外围"的关系。

中国拥有13亿多人口，因此人均国内生产总值远未进入世界银行确定的高收入行列。但是，如果我们不能为"发展中国家"给出明确的界定，我们如何有力地反驳这位阿根廷学者的观点？

最后，让我们看看与拉美的发展有关的数据。根据世界银行的统计，1960年，拉美33个国家的人均国内生产总值为370美元，2017年上升到9275美元，增长了24倍；世界的平均数从450美元上升到10722美元，增长了23倍；中国从90美元扩大到8827美元，增长了97倍。

同样是根据世界银行的统计（2017年），在拉美和加勒比地区，人均国内生产总值排名前三位的国家都在加勒比地区：巴哈马为30762美元，圣基茨和尼维斯为17924美元，特立尼达和多巴哥为16126美元。

由此可见，拉美的富国在加勒比海地区。

如何看待"第三世界终结论"

曾在1989—1999年期间担任阿根廷总统的卡洛斯·梅内姆说过,"我们想成为第一世界的一部分,这是我们希望加入的唯一世界……我不喜欢阿根廷属于第三世界,阿根廷应该属于第一世界,这是应该存在的唯一的世界。"这一判断显然是言过其实的,不仅未能提升阿根廷的国际地位,反而使自己在处理国际事务时限于被动地位。这无疑反映了阿根廷领导人外交才能的不足。

成立于1964年的七十七国集团(G77)的宗旨是在国际经济领域内加强发展中国家的团结与合作,推动建立国际经济新秩序,推进发展中国家经济社会发展进程。因此,它的成员都是发展中国家。截至2017年1月,它有133个成员。墨西哥曾是该组织的创始成员国,但在1994年却"退群"了,因为它加入了素有"富国俱乐部"之称的经济合作与发展组织(OECD)。

且不论阿根廷和墨西哥是否属于发展中国家,可以断言的是,"第三世界"这一概念在国际关系发展史上是不会消失的。

"第三世界"这一词汇最初与国际政治无关。1952年,法国人口学家A. 索维(Alfred Sauvy)在《观察家》杂志上发表的一篇文章将1789年法国革命前"无权无势"的穷人称为"第三等级"的人(tiers monde),以区别于"僧侣"和"贵族"。在1955年的万隆会议上,一些与会者借用"第三等级"这一名词,称亚非拉为"第三世界"。1956年,索维所在的人口研究所中的一些研究人员出版了一本名为《第三等级》(*Le Tiers-Monde*)的书。1959年,法国经济学家F. 佩勒(Francois Perroux)创办了一本同名杂志,探讨欠发达问题。

在冷战期间,"第三世界"这一概念开始进入国际政治领域。尤其在

1961年不结盟运动诞生后，西方媒体开始将参加这一组织的发展中国家视为介乎于共产主义国家和发达资本主义国家之间的"第三类"国家，尽管不结盟运动中的一些国家依然采取了亲美或亲苏的立场。1974年2月22日，毛主席在会见赞比亚总统卡翁达时提出了划分"三个世界"的观点。自那时起，"第三世界"越来越成为一个尽人皆知的术语。

冷战结束后，许多人认为，苏联解体了，超级大国剩下一个（美国），"第二世界"不复存在，因此"第三世界"这一提法也应该放弃了。

毋庸置疑，自那时以来，在我国，无论是官方文件还是专著和论文，都很少使用"第三世界"，而是以"发展中国家"这一名称取而代之。当然，主张保留和继续使用"第三世界"的人也不在少数。

在国际上，人们对"第三世界"这一概念的认识也是多种多样的。2010年4月14日，时任世界银行行长佐利克在美国伍德罗·威尔逊国际学者中心发表的题为"面向多极化世界：实现多边主义的现代化"的讲演中说道："如果说1989年意味着'第二世界'随着苏东国家的演变而寿终正寝，那么2009年则标志着所谓'第三世界'概念的终结。我们正处于一个快速发展变化的新的多极化世界经济中。一些发展中国家正在成为新兴经济强国，一些发展中国家逐渐成为新的经济增长极，还有一些国家正努力在这一新的体系内发挥出它们的潜力。因此，南与北、东与西仅仅是指南针上的四个标志而已，不再是经济命运了。"

在这一讲演中，佐利克还提到了发展中国家在多个领域中的重要地位和作用。他说："发展中国家不是造成危机的根源，而是解决危机的重要组成部分……在全球国内生产总值总额中，以购买力平价计算，发展中国家所占比重从1980年的33.7%增加到了2010年的43.4%。在今后5年或更长的一段时间内，发展中国家经济可能会强劲地增长。"从来没有一个世界银行行长如此夸奖发展中国家，如此看重发展中国家的作用。

那么我们应该如何看待佐利克的"第三世界终结论"？

首先，我们要抛弃"阴谋论"，放下"有色眼镜"。换言之，我们不能因为佐利克说"第三世界"衰落而不高兴，更不必将其视为居心叵测。他对第三世界发展成就的肯定，是值得赞赏的，也是值得我们欣慰的。正视现实永远是千真万确的。

其次，我们千万不能因佐利克的表扬而沾沾自喜。"第三世界的终结"并不意味着所有发展中国家（穷国）都变成发达国家（富国）。根据世界银行的统计，1990年，世界上的贫困人口（每天生活费不足1.9美元）共有18.5亿，占世界人口总数的36%。虽然世界各国为消灭贫困而采取了多种多样的措施，联合国在2000年推出了"千年发展目标"（MDG），但是，至2015年，世界上仍然有7.36亿贫困人口，占总人口的将近10%。绝大多数贫困人口生活在发展中国家。

再次，发展中国家的分化在不断加剧。一方面，有些穷国取得了快速的经济发展，以至于它们被叫作"新兴市场"；另一方面，有些穷国在发展道路上原地踏步，停滞不前，有些甚至沦落为"失败国家"。可见，发展中国家之间的差距不是在缩小，而是在扩大。

拉美大陆上的"经济政变"

中国的改革是从 1978 年开始的。拉美的改革最早是从智利开始的，时间是 1973 年，而其他拉美国家则较晚，基本上是从 20 世纪 80 年代末或 90 年代初开始的。

无论在智利还是在其他拉美国家，改革的力度之大、程度之深、影响之广都是前所未有的。无怪乎智利前财政部长亚历杭德罗·福克斯莱将这一改革称作拉美大陆上的"经济政变"。

中国的改革是对内搞活、对外开放。拉美的改革可以用"四化"来归纳：贸易自由化、国有企业私有化、金融自由化和经济体制市场化。

贸易自由化。在实施进口替代工业化期间，拉美国家为保护本国企业而高筑贸易壁垒。高高的贸易壁垒有效地保护了幼稚工业，但也保护了落后。因此，贸易自由化构成了第一代结构性改革的核心内容之一。

国有企业私有化。国有企业在强化拉美的国家资本、推动拉美经济和社会发展的过程中扮演了不可或缺的角色。诚然，企业的所有制与其效益的高低和竞争力的强弱无必然的联系。但是，拉美的国有企业始终面临着效益低下、竞争力弱和亏损大等一系列长期得不到解决的老大难问题。因此，在拉美的第一代结构性改革中，对国有企业实施私有化，被认为是消除这一痼疾的最佳方法。

金融自由化。改革之前，拉美的"金融压抑"极为严重。在实施金融自由化的过程中，拉美国家采取了以下措施：实行利率市场化；取消定向贷款；降低银行储备金比率；对国有银行实施私有化；积极引进外国银行的参与；加强中央银行的独立性；大力发展国内资本市场；降低进入金融部门的壁垒。

经济体制市场化。经济体制市场化涉及国民经济的方方面面，其中最引人注目的是税收制度改革、劳动力市场改革和社会保障制度改革。改革的核心是强化市场机制的作用，最大限度地减少政府干预和发挥市场机制的作用。

拉美的改革取得了明显的积极成效。

一是摆脱了20世纪80年代的债务危机和经济危机的困扰。诚然，较高的经济增长率与多方面的因素有关，但经济改革无疑是重要的因素之一。

二是拉美经济的开放度和外向性快速扩大。通过实施结构性改革，拉美的发展模式实现了根本性的转换。贸易壁垒的降低、对外资开放的投资领域的扩大以及区域经济一体化的复兴，都使拉美经济的开放度和外向性进一步扩大。

三是宏观经济形势大为好转。改革之前，拉美国家的宏观经济形势极不稳定。汇率大起大落，贸易逆差不断扩大，失业率居高不下，财政赤字得不到控制，恶性通货膨胀司空见惯。通过实施结构性改革，绝大多数拉美国家的宏观经济形势大为好转。

四是抵御外部冲击的能力有所增强。1982年墨西哥爆发债务危机后，由此而来的所谓"龙舌兰酒效应"迅速蔓延到整个拉美，只有极少数国家幸免于难。相比之下，虽然1997年的东亚金融危机、1999年的巴西金融动荡、2001年的阿根廷金融危机以及2008年的国际金融危机同样对拉美经济产生了"传染效应"，但其冲击力极为有限，并未对拉美经济造成非常沉重的打击。无怪乎世界银行行长佐利克在2009年7月6日说："人们都在谈论中国（的成功），但我认为拉美也是成功的。"

当然，没有一种改革是十全十美的，拉美的改革亦非例外。概而言之，这一改革产生的问题主要包括以下几点。

第一，改革使收入分配不公的问题变得越来越严重。少数人从私有化和市场开放等改革措施中大发横财，而社会中的弱势群体则没有或很少从改革中得到好处。其结果是，两极分化和贫困化十分严重。

第二，国有企业私有化使一些私人资本和外国资本的生产集中不断加强，也使失业问题更为严重。此外，由于经营不善或政府停止拨款后资金周转发生困难等原因，一些国有企业在私有化后陷入了困境，最终不得不再次被政府接管或以政府的财政"援助"度日。可见，私有化不是解决一切问题的"灵丹妙药"。

第三,政府在社会发展领域中的作用严重缺失。为了发挥市场机制在配置资源中的重要作用,拉美国家似乎从一个极端走向另一个极端。除了对国有企业实施有力的私有化以外,拉美国家还大大降低了政府在社会发展领域中的作用,从而导致改革的社会成本被进一步放大。

第四,不成熟的金融自由化和过早的资本项目开放增加了金融风险。在推动金融自由化的过程中,政府未能有效地对金融部门加以监管。其结果是,有些银行为追求高利润率而从事风险过大的业务,有些银行为应付政府有关部门的检查而弄虚作假,有些银行则将大量贷款发放给少数关系户。

面对这些副作用,联合国拉美和加勒比经济委员会以及拉美的一些经济学家提出,拉美国家应该在"第二代"改革中"对改革进行改革"。改革的重点就是重视收入分配和社会发展,进一步正确处理国家干预与市场调节的关系,在继续推动金融自由化的过程中强化金融监管。

"依附论"的"馊主意"

为什么有的国家发展了，有的国家得不到发展？为什么有的国家富了，有的国家似乎永远摆脱不了贫穷？

国际上回答上述问题的理论不计其数，其中较为流行的主要是现代化理论和依附论，但这两种理论的观点是针锋相对的。

现代化理论认为，500年前世界上每一个地方都是不发达的，都是"传统社会"。"传统社会"的特点是发展水平低下，人的观念一成不变，缺乏创新和不思进取。后来，有些国家通过发展资本主义，推动了科学发明和技术进步，培育了企业家精神，实现了创新，成功地从"传统社会"过渡到现代化社会。因此，资本主义是传统社会向现代化过渡的"引擎"。今天的发展中国家完全可以沿着发达国家的足迹，通过发展资本主义来摆脱"传统社会"，走向现代化社会。由此可见，在现代化理论看来，发展中国家得不到发展的根源在其内部。

依附论的观点与现代化理论的观点大相径庭。依附论认为，16世纪以前，世界上的每一个地区确实都是"传统"的，但在16世纪后，随着资本主义的发展，欧洲的发展超越了其他地区。于是，欧洲就利用这一优势，用贸易手段控制其他地区的经济，用建立殖民地的方式对其掠夺，甚至用武力手段占为己有。

依附论认为，资本主义在全球范围内的扩张是发展中国家不发达的罪魁祸首，不合理的国际经济秩序和不平等交换使发展中国家处于更加不利的地位。因此，有些依附论学者认为，发展中国家如要取得发展、不受或少受发达国家的剥削，就应该与资本主义世界经济体系"脱钩"。由此可见，依附论认为，发展中国家不发达的根源在外部。

如何认识依附论？应该说，这一理论指出了南北关系的本质（即发达国家剥削发展中国家），从而为后者建立国际经济新秩序的主张提供了有力的理论依据。但是，依附论过分强调发展中国家贫穷落后的外部根源，甚至还提出了脱离现实和不符合历史潮流的"脱钩"，即切断与发达国家的联系。

"脱钩"这个"馊主意"是行不通的。众所周知，在全球化时代，国与国之间的相互依存是不可避免的。为了充分利用人类社会在各个领域取得的成就和进步，必须积极而主动地参与全球化，最大限度地与世界经济接轨。

中国及东亚"四小龙"的经济奇迹充分说明，与"脱钩"相悖的外向型经济具有多方面的优势：有利于提高规模经济效益；有利于扩大出口，增加外汇收入；有利于优化资源配置，加快工业化进程；有利于调整产业结构，发挥劳动力资源丰富的优势；有利于企业获得国外的新技术和先进的管理技能；有利于扩大政府调整经济政策的回旋余地，从而使国民经济对外部冲击作出灵活的反应；有利于增强国际竞争力。

1987，加拿大阿色巴斯卡大学出版的《黎明》（*Aurora*）杂志采访了依附论的鼻祖安德烈·冈德·弗兰克（1929—2005）。记者问："你研究国际发展的方法采用什么概念？这些概念后来发生了什么变化？"这位出生在德国、后在美国定居的著名学者答道："世界经济的核心及其相互依存变得更为重要。我的信念发生的变化主要是对依附的看法。过去我认为，第三世界国家或地区只要采取一致的行为，与世界经济脱钩，就能实现某种程度的自主或非依赖性。在这个问题上，我认为我的观念发生了很大的变化，尤其是在1973年智利发生政变以来。事实表明，一个国家要与世界经济脱钩是不可能的，或者说是极为困难的。"

1993年12月，弗兰克在美国佛罗里达国际大学拉美加勒比研究中心的一次学术讲座中再次表示："事实已迫使我改变我提出的观点。我将不再说'脱钩'是一个解决问题的方法。对于拉美来说，摆脱依附是困难的，或者说是不可能的"。

美国学者迈克尔·克里扎内克曾在1995年出版的《拉美的变革与挑战》一书中指出，"20世纪90年代的拉美已演变到这样一个地步：它与外部世界的关系是如此复杂和多元化，以至于'依附'这个术语的含义必须被重新界定。……现在，'依附'这个词在拉美不再是一个肮脏的字眼，因为政府、企业、职业人员组织和行业组织以及普通公民都认为，增长与富庶是与工业化国家保持更密切关系的结果。"

说到依附论，我们不能不提到巴西前总统费尔南多·卡多佐。生于1931年的卡多佐在20世纪60年代是研究社会学的左翼学者。他曾说过："指望资本主义发展解决大多数人的问题是不现实的，……重要的问题是如何构建一条通向社会主义的道路。"1964年，他被军政府驱逐出境，在智利和法国等地流亡了4年。

在流亡智利期间，卡多佐对发展问题进行了深入的研究，并与智利学者恩佐·法莱托出版了至今仍然在国际学术界享有很高声誉的《拉美的依附与发展》一书。他们在书中提出了"依附性发展"的概念，认为拉美国家可以通过组建国家资本、本国私人资本和外国资本参与的"三方联盟"来推动经济发展。这一在今天看来极为普通的观点，在当时可以被视为对"依附论"中正统观点的扬弃。

1993年5月，卡多佐出任巴西财政部长。在他的领导下，巴西实施了以控制通货膨胀为主要目标的"雷亚尔计划"。该计划的成功实施使他在1994年10月的总统选举中取得了胜利。1998年10月，他在总统大选中再次获胜，成为巴西历史上第一位民选连任总统。

许多人认为，卡多佐总统当政期间实施的经济政策与依附论倡导的理念是完全不一样的。卡多佐本人也说，巴西的经济自由化进程和对外开放将继续推进。这不是一个目标，而是实现巴西经济现代化的战略。

不能全盘否定"民众主义"

如要在今天确定一个令人生厌的词语,"民粹主义"当之无愧。从英国意在"脱欧"到特朗普当选美国总统,从反全球化力量的死灰复燃到所谓"黑天鹅"事件频繁出现,其罪魁祸首似乎都是"民粹主义"。"民粹主义"似乎成了一个"筐",什么样的坏东西都可以往里装。

除民粹主义以外,我们还经常看到或听到"民众主义"一词。其实,在外语中,"民粹主义"与"民众主义"都译自同一个字:populism(英语)、populismo(西班牙语)、populisme(法语)、populismo(葡萄牙语)。

为什么同一个外文单词会有两种不同的汉译?这大概与长期以来学术界形成的约定俗成有关。一般说来,在我国学术界,欧洲研究领域倾向于使用"民粹主义",而拉美研究领域则多使用"民众主义"。

如何克服同一个外语单词被译为不同的汉语,且在汉语中有不同的含义这个问题?能否让我国的拉美研究学者放弃"民众主义"而改用"民粹主义"?或让我国的欧洲研究学者放弃"民粹主义"而改用"民众主义"?答案显然都是否定的。我认为,我国的欧洲研究学者还是继续使用政治性较强的"民粹主义"为好,拉美研究学者还是继续使用经济味道较浓的"民众主义"为好,因为"民粹主义"的政治含义较为明显,"民众主义"的经济韵味较重。

"民众主义"的定义可谓五花八门,莫衷一是。

第一,"民众主义"是一种政治学说、政治思潮或政治理论。它认为,在精英政治和寡头政治架构内,普通民众地位低下,无法参与国家的政治民主化和经济现代化进程。由此可见,"民众主义"将政治精英与民众视为对立的两种政治力量。因此,为了推动国家的民主化进程,有必要提升民众的政治地位，有必要强化其参政意识。

第二，"民众主义"是一种政治工具。国家领导人动员民众参与政治民主化和经济现代化进程的目的之一，就是获取民众支持，并将其视为维系执政地位合法性的重要来源。而达到这一目的的必要条件之一就是国家领导人必须具备足够个人魅力。因此，这样的国家领导人常被视为"克里斯玛"（charisma）型政治家。

第三，"民众主义"也是一种执政理念。任何一个国家领导人都有其执政理念。有的主张先增长、后分配，有的反其道而行之，即主张先分配、后增长。当然，有的则认为增长与分配是鸟之双翼，缺一不可。信奉"民众主义"理念的国家领导人都是主张先分配、后增长。在他们心目中，分配与增长都是极为重要的，不可偏颇。

第四，"民众主义"也是一种具有收入再分配性质的经济政策。政府为夯实群众基础或得到更多拥护，常用国家资金来增加最低工资，提供价格补贴，创造就业机会，有时甚至直接向低收入阶层提供免费的食品、牛奶、公共交通服务，或为其子女提供免费校服、午餐和学习用品等。毫无疑问，这种再分配政策具有"以人为本"的特征。

拉美是"民众主义"的试验地。令人遗憾的是，"民众主义"常被视为阻碍拉美政治和经济发展的重要因素之一。例如，美国学者科特·韦兰认为，在拉美，"民众主义"是一些政治家获取和操纵国家权力的战略。而且，信奉"民众主义"的领导人赖以生存的基础是其个人魅力，而非宪法确定的制衡。其结果是，"民众主义"损害了避免滥用权力和寻求政治霸权的制度保障。英国《经济学家》杂志一篇文章认为，"拉美的民众主义者像墨索里尼，而不是像马克思。……民众主义者将贫困归咎于腐败、寡头或石油和矿业部门的跨国公司。这一指责在投票箱中收效显著，但他们的这一诊断是不正确的，因为国家的发展取决于正确的政策和正确的制度。且不论民众主义者取得了多少成就，他们正在把拉美引入死胡同"。

我认为，上述评价忽视了"民众主义"的积极意义，因而具有显而易见的片面性。虽然委内瑞拉陷入了严重的"三重危机"，巴西总统罗塞夫被弹劾，阿根廷的发展也遇到多种多样的问题，但我们不能因此就认为"民众主义"一无是处。

"民众主义"的可取之处在于以下两个方面。

一是"民众主义"有利于强化政治文化的多样性。例如，受历史传统、收入分配结构和政党政治体制的影响，拉美的精英政治和寡头政治是该地区政治舞台的主角，普通民众则常常处于边缘化地位。而"民众主义"倡导人人关心政治和参与政治，善于调动每一个普通人在国家政治发展进程中的政治热情。因此，"民众主义"能在一定程度上削弱精英政治和寡头政治的势力范围。这无疑有利于强化拉美政治的多元性。

二是"民众主义"有利于减少社会中的不公正。再以拉美为例，众所周知，拉美社会的不公正现象司空见惯，两极分化极为严重。而"民众主义"关注普通民众的生计，并用多种手段扶持弱势群体，包括为其提供多种多样的社会福利。事实表明，奉行"民众主义"的拉美左翼政权实施的"有条件的现金转移支付项目"，为减少贫困和推动社会发展作出了巨大的贡献。贬低这样的"民众主义"政策显然是不应该的。

当然，"民众主义"也存在固有缺陷。例如，为了获得民众支持，拉美左翼政府常无所顾忌地把多多益善的财政收入直接用于民众的社会福利，最终使宏观经济平衡面临巨大压力。而政府弥补财政赤字的手段是开动印钞票的机器，扩大货币发行量。其结果是，通货膨胀压力不断上升。毫无疑问，委内瑞拉通货膨胀率居高不下的原因，与查韦斯政府和马杜罗政府的"民众主义"政策密切相关。但我们不能因此而全盘否定"民众主义"，不能将政府在实施"民众主义"政策时的偏差归咎于"民众主义"本身。

综上所述，以"以人为本"为核心的真正的"民众主义"是应当被肯定的。遗憾的是，这样的"民众主义"却被与"民粹主义"混为一谈，这是不应该的。

把信封贴在邮票上

你在邮局寄信时,总是把邮票贴在信封上。这似乎是一个小孩子都会做的事情。但在20世纪80年代前期,玻利维亚人去邮局寄信时,却不是把邮票贴在信封上,而是把信封贴在邮票上。

为什么在玻利维亚有如此奇闻?

20世纪80年代中期,玻利维亚的通货膨胀率高达23000%。因此,货币面值最大的钞票达1000万比索,玻利维亚的第三大进口商品竟是印制钞票的纸张。物价每时每刻都在涨,早晨能买一公斤牛肉的钱,到晚上只能买几粒糖了。1975年购买一幢住宅的费用,到1985年8月只能买一瓶啤酒。由于邮资每时每刻都在涨,寄一封信需要贴数十张邮票,因此不是把邮票贴在信封上,而是把信封贴在一整版的邮票上。

虽然银行的年利率高达1500%,但是愿意存款者仍然寥寥无几。银行家们诙谐地说,通货膨胀率如此之高也有其"可取"的一面,即银行抢劫案几乎绝迹,因为在100万比索兑换1美元的黑市汇率下,抢劫价值相当于5000美元的比索,需要20多人把数十袋纸币装在卡车上运走。

如此严重的通货膨胀使玻利维亚经济几乎陷入了瘫痪的状态。在万不得已的情况下,玻利维亚政府请来了著名的美国经济学家杰弗里·萨克斯。

萨克斯为玻利维亚开出了一个"休克疗法"的处方。这一处方的主要内容是:压缩公共开支、整顿国有企业、放开大部分商品和服务的价格、采用盯住美元的浮动汇率制、放松对金融部门的管制、实施贸易自由化以及控制货币发行量。

玻利维亚实施这一"休克疗法"的成效极为显著。不到一年,恶性通货膨胀就基本得到控制。萨克斯的国际声望大增。据说俄罗斯总统叶利钦曾请他去设计一个"休克疗法"。

事实上，除玻利维亚以外，其他拉美国家也曾为如何应对通货膨胀问题伤透脑筋。如在20世纪60—80年代期间，巴西实施了十多个正统或非正统的防通货膨胀计划。正统的反通货膨胀计划以货币主义对通货膨胀的分析为基础，强调控制预算赤字以及货币发行量；非正统计划则是指那些包括收入政策、财政政策和金融政策的稳定化计划。非正统计划的制订者认为，仅仅依靠控制总需求不足以实现稳定化，尤其在通货膨胀惯性很强的情况之下，还需要对工资和物价实行冻结或管制。

此外，巴西还在全国范围内推广了工资指数化，即工资的上涨幅度与通货膨胀率挂钩。通货膨胀率愈高，工资涨幅就愈大。但是，事实表明，指数化不仅不能解决问题，反而助长了通货膨胀预期。

1993年，时任巴西财政部长、后任巴西总统的费尔南多·恩里克·卡多佐制订了著名的"雷亚尔计划"。该计划的要点是：实行货币制度改革，用新货币"雷亚尔"（意思为"真正的"）取代旧货币克鲁赛罗雷亚尔。

为了使"雷亚尔计划"发挥作用，巴西政府还采取了一系列配套措施：提高利率，以吸引足够的外资来扩充外汇储备和稳定汇率；加快实施贸易自由化，通过扩大进口商品的供给来降低国内商品的价格；加大财政改革和金融自由化的力度；压缩财政开支，努力实现财政平衡。

"雷亚尔计划"的成效非常显著，通货膨胀率从1993年的2489.1%下跌到1995年的22.0%。而在实施"雷亚尔计划"之前，高通货膨胀率使克鲁赛罗雷亚尔越来越不值钱。有一个笑话说，在那个年代，当你遇到抢劫时，你可能会抵抗一下，不愿意立刻把钱包掏出来。这时，歹徒就会跟你说："快给我钱包，不然的话你兜里的100克鲁赛罗雷亚尔就只值90了。"当你还在磨磨蹭蹭时，他会提高嗓门："快，你再不给我的话，你兜里的100克鲁赛罗雷亚尔就更不值钱了。"

阿方辛于1983年12月就任阿根廷总统时，通货膨胀率高达433%。为此，阿根廷政府实施了"阿斯特洛尔计划"。该计划的主要内容是：中央银行不得用发行货币的方法来弥补预算赤字，将比索更换成名为阿斯特洛尔的新货币，采用固定汇率制，提高个人所得税和关税的税率，避免偷税漏税，减少公共部门中的雇员，冻结工资和物价。

上述措施使"阿斯特洛尔计划"的初期较为成功，但后来还是出现了通货膨胀"死灰复燃"的局面。这个月能买几公斤的产自潘帕斯草原的优质牛肉的钱，几个月以后就只能喝一杯咖啡了。面对严峻的经济形势和动荡不安的政局，阿方辛总统被迫于1989年7月提前半年交权。

一位大眼睛、秃顶的政府官员发现了阿根廷通货膨胀问题的根源。他认为，因为政府用开动印钞票机器这种最简单的方法来弥补巨额财政赤字，所以流通领域中出现了过多的货币追逐较少的商品这种不良后果。由此可见，如能控制货币发行量，那么通货膨胀问题就能得到解决。

这位政府官员就是著名的多明戈·卡瓦略。1991年3月，他制订了著名的"兑换计划"（又称"卡瓦略计划"）。1991年4月，国会通过了该计划，并使之成为法律。

"兑换计划"的核心实际上是货币局汇率制度。这种特殊的汇率制度要求比索与美元的汇率必须固定在1∶1的水平上。由于货币发行量得到了控制，通货膨胀率显著下降。1994年，消费品价格仅增长了3.9%，为40年来的最低点。

当然，任何事情都是有利有弊的。虽然巴西的"雷亚尔计划"和阿根廷的"兑换计划"成功地控制了通货膨胀，但这两个计划都有一个严重的缺陷：由于采用盯住汇率制，雷亚尔和比索的币值被高估，而且这一高估长期得不到纠正。国际上的许多研究成果表明，这一缺陷是导致1999年巴西金融危机和2001年阿根廷金融危机的主要原因之一。

可喜的是，20世纪90年代以来，除委内瑞拉等国以外，所有拉美国家都能较好地控制通货膨胀。这一来之不易的成就得益于以下三个方面的原因：一是生产的发展消除了商品短缺，扩大了供给；二是贸易自由化使进口商品增加，市场供应变得充裕；三是强化财政纪律或改革货币制度后，货币发行量得到控制。

通货膨胀问题的解决终于使拉美国家的街头出现了自动售货机。可以想象，只有在价格保持稳定的环境下，自动售货机才有存在的可能。

令人遗憾的是，委内瑞拉的恶性通货膨胀却长期得不到遏制。据国际货币基金组织在2018年10月发表的《世界经济展望》，2018年委内瑞拉的通货膨胀率高达1370000%。该报告指出，如果委内瑞拉政府不能加以遏制，通货膨胀率有望在2019年达到10000000%。

拉美的"腐败文化"

世界上每一个国家都有腐败，只是程度不同而已。拉美的腐败问题极为严重。根据透明国际组织的"2017年腐败认知指数"，排在世界前30名的拉美国家只有4个（乌拉圭、巴巴多斯、智利和巴哈马），委内瑞拉、海地和尼加拉瓜的排名分别为第169位、第157位和第151位。

有一个关于拉美政府官员腐败的笑话是这样说的：拉美国家A的部长去拉美国家B的部长家做客。A国部长说："你的工资怎么能买得起这么高级的别墅？"B国部长指着窗外说："你看，那里有一条高速公路。"A国部长问道："是有一条，我看到了。好像刚建了一半，没有工人在施工，是不是停工了？"B国部长说："对，修了一半，没有资金了。"A国部长问："资金哪里去了？"B国部长答道："剩下的50%的资金被我用来买这个房子了。"几天后，B国部长去A国部长家做客。B国部长问："老兄，靠你的工资，怎么能买得起如此豪华的别墅？"A国部长指着窗外说说："你看到那里有一条高速公路了吗？"B国部长睁大眼睛，却没有看到公路，问道："我只看到农田一片，还没有开工吧。"A国部长说："还没有开工，因为没有资金了。"B国部长问："还没有开工怎么就没有资金了？钱到哪里去了？"A国部长笑着说道："100%的资金在我银行卡里。"

在拉美，许多国家的最高领导人就是腐败分子。委内瑞拉前总统佩雷斯、巴西前总统科洛尔、尼加拉瓜前总统阿莱曼、墨西哥前总统萨利纳斯、阿根廷前总统梅内姆、秘鲁前总统藤森、哥斯达黎加前总统罗德里格斯、巴拉圭前总统马基和巴西前总统卢拉等人，都因从事腐败活动而丢掉"乌纱帽"、被起诉或入狱。

"上梁不正下梁歪。"由于最高领导人不能以身作则，政府部门中的高级官员和普通工作人员遂仿而效之，竞相从事腐败活动。执法部门和司法部门也充满了腐败。透明国际组织认为，拉美与非洲齐名，是世界上司法腐败最严重的地区。

拉美腐败问题的根源是什么？这是一个很难回答的问题。

世界银行在1997年出版的《世界发展报告》中写道："国家拥有进行高压统治的垄断权。这一垄断既使其获得了一种对经济活动进行有效干预的权力，也使其拥有一种进行随意干预的权力。这样一种权力与只有政府才能掌握而公众无法获得的信息结合在一起，就为公共部门的官员或他们的亲朋好友通过牺牲公共利益来获取自己的私利提供了良机，寻租和腐败的机会就会层出不穷。"

如何制约公职人员手中的公权？制度肯定是最重要的。在一些拉美国家，一些有识之士和非政府组织试图推动本国的法制建设，将反腐败的重点转移到预防，但阻力很大。如在2001年，巴拉圭的一些非政府组织起草了一个有助于遏制腐败的法律草案。根据该草案，政府官员应该公开其私人财产和其他一些能被民众监督的重要的个人信息。经过一位议员的游说，议会通过了该法律，但其内容与非政府组织提出的草案相差甚远，根本不能发挥遏制腐败的作用。

巴拿马的立法机关和总统分别在2001年12月和2002年1月通过了《巴拿马透明法》。根据该法律，新闻记者和公众可以容易地获得政府官员的有关信息，以遏制腐败行为的发生。然而，许多人认为，《巴拿马透明法》形同虚设，仅仅是当局为了改善巴拿马的国际形象而采取的权宜之计，因为记者和公众并不能享受该法律明文规定的权力。

官官相护导致处罚力度小，也是一个怂恿腐败的重要因素。2007年，巴西议会参议长雷南·卡列罗斯被指控接受了一家建筑公司的贿赂。为了证明自己是清白的，卡列罗斯提供了大量证据。正在警方对这些证据的真伪进行调查时，卡列罗斯的支持者宣称，警察的调查违反巴西法律规定的议员拥有的豁免权。

这无疑在一定程度上助长了公职人员以权谋私的胆量，因为从事腐败活动对他们来说不会带来任何成本。巴西法官协会的有关人员指出，豁免就是使那些腐败官员免受处罚。这是巴西难以遏制腐败的重要原因之一。

在拉美，因为腐败现象无处不在，所以人们对腐败的容忍度较高。容忍度越高，从事腐败活动的人就越肆无忌惮。反之，腐败分子会在"老鼠过街人人喊打"的氛围中有所收敛。联合国开发计划署在《实现拉美公民的民主》（2004年）一书中指出，2002年的一次民意调查表明，在回答"只要能使问题得到解决，为一定程度的政府腐败付出代价是否值得"这个问题时，12%的受访者认为"非常同意"，29.9%表达了"同意"，不同意的人占35.6%，非常不同意的占22.6%。换言之，非常同意和同意的人占将近42%，反对腐败的人仅占58%。

有一篇论述阿根廷腐败问题的文章写道："在阿根廷，谁都厌恶腐败，但是谁都离不开腐败。当交通警察要对你罚款时，没有一个人不会立即给他一点小钱（coima）。"

这就是拉美的"腐败文化"（la cultura de la corrupción）。教皇方济各曾说过，腐败是拉美长期面临的"社会罪恶"。诺贝尔文学奖获得者、秘鲁作家马里奥·巴尔加斯·略萨认为，如要用一个词来描述拉美的特点，那么这个词就是"腐败"。

"看不见的拳头"

政府是干什么用的?

如果你问那些信奉新自由主义的人,他们肯定会说,政府只会干预经济,从而扼杀了市场经济这只"看不见的手"的作用。

我听说过这样一个笑话:造物主把好的东西和坏的东西搭配起来,分给世界上不同的地区。造物主看到阿根廷有丰富的资源、清新的空气和肥沃的土地,就说:"你们不能都拿好的东西,也应该拿点坏的东西。"于是,他就让阿根廷人得到了一个坏政府。

这个笑话也是讽刺政府的:美国人、法国人和拉美人在说自己的国家的神奇之处。美国人说,我们能把死人的脚嫁接到瘸子的脚上,然后他就可以找工作了。法国人说,我们能把死人的眼睛放到盲人的眼睛里,然后他就可以找工作了。拉美人说,我们把一个笨蛋放到总统的宝座上,然后全国人民都在寻找工作了。

许多拉美人认为,拉美经济只能在晚上取得发展,因为政府工作人员下班后,政府停止运转了。这个笑话的意思是说,如果政府在运转,经济就难以得到发展。因此,政府对经济发展来说只能成事不足而败事有余。

确实,在20世纪90年代以前,拉美国家的政府对经济生活的干预是非常有力的。政府既要管商品的价格,又要管银行信贷的流向;既要管各个地区的就业,又要管利率和汇率;既要管公共交通,又要管道路、港口、电和自来水;既要管大量国有企业,又要管学校、医院和社会保障体系……政府这一"看得见的手"真是无处不在。

应该指出的是,拉美国家的政府干预有其不合理或失误的地方,但不能把政府一棍子打死。事实上,有些政府干预的积极性是不容忽视的。例如,墨西哥的一些落后地区自然条件差,当地的特产除了剑麻以外,可谓一无所有，因此失业率很高，贫困问题很严重。

剑麻又叫西纱尔麻，可能是得名于 Sisal 这个字。这种植物具有纤维长、质地坚韧、富有弹性、拉力强、耐摩擦、耐腐蚀和不易打滑的特点，因而用途很广。墨西哥政府认为，何不在那里建造一个制造剑麻绳的工厂？这个工厂既能利用当地的特产，也能创造就业机会，甚至还能出口，真是"一石三鸟"。

于是，政府在那里投下一笔巨资，建造了一个加工剑麻的国有企业。谁能指责这样的政府干预？谁能说政府的动机不良？

但是，由于企业管理水平得不到提高，产品质量不高，基础设施落后（如经常停电和道路不畅），因此，这个国有企业的亏损极为严重。这等于使政府背上了一个沉重的财政负担。

在新自由主义理论和"华盛顿共识"的影响下，拉美国家在20世纪90年代实施了规模庞大、影响深远的经济改革。有人称这一改革为拉美大陆上的"经济转变"。

拉美的这一改革很像中国的改革，用8个字来说就是"对内搞活，对外开放"。我们也可以把拉美经济改革概括为"四化"，即经济体制市场化、国有企业私有化、贸易自由化和金融自由化。由此可见，前两个"化"的宗旨就是减少政府干预，努力发挥市场这一只"看不见的手"的作用。

在梅内姆总统当政时的阿根廷，轰轰烈烈的私有化等于"把整个国家都卖了"。在萨利纳斯当政时的墨西哥，除石油工业以外的几乎所有经济部门都实现了私有化。无怪乎世界银行的一些出版物说，拉美是发展中国家搞私有化的"急先锋"。

诚然，私有化有效地降低了政府在国民经济中的"生产者"作用。但是，私有化不会自然而然地增加政府干预的有效性，也无法使市场机制朝着人们希望的那个方向发展。而且，私有化导致资本集中加剧和垄断程度上升，并使一些人获得了大量"寻租"机会，最终导致社会出现了两极分化。

令人遗憾的是，在许多拉美国家，为了减少政府干预和压缩公共开支，政府在社会发展领域的作用被大大降低。例如，政府对那些与民众的生活密切相关的公用事业的价格补贴被取消了，在文教卫生领域和基础设施领域的投资未见大幅度提高。这也许能在一定程度上说明为什么拉美的社会问题较为严重。

而卢拉总统当政时的巴西充分说明，在社会发展领域，政府不仅应该发挥其积极作用，而且是能够发挥其积极作用的。例如，巴西的穷人为数不少。于是，卢拉政府制订了一个"零饥饿计划"。卢拉说："如果在我的任期内，能够让每个巴西人一日三餐，那么我就完成了自己的使命。"他在视察东北部的贫困地区时说："即使在《圣经》上，也不存在一个人三四天不吃饭的事情，在巴西更不允许这种情况的出现。"

"零饥饿计划"的核心内容是政府为穷人提供免费的或廉价的食品。虽然由于受到政府财政困难的影响，这一计划尚未达到卢拉总统所说的"让每个巴西人一日三餐"的目标，但确实有大量穷人摆脱了饥饿。

卢拉政府实施的"有条件现金转移支付项目"（又名"家庭补贴计划"，Bolsa Família，Family Allowance），实际上也是一种政府干预。英国《经济学家》杂志认为，巴西的"家庭补贴计划"是世界上规模最大的"政府干预社会发展进程的工程"。

根据这一计划，人均月收入不足120雷亚尔（约合69美元）的家庭，每月可获得不超过95雷亚尔的现金补贴，条件是必须送子女上学，并定期接受政府提供的免费医疗服务。卢拉政府认为，"家庭补贴计划"能达到一箭双雕的目的。就近期而言，政府的现金补贴可使贫困家庭的生活得到改善；就长期而言，让子女受教育和拥有健康的身体是有利于提高巴西的人力资源质量的。据估计，占巴西总人口四分之一的人获得了该计划的补贴。

对于世界上的绝大多数国家来说，这样的政府干预不是越少越好，而是多多益善。否则，对于社会的弱势群体来说，"看不见的手"会成为"看不见的拳头"。

俄罗斯应该如何学习拉美

2014年乌克兰危机爆发后,克里米亚"并入"俄罗斯。为此,西方对俄罗斯实施了严厉的经济制裁。这一制裁使俄罗斯无法从西方进口必要的工业制成品,俄罗斯经济陷入了困境。

俄罗斯不甘示弱,以牙还牙。例如,为报复波兰对俄罗斯的制裁,俄罗斯决定停止进口波兰的苹果。这对盛产苹果的波兰产生了不容低估的影响。无怪乎波兰总统在电视上把英语谚语 An apple a day keeps the doctor away(每天吃一个苹果就能远离医生)改为 An apple a day keeps Putin away(每天吃一个苹果就能远离普京),号召波兰人多吃苹果。

除了报复以外,俄罗斯还必须应对进口减少的困境。如何应对?俄罗斯想到了进口替代。

进口替代就是用本国生产的产品替代进口商品。在过去的几百年中,除工业革命发源地英国以外,几乎所有国家都实施过进口替代。

进口替代在拉美的现代化进程中占据着极为重要的地位。因此,分析拉美实施这一战略的动机、总结其成败得失,或许有助于我们加深对俄罗斯奉行的进口替代的理解。

拉美地大物博,资源丰富。第二次世界大战爆发后,大西洋的航行路线几乎中断,拉美与欧洲的贸易关系受到极大的影响。拉美既不能向欧洲出口大量初级产品,也无法从欧洲进口必要的工业制成品。这一不利的外部因素使拉美认识到,必须加大发展本国制造业的力度。

就此而言,俄罗斯与拉美实施进口替代的动机是相同的,即都是为了解决工业制成品进口渠道不畅或几乎中断的困境。这一良好的愿望在一定程度上是外力强加的,甚至是一种万不得已的选择。

但俄罗斯与拉美的进口替代也有显而易见的差异。例如,拉美的进口替代几乎是"白手起家",而俄罗斯的进口替代则是在举世公认的现代化工业基础上展开的。又如,拉美奉行进口替代的另一个动机是希望通过建设工业化来实现现代化,而俄罗斯则主要是为了在西方的经济制裁下为国内市场提供工业制成品。再如,拉美在实施进口替代的过程中,引进了大量外资;而俄罗斯的进口替代则基本上是自力更生的。

拉美在实施进口替代工业化的过程中,主要采取了以下措施。

一是加强对本国"幼稚工业"的保护。在进口替代的初级阶段,本国制造业企业生产的产品常常是质次价高,无法与外国产品竞争。因此,对本国市场和本国企业加以保护是必不可少的。

二是为本国"幼稚工业"的发展提供多种多样的刺激性优惠。这种优惠主要包括:高估本国币值、采用双重汇率制或多重汇率制、提供多种多样的税收优惠、为制造业企业提供大量信贷、动用国家资本和外资的力量以及大力引进外资。

三是推动区域经济一体化。一些拉美国家的市场规模小,难以发挥规模经济的效应。因此,在实施进口替代的过程中,拉美组建了多个次区域经济一体化组织。如果说欧洲是发达国家推动一体化的"排头兵",拉美则是发展中国家实施一体化的"先驱"。

拉美实施进口替代的成败得失,在国内外学术界是一个争论不休的问题,但我们不能否认这一战略的成功之处。例如,进口替代战略的实施使拉美的制造业取得了较快的发展,巴西等国成功地跻身于新兴工业化国家的行列,在国际政治经济舞台上的地位也因此而显著上升。

当然,拉美的进口替代并非十全十美,其中最大的弊端主要包括:国家对本国制造业的高度保护使企业的效益得不到提高;过度的政府干预不利于发挥市场机制的作用;进口替代工业化的实施使农业处于极为不利的地位。

俄罗斯在推动进口替代的过程,应该汲取拉美的三大教训:不要使高度的保护损害企业的效益和竞争力;不要使过度的国家干预影响市场机制的功能;不要片面地追求进口替代而无视农业发展的重要性。

综上所述,进口替代是战后拉美国家对工业品市场供应短缺所作的一种必然反应,也是其追求工业化和现代化的理想所在。因此,拉美的进口替代工业化战略是历史的必然产物,而非历史性的错误。

非正规经济漫谈

在我国所有大小城镇的马路边、地下通道或过街天桥上，经常可以看到一大批无照商贩在出售五花八门的小商品，从手套到鞋垫，从衣服到玩具，从唱片到水果，可谓应有尽有。为了谋生，他们不得不忍受日晒雨淋、寒冬酷暑，而且还要时刻提防从天而降的城管的突击检查。

且不论其生意做得如何，他们从不照章纳税，不受工商部门管理，更无法享受劳动保护。因此，从经济学角度来看，这些人所从事的经济活动是"非正规"（informal）的。

非正规经济（informal economy）是相对于正规经济（formal economy）而言的。区分非正规经济和正规经济的标准就是看这一经济活动是否遵循公认的游戏规则，或是否照章纳税，是否受政府部门管理，是否受劳动法的保护。

在国际学术界，非正规经济还被叫作非正规部门（informal sector）。按照一般的定义，非正规经济还有其他一些含有非褒义色彩的叫法，如"地下经济""秘密经济""隐蔽经济""黑色经济""灰色经济""影子经济""黑暗中的经济""不受注意的经济""无人知晓的经济""无记录的经济""二级经济"和"平行经济"等，有时则干脆被称作"非法经济"。

在拉美，尽管非正规经济为穷人提供了一种别无他法的生计，也为正规经济部门中的就业人员提供了一定量的廉价商品和服务，但该部门的存在和发展也对整个国民经济及社会产生一系列不良后果：（1）由于许多非正规活动难以受到政府的管制，经营者经常偷税漏税。如在巴西，据估计，偷税漏税与非正规部门的产值之比是1∶1。这无疑损害了国家的税收体系。（2）非正规部门中劳动者得不到必要的劳动保护，也无法享受医疗保险或退休金等社会保障服务。此外，该部门还大量雇佣童工。（3）非正规部门缺乏先进的生产技术，因此其产品的原材料消耗和能源消耗总是大大高于正规部门。（4）非正规部门中还有不少违反法律的活动，如贩卖毒品和从事色情服务。

非正规经济得以发展的原因很多，其中最为直接的原因就是人口压力和就业压力过大，导致许多人无法在正规经济部门中得到工作机会。秘鲁学者埃尔南多·德索托则从非经济角度来分析非正规经济产生和发展的原因。

德索托是秘鲁自由和民主研究所所长。他的《另一条道路：恐怖主义的经济答案》于1986年出版后，被国外学术界认为是论述非正规经济的最出色的著作。

德索托在书中主要论述非正规经济的由来、危害性及政府应该采取的对策。他还分析了为什么贫困会成为滋生恐怖主义的土壤。尽管书中的论据及数据主要与秘鲁有关，但许多学者指出，德索托的观点和结论同样适用于其他发展中国家。

德索托在书中强调的是，政府对经济生活进行的不适当的干预和法律制度的不健全，是非正规经济得以发展的主要原因。德索托在书中列举了他和他的同事进行的一个被许多人奉为"经典"的试验：他们试图在秘鲁首都利马建立一个服装厂。为获得营业执照，他们奔波了近300天，两次对政府主管部门的官员使用贿赂手段。后来，他们到纽约注册了一个同样规模的服装厂。所有手续仅用4个小时就办妥，而且不必向政府主管部门行贿。

根据德索托及其同事的试验，在秘鲁注册一个运输公司，至少需要2年时间，申请一片建筑用地需要近7年的时间，即便是在马路边开办一个小商亭，也需要等43天后才能得到营业执照，并支付近600美元的各种费用。

德索托指出，由于从事正规经济活动需要如此高的"合法性成本"，因此，许多人为了逃避这一成本而被迫进入非正规经济部门。

德索托的著作《另一条道路》使他声名鹊起。在秘鲁和其他一些拉美国家，该书曾连续几周雄踞畅销书榜首。有人甚至认为，该书表达的市场机制优于政府干预的观点，在一定程度上构成了拉美国家在20世纪90

年代开展经济改革的动力之一。

2003年,德索托出版了他论述非正规经济的另一本著作,名为《资本的神秘性:为什么资本主义能在西方成功而在其他地方不能成功》。他在书中指出,发展中国家的穷人之所以难以摆脱贫困,并不是因为他们没有财产,而是因为他们无法使自己手中的财富获得合法的财产权。德索托列举了以下例子:在埃及,穷人积聚的财富是进入埃及的外国直接投资(其中包括用于开挖苏伊士运河和建造阿斯旺大坝的外资)的55倍。在菲律宾,没有财产权的不动产总额高达1330亿美元,相当于菲律宾股票交易所上市公司的市场资本化值的4倍,或相当于外国直接投资总额的14倍。根据德索托的统计,在菲律宾,57%的城市居民和67%的农村人口居住在没有财产权(因而在法律上也是不存在的)的房屋中。

德索托进而指出,没有财产权,就无法进行抵押,也就无法筹措资本(其中包括不能用自己居住的房屋来抵押贷款);如果不能筹措资本,就难以扩大生产或经营规模,从而影响整个国家的国民经济的发展。而合法的财产权则能创造出许多经济学家所说的"正外部效应"。此外,财产权的确立还有助于减少腐败。如在秘鲁,由于许多人得不到合法的财产权,他们就频繁地使用行贿手段,从而使企业的开业和经营的成本上升10%—15%。

德索托认为,为了使非正规经济部门中的那些具有创业精神的穷人回到正规经济部门中去,必须首先为他们确立财产权。德索托还说,早在19世纪60年代,美国就较好地解决了土地所有权问题,从而为市场经济的发展奠定了基础。这就是为什么资本主义能在美国得到快速发展的原因之一。

那么合法的财产权为什么不能得到确立?德索托认为,问题的关键又是政府部门的官僚主义和低效率在作怪。他在书中写道,在菲律宾,为了获得某一财产的合法所有权,必须办理168道手续,所耗时间为13—25年。在秘鲁,如要在一片国有土地上建造私房,必须在52个政府部门中完成207个程序。在海地,如要获得一小块国有土地的租赁权,需要在有关政府部门中盖上65个章。面对如此复杂的官僚程序,许多人只得放弃获得合法财产权的希望,转而在非正规经济部门中谋生。

总之,在德索托眼中,非正规经济的存在与政府部门的工作效率和法制建设等非经济因素密切相关。这一独特的视角无疑有利于我们认识发展中国家的非正规经济的根源及其解决方法。

"不患贫而患不均"

那年访问智利时，我请接待单位的司机带我去首都圣地亚哥富人区和穷人区看看。那个富人区在郊外。每一幢别墅都造型别致，占地面积很大，而且围墙上都有铁丝网和摄像头之类的保安设备。就外表而言，这个富人区与我在欧美国家见到的富人区没有什么差别。

我去的那个穷人区据说是政府建造的。由于房子建得比较规范，因此至少在外表上比我在其他一些拉美城市周边地区见到的贫民窟要雅观得多。空中有电线，因此可以想象，这里的居民大概是家家户户有电的。当然，从房子的外表、居民区的环境和道路旁花草树木来看，穷人区与富人区之间的差别是显而易见的。

那年在访问里约热内卢时，我们应邀到当地的一个华侨家中做客。他的家建在海边的悬崖峭壁上，因此，在阳台上，一望无际的大海尽收眼底。听着脚下的涛声，吹着和煦的海风，喝着凉爽的啤酒，委实心旷神怡。

在里约热内卢时，我没有去过贫民窟（favela），但透过车窗，可以看到一望无际的狭小而杂乱无章的建筑物。我敢断定，那里必定是另外一个世界。根据因特网的介绍，里约热内卢最大的贫民窟（名叫罗西尼亚，Rocinha）估计有25万居民。我认为，这个数字是大概估摸出来的，因为巴西政府难以在那样一个地方做正确的人口普查。据说这个贫民窟历史悠久，其由来可追溯到18世纪后期。当时，这里居住的全部是一无所有的非洲黑人。

我看过一个关于巴西贫民窟的电影《上帝之城》（Cidade de Deus）。通过这个电影，你可了解到巴西穷人的贫困潦倒，也可知道贫民窟里的无法无天。

根据美国《福布斯》杂志的富人排行榜，2018 年，巴西和墨西哥各有 3 位富翁成为"三个逗号"群体的成员。"三个逗号"是英语中表示"十亿美元"的俗称，因为 1000000000 美元这一数字中含有三个逗号。六人的财富总额高达 3170 亿美元，其中墨西哥人卡洛斯·斯利姆以 671 亿美元位居世界第七。须知，2017 年，智利的国内生产总值为 2771 亿美元，哥伦比亚为 3144 亿美元。

令人遗憾的是，根据联合国拉美和加勒比经济委员会的统计，2018 年，拉美共有 1.8 亿人生活在贫困线以下。也就是说，一方面，拉美有 51 个大富翁；另一方面，每 3 个拉美人中就有一个生活在贫困线以下。

拉美国家的贫富悬殊为什么如此严重？因为财富与收入是密切相关的，所以，接下来的问题就是：拉美的收入分配为什么如此不公？我认为，导致拉美收入分配不公的原因是多方面的，其中最突出的是：

第一，土地所有制不合理。虽然拉美的城市化率很高，但农业依然是国民经济的基础，农村依然是拉美社会的重要组成部分。因此，可以想象，如果农业得到长足的发展，农民就能得到更多的收入。

但在拉美，除社会主义国家古巴以外，所有国家的土地所有制都是极不合理的。拉美的土地所有制的特点是少数大地主拥有大片土地，许多农民却没有土地。这一特点是从殖民地时期沿袭下来的，而 19 世纪初的拉美独立战争并没有触动大地产制。

在过去的几十年中，绝大多数拉美国家为解决土地问题开展了不同规模的土地改革。应该指出的是，土改使不少无地农民获得了土地，并在一定程度上削弱了土地所有权的高度集中。但是，土改并未从根本上改善农村的收入分配结构。

第二，拉美的工业化模式具有资本密集型和技术密集型的特点。众所周知，发展中国家的劳动力资源比较丰富，而穷人拥有的"资产"就是自己的双手。因此，与贫困作斗争最成功的国家都推行一种有效地使用劳动力的增长模式。巴西著名经济学家富尔塔多曾在 20 世纪 60 年代末说过，拉美国家是经济增长与收入分配关系"恶性循环"的受害者。他认为，一方面，当时在拉美流行的增长模式导致收入高度集中在少数富人手中；另一方面，高收入使这些富人的消费需求发生了变化，从而使生产结构偏向具有资本密集型特征的耐用消费品。

第三，税收制度不合理。税收历来被视作较为有效的收入分配工具。它属于社会再生产总过程中的分配范畴，是社会再生产统一体中分配环节上的一种不可缺少的分配形式。然而，有些税收负担是可以转嫁的，即纳税人能在经济活动中将其转移到他人身上。而税收负担最终由谁来承担，则取决于包括收入分配政策在内的具体的社会价值关系。大多数拉美国家的税收结构是以间接税为基础的。而财产税所占比重则十分有限。这充分说明，拉美国家的财政收入主要来自占人口大多数的广大劳动群众，而不是来自富人阶层。

第四，受教育机会不公平。世界各国的经验表明，发展进程不仅包括物质资本投入的增加，而且还包括劳动力受教育程度的提高。教育的高额回报与受教育机会的不均，是拉美国家收入分配严重不公的另一个重要原因。在绝大多数拉美国家，工资收入是普通劳动者的主要收入来源。由于劳动者所掌握的技能不同以及他们所从事的工作不同，工资收入有明显的差距。例如，具有一技之长的工人或管理人员总比那些文化水平低或无技术的体力劳动者获得较高的工资。

收入分配不公导致的后果是极为严重的。国际上的许多研究表明，拉美的社会问题之所以得不到缓解，在很大程度上是因为收入分配难以改善。

《论语·季氏》中记载孔子说的这样一句话："丘也闻有国有家者，不患寡而患不均，不患贫而患不安，盖均无贫，和无寡，安无倾。"

用今天的话来说就是：无论是有国的诸侯还是有家的大夫，不怕贫穷，就怕财富不平均；不怕人少，就怕动乱不安。财富平均就无所谓贫穷，团结和睦就不怕人少，安定就不会倾覆。

包括拉美国家在内的世界上每一个国家的领导人都应该记住孔子的这一句话。

不要贬低拉美

我总有这样一个不应该有的感觉：每当人们谈论拉美时，总是把拉美当作一种反面教材。"拉美病""拉美化""拉美现象""拉美陷阱""中等收入陷阱"和"人均收入一千美元门槛"等莫名其妙的提法，都把拉美当作失败的典型。

在一次关于拉美的学术报告会上，一位德国学者说了许多拉美的这个缺点和那个问题。我问他："拉美有没有好的？"他思考了一会儿说："拉美人在追求政治民主方面的愿望较为强烈。"

这位德国学者说的可能是指20世纪80年代以前拉美人如何反抗军政府统治以及如何迫使军人"还政于民"。

其实，拉美有许多令人骄傲之处，有许多方面是很值得其他发展中国家学习、模仿、借鉴和取经的。

早在1947年，阿根廷科学家贝纳尔多·阿尔韦托·奥塞就获得了诺贝尔生理和医学奖。自那时以来，拉美已有十多人获得了各种类型的诺贝尔奖（包括诺贝尔文学奖和诺贝尔和平奖）。

拉美国家用于研究与开发的资金不多，但在一些领域却取得了了不起的成就。例如，古巴的生物制药技术以及巴西的飞机制造技术和生物能源（乙醇汽油）技术在国际上处于公认的领先地位。

拉美拥有极为丰富的自然资源。自然资源禀赋在客观上对一个国家或地区的国际地位产生了重要的影响。诚然，科学技术的进步产生了人工橡胶、合成纤维和塑料等产品，从而替代了大量不可再生的自然资源。但是，随着人口的增加，人类的活动对各种自然资源的需求不仅没有减少，反而与日俱增。这就凸显了地大物博的拉美的重要性。

诺贝尔经济学奖获得者、著名的美国经济学家保罗·克鲁格曼曾经在

《萧条经济学的回归》中写道：让我们玩这样一种文字游戏：一个人说出一个词或短语，另一个人把他听到后头脑中的第一个反应回答出来。如果你对一个见识广的国际银行家、金融官员或经济学家说"金融危机"，他肯定会回答："拉美。"

但是，克鲁格曼笔下拉美形象早已开始发生积极的变化。例如，2011年12月世界银行发表的题为"拉美和加勒比金融发展前景"的研究报告指出，拉美的金融体系很稳健，足以应对全球经济的不确定性。美洲开发银行行长莫雷诺在为英国《金融时报》（2010年7月9日）撰写的题为"欢迎进入拉美时代"一文中说："尽管毒品走私和移民等问题仍然主导并扭曲着拉丁美洲在人们心目中的印象，但在过去20年里，这一地区已悄然经历了意义深远的变革。……经受过金融危机的洗礼之后，拉美国家目前有机会与亚洲国家一道，引领全球经济复苏。"德国总理默克尔于2011年12月30日在接受拉美记者的采访时说，拉美正在世界舞台上发挥着越来越重要的作用。她同意这样一种观点：拉美不再是问题的一部分，而是解决全球问题的好"助手"。

甚至一些国际媒体也不时发出一些赞美拉美的声音。例如，英国《金融时报》（2012年1月3日）的社论写道，邓小平说21世纪是"拉美时代"，而在拉美，"人们一直谈论的是较为谦虚的'拉美的十年'。不管是哪种说法正确，现在是检查一下该地区的现状的时候了。答案是：相当好。在欧洲和美国陷入经济停滞之际，拉美领导人可以带着某种沾沾自喜的神情眺望整个世界。……'拉美'与'金融危机'这两个词没有像往常那样联系在一起，这还是记忆中的第一次。"

拉美的贫富悬殊确实很严重，但贫困人口在减少则是一个不争的事实。根据联合国拉美和加勒比经济委员会的资料，拉美的贫困率已从1990年的48%下降到2018年的不足30%，即在近30年的时间内减少了18个百分点。这一下降幅度也是来之不易的。

顺便说一句，拉美贫困率的下降充分说明，拉美国家实施的经济改革基本上是成功的，说拉美是"重灾区"是欠妥的。

大约2500年前，孔子在《礼记·礼运篇》中说："大道之行也，天下为公，……故人不独亲其亲，不独子其子，使老有所终，壮有所用，幼有所长，矜、寡、孤、独、废疾者皆有所养。"据说这是国际上最早阐明

"社会保障"一词含义的文字了。早在20世纪初，拉美与欧洲就建立了社会保障体系。智利社会保障体系的改革曾经是许多国家研究和模仿的对象。我曾在智利总统府前的广场上遇到国内某省的一位副省长带领十多人漂洋过海，到智利去考察社会保障制度。

联合国开发计划署每年都公布"人类发展指数"，以反映世界各国和地区的社会发展水平。教育、死亡率和预期寿命等指标都被纳入这一指数。2017年，拉美的这一指数为0.758，低于经济合作与发展组织的0.895，也低于欧洲与中亚地区0.771，但高于撒哈拉以南非洲的0.537、南亚地区的0.638、阿拉伯国家的0.699以及东亚与太平洋国家的0.733，也高于中国的0.752。

拉美人提出的不少理论引起了国际学术界的重视。除了阿根廷经济学家劳尔·普雷维什的"发展主义"理论和秘鲁神学家古斯塔沃·古铁雷斯的"解放神学"以外，阿根廷政治学家卡洛斯·埃斯库德的"外围现实主义理论"、巴西前总统费尔南多·卡多佐的"依附性发展论"、巴西社会学家特奥托尼奥·多斯桑托斯的"依附论"都在国际学术界享有较高的地位。

在国际共产主义运动的发展进程中，拉美也有毋庸置疑的建树。例如，在"十月革命一声炮响"之前，拉美就有了共产主义运动的萌芽。巴西的共产党成立于1922年，仅仅比中国共产党晚一年。圭亚那曾尝试过"合作社会主义"，牙买加曾推行过"民主社会主义"。委内瑞拉总统查韦斯和厄瓜多尔总统科雷亚提出的"21世纪社会主义"以及玻利维亚总统莫拉莱斯提出的"社群社会主义"，也都引起了国际社会的关注。

中国的足球水平不高，许多人甚至认为这是中国的耻辱。听说有些民营企业曾出资把一些有培养前途的少年送到巴西去培养。这也在一定程度上说明，拉美的足球是有口皆碑的。自1930年举办第一届世界杯足球赛以来，巴西已获得5次冠军，阿根廷和乌拉圭各折桂2次。中国确实应该认真地向拉美学习，看看人家是如何办足球俱乐部的。

拉美的"魔幻现实主义"文学作品引起了众多读者的兴趣，甚至还对中国和其他一些国家的文学创作产生了或大或小的影响。据报道，诺贝尔文学奖获得者、中国作家莫言曾说，当他在1984年第一次读到"魔幻现实主义"之父、哥伦比亚作家加西亚·马尔克斯的小说《百年孤独》

后，突然体会到"原来小说可以这么写！"

拉美的音乐和舞蹈（如桑巴、探戈、巴恰塔、波萨诺瓦、梅伦格、伦巴、萨尔萨、雷加和钢鼓乐）同样在世界各地广为流传，家喻户晓。

最后还应该指出的是，拉美人的社会公德水平不低。在我去过的拉美城乡，"办证"之类的"牛皮癣"广告不多见，也很少看到行人随意丢弃垃圾或随地吐痰。拉美人还懂得，随意按汽车喇叭是一种不礼貌的霸道行为，因为刺耳的喇叭声是对他人的一种刺激和冒犯。我曾留意过，在拉美的一天听到的汽车喇叭声次数不会多于在北京街道上一个小时内听到的。

总而言之，我们千万不要贬低拉美。

"拉美化"是一个伪命题

我之所以说"拉美化"是一个伪命题，是因为"拉美化"的概念含糊不清。此其一。其二，我们指出的拉美国家遇到的各种各样的问题，并不是拉美国家的"专利"，是世界上许多国家都难以克服的痼疾。

先说概念不清楚这个问题。迄今为止，我们尚未得到一个关于"拉美化"的确切定义。换言之，"拉美化"的定义可谓五花八门、应有尽有。例如，有人认为，所谓"拉美化"，是指拉美国家在20世纪90年代，由于选择"外资主导型"开放道路，虽然经济获得了阶段性的快速发展，但由于丧失对本国经济、资源的控制权，从而引发的严重的经济危机和社会动荡。至今在一些领域造成的阴影还挥之不去。

有人认为，中国公司在走向"拉美化"，即逐步沦为跨国企业的代工厂和附庸，失去独立发展的可能性。

某杂志刊载的一篇文章虽然没有明确给出"拉美化"的定义，但在文章末尾提出了"拉美化"的三个特点。首先，国际垄断资本控制受资国经济，形成大量的利润转移。其次，对外资的依赖造成长期困扰发展中国家的严重的债务危机。最后，外资主导型的开放经济不利于受资国消化、吸收国外先进技术，不利于发展中国家产业的技术升级。

有人指出，许多人一提到"拉美化"就想到贫富两极分化，事实上，贫富分化是"拉美化"现象的后果，而不是原因。"拉美化"的病源在于民粹主义。

还有人说，"拉美化"是指拉美地区国家在发展过程中出现的以经济危机、政权更迭和社会失范为特征的整体性危机。

某报发表的一篇文章则以"中国大豆'拉美化'悄然露头"为题，提出了"拉美化"之忧。这一文章指出，"一旦中国的民族大豆加工业被消灭，外资掌控中国大豆市场，'自己做主，别人当家'的拉美现象将首先在中国大豆产业身上上演。"

令人啼笑皆非的是，还有人在评论一场足球赛的文章使用了这样的标题："中超球场拉美化，'暴力事件'令球员狂呼救命"，"球场粗暴开始向拉美化转行，中超俱乐部矛头直指足协"。

有一篇文章的题目是："反思拉美金融动荡：中国会拉美化吗？"另一篇关于中国利用外资的文章用了这样的题目："外资引进'拉美化'，威胁可持续发展目标。"还有一篇讨论中国汽车工业的文章则以"中国汽车飞奔在'巴西道路'上，'拉美化'日渐突出"为题。令人遗憾的是，读者无法从这些文章的正文中得知"拉美化"的确切含义是什么。

从上述引文中我们可以发现，"拉美化"的定义还是一个未知数。真可谓"拉美化"是一个筐，拉美的什么问题都可以往里装。这无疑是不科学的。

据我所知，"拉美化"是在许多学者和民营企业家讨论中国利用外资时提出来的，其用意和落脚点无疑是担心中国经济被外资控制。这一忧国忧民之心当然是值得肯定的。但是，拉美国家利用外资的成效总的说来是积极的，不是消极的。

再就中国而言，我们可以断言，利用外资不会使中国出现"拉美化"。拉美经济稳定性差的根源在于过度举借外债，而非利用外国直接投资。统计数字表明，在进入拉美的外资中，外国直接投资的数量明显少于外债。而我国利用外资的主要形式是外国直接投资，不是外债。此其一。其二，在进入拉美的外国直接投资中，"绿地投资"较少，用于"并购"的较多。我国的情况则相反，"绿地投资"较多，"并购"较少。

当然，抛弃"拉美化"这一提法并不意味着我们无视拉美国家在发展道路上遇到的各种问题和困难。事实上，拉美国家遇到的问题和困难是比较多的。作为发展中国家，中国应该借鉴拉美的各种经验教训，其中最重要的是如何推动社会发展、如何避免收入分配的进一步恶化、如何认真对待社会问题以及如何大力发展教育事业。

一个"反动分子"的辩白

2005年4月15日,某网站的论坛上出现了这样一条评论:"江时学是一个去年在《南方周末》上鼓吹'拉美化'并不存在的反动分子。"

我怎么成了"反动分子"了?

2004年春夏之交,《南方周末》的一位编辑约我写一篇关于"拉美化"的文章。编辑在电话中说:"近来国内许多人都在谈论'拉美化',作为研究拉美的学者,你能否谈谈对'拉美化'的看法?什么叫'拉美化'?中国会不会出现'拉美化'?"

我答应了他的要求。拙作在2004年7月15日发表,题目是"'拉美化'真的存在吗——告诉你一个真实的拉美经济"。

《南方周末》的"编者按"写道:"去年下半年以来,'拉美化'一词频频被国内经济界人士所提及。在一位敏锐的、善于营造概念的主编把它做成封面文章之后,'拉美化之忧'一时之间更是成为中国经济的主题词之一。但是,'拉美化'究竟是什么?拉美经济是否真如国内某些人士所描述的那样,已经沦为外国资本的附庸?遍览国内媒体的报道,答案却不甚了了。如是,中国经济忧自何来?由'拉美化'演绎而来的思辨是否压根就是一个'伪命题'?为了给这些牵挂人心的疑问提供解答的思路,本报特约了资深拉美问题专家、中国社会科学院拉丁美洲研究所研究员、博士生导师江时学先生撰写此文,并且专访了高盛亚洲董事总经理、清华大学中国经济研究中心主任胡祖六先生。希望他们的观点能为关心上述问题的读者提供一个新的视角,一个进一步思考的起点。"

以下是拙作的主要内容:

拉美国家的经济并非国内一些媒体描述的那样一无是处。相反,巴西、墨西哥、阿根廷、智利等拉美主要国家的经济发展水平在中等和低等收入国家中遥遥领先。20世纪90年代以来，拉美国家的改革开放更是取得了令人瞩目的成就。在拉美的经济发展史上，外资起到了举足轻重的作用。虽然外资涌入的负面作用亦很明显，但拉美经济的问题决不都是外资过量所致。

拉美国家之所以如此严重地依赖外资，在很大程度上是因为绝大多数拉美国家（智利是例外）的储蓄率比较低，国内资本积累能力比较弱。因此，19世纪以来拉美经济的发展轨迹表明，外资的流入量与经济增长率之间有着非常密切的正相关联系。正如联合国拉美经委会所指出的那样，"资本流入有助于提高拉美的增长率，而外资流入量的急剧减少和逆转则对该地区的经济带来严重的消极影响，尤其是在这些变化导致危机的情况下，消极影响会更大"。

当然，外资也是一把"双刃剑"。首先，无论在19世纪的初级产品"出口繁荣"时期，还是在20世纪的工业化建设大潮中，外资在拉美都获得了巨额利润。联合国拉美经委会的研究报告指出，在过去十多年中，有些年份的外资流入量没有增加，但利润汇出却有增无减。

其次，跨国公司不愿意将关键技术转让给东道国。跨国公司进入拉美的目的，一是利用拉美的廉价劳动力和丰富的自然资源，二是占领东道国的市场。因此，它们不可能向东道国转让关键技术。在进口替代工业化时期，拉美制造业所需的技术和装备几乎全部依赖进口。因此，这种工业化有时也被称作"改锥工业化"，即外资对拉美国家的贡献仅仅是使工人会使用手中的改锥。

最后，在跨国公司直接投资大量涌入拉美后，拉美经济出现了所谓"跨国化"的趋势，即跨国公司在拉美经济中发挥举足轻重的作用。例如，1990年，跨国公司的销售额占拉美500家大公司销售额的25%，现在这一比重高达36%。1990—1994年，跨国公司的出口额占拉美200家大公司的25%。目前，这一比重已上升到42%。拉美经济已经离不开外资。

对外开放是拉美参与全球化趋势的主要途径之一。在这一过程中，拉美的民族工业面临着跨国公司或进口商品的激烈竞争。几乎在所有拉美国家，尤其在开放度较大的墨西哥等国，民族企业因不敌外来竞争而陷入困境或倒闭的事例屡见不鲜。这就向决策者提出了一个如何处理开放与保护两者之间的关系的问题。

综观最近几年拉美国家对民族经济的保护，我们似乎可以看出以下几个特点：（1）对本国已具有一定竞争力的部门以及技术密集型部门给予较少的保护。（2）鼓励外资与民族资本兴建合资企业，以便利用外资在资本和技术上的优势带动民族企业的升级。（3）对一些外资企业（尤其是拥有100%股权的外资独资企业）采用"市场保留"政策。根据该政策，外资企业必须将东道国的一部分市场"保留"给民族企业。换言之，外资企业不能将自己的所有产品全部在东道国市场销售。（4）利用关税的调节作用，控制进口商品的流入量。在必要时，甚至对一些进口商品课以反倾销税。

这与它们20世纪六七十年代在实施进口替代工业化发展模式时采纳的保护，有着本质上的不同。第一，过去的保护无论从任何意义上来说都是过度的，而且，除了试图向任何一个希望得到保护的部门提供保护以外，毫无经济上的合理性可言。现在的保护程度则大大降低。第二，过去的保护涉及面广，在不少国家，几乎整个民族工业都得到保护。而现在的保护则是有重点的选择性保护。

看了上面的文字，你认为我是"反动分子"吗？

不宜使用"拉美病"的提法

病乃生理上或心理上的不正常状态。不知从什么时候开始,"拉美病"一词不时出现在国内的各种出版物中。

何谓"拉美病"?据我所知,国外几乎没有人使用"拉美病"这一说法。如你在搜索引擎中输入 Latin American disease,得到的只是能够置人于死地的多种传染病。如你输入中文"拉美病"三个字,则可获得多个定义。例如,有人认为,"若清醒地观察中国问题,就会发现中国社会已出现'拉美病'的五大症状:第一,政府的高度软政权化。第二,农业经济陷入破产半破产境地,大量无地农民涌入城市,附着在城市边缘,成为犯罪群体的后备军。第三,地下经济勃兴,黑社会组织泛滥成灾,并与政府官员合流。第四,贫富差距继续拉大,极少数人占有社会总财富的绝大部分。第五,政治利益集团、经济利益集团与一些外商相结合,联合对广大中下层人民进行统治"。

有人在一篇讨论中国政治改革的文章中说:"软政权化与分利集团化相互作用而形成的现代化的两重陷阱",使社会成为一个缺乏"体内自动平衡机制"的社会,一个"失去自我警报系统"的社会。"长此以往,它无疑隐含着某种类似'拉美病'的危机可能。"

在一篇讨论当代中国知识分子思想分化的文章中,该作者认为,"东亚与拉美的民情和文化不同,东亚国家的政府比拉美二元化社会中的政府具有更强大的经济调控功能,能化解'拉美病'带来的种种社会问题"。

有一篇讨论政府与法治的文章指出,"法治国家不是法律国家,以法律的形式约束、窒息经济的发展,是坏的市场经济的一大原因。在其他的发展中国家,早已发生了这种情况,非常值得我们借鉴和警惕,比如所谓的'拉美病'和'印度病'"。

有人在讨论自由主义时说，如果"人们最后都习惯于腐败，习惯于用腐败这种方法完成交易，制度将被锁定在'腐败'这种不良的状态，最后可能出现的不是他们想象中的欧美式自由市场经济，而是出现俄罗斯式官僚与裙带资本主义，或者出现'拉美病''南亚病'"。

一位学者在分析中国城乡就业问题时指出，拉美的"城市化带来的是问题成堆的城市化，这样的城市化不仅没有促进拉美的发展，反而进一步加深加重了拉美病"。

还有人认为，20世纪70年代末和90年代末，阿根廷的人均国内生产总值曾两次达到8000美元。但是，两次都在短短几年内"跌落深渊"，人均国内生产总值减少了三分之二。阿根廷人在两次危机爆发前都赢得世界的赞许，我们是否应当也在当前的掌声中重新审视延续多年的经济模式？我们依赖外部消费的经济模式是否也是一种特殊的"依附"？我们未来的金融监管政策如何设计，才能在发展我国金融业的同时，避免阿根廷式的"拉美病"？

显而易见，上述引文给出的"拉美病"的定义可谓五花八门和莫衷一是，甚至有点莫名其妙和牵强附会。因此，我认为，使用"拉美病"的提法有以下几个不妥之处。

第一，概念不清，缺乏必要的界定。其结果是，只要是拉美发展道路中出现的各种问题，都可以说成"拉美病"。真可谓："拉美病"是一个筐，拉美的什么问题都可以往里装。这无疑是不科学的。

第二，所谓"拉美病"的症状，不仅仅是拉美独有的问题。众所周知，任何一个国家的发展道路都是崎岖不平的。每一个国家或每一个地区在发展道路上总会遇到这样那样的问题。毫无疑问，拉美有拉美的问题，中国有中国的问题。如果简单地把各种问题说成某一地区或国家特有的"病"，显然有夸大其词之虞。难道中国在改革开放过程中遇到的各种各样问题也可被说成"中国病"吗？

第三，容易伤害拉美人的感情。"拉美病"毕竟是一个很难听的贬义词。可以想象，拉美人不会反对我们指出其发展道路上遇到的问题，拉美国家的政府官员、学者和普通百姓也经常讨论这些问题。但把各种问题贴上"拉美病"的标签，容易伤害拉美人的感情，不利于我们与拉美人的交往。

2005年9月，我在日本首都东京参加亚洲开发银行和美洲开发银行共同主办的一个讨论拉美与东亚发展模式的研讨会。我在会上说，我反对使用"拉美病"这一提法，理由就是我上面说的三点。我话音刚落，与会的拉美人就热烈鼓掌。

全球化与反全球化

我曾见过这样一幅漫画：脑满肠肥、双腿搁在办公桌上的大资本家抽着雪茄，吞云吐雾地说："什么是全球化？让我告诉你吧。我居住在纽约，我的工厂在洪都拉斯，我的产品卖到圣保罗和墨西哥城，我的钱存在瑞士银行，我和家人去地中海度假。……我的工人在地狱。这就是全球化。"

这一漫画的含义是不言而喻的：全球化是坏东西。

"全球化"一词是谁发明的？我认识马来西亚非政府组织"第三世界网络"主任许国平，他经常给我寄送该组织出版的杂志《第三世界复兴》。我在该杂志发表的一篇文章中看到，"全球化"一词最早是由美国经济学家西奥多罗·莱维（Theodre Levitt，1925—2006）于1985年发明的。莱维在其题为"市场的全球化"一文中用"全球化"这个词来形容此前20年国际经济发生的巨大变化，即"商品、服务、资本和技术在世界性生产、消费和投资领域中的扩散"。

"全球化"一词的概念似乎尚无定论。确实，这是一个可以从多角度辨识、探讨和认知的概念，不存在唯一的正确说法。而且，包括经济学家、政治学家、社会学家和历史学家在内的各种各样的人都在用"全球化"这个词来表示世界上发生的巨大变化。但在大多数情况下，全球化的含义应该是指经济现象。

随着全球化进程的加快，反对全球化的呼声也在上升。从拉美到非洲，从东亚到欧洲，反全球化运动正在演变为另一种意义上的"全球化"。

1999年11月29日至12月3日，世界贸易组织部长级会议在西雅图召开。来自世界各地的反全球化人士云集西雅图，用多种方式表达他们对全球化的种种不满。这些人的示威活动引起了几乎所有国际媒体的关注。

事实上，在此以前半年，即1999年6月18日，伦敦就出现过一次反全球化运动。共有2000余人参加了这一被叫作"J18"的抗议活动（J是英语6月June的第一个字母）。这些活动的目标是针对在德国科隆举行的八国首脑会议。"J18"后来演变为一场流血事件，42人受伤，在暴乱中损失的财产高达100万英镑。可见，如果说游行和示威是反全球化运动的主要形式，那么"J18"就可以被视为反全球化运动的起点。

反全球化运动的特点可以用四种"多样性"来描述。第一个"多样性"是反全球化运动的目标多种多样。概而言之，反全球化运动反对的是：（1）跨国公司。这些经济巨人为了最大限度地获得利润，不惜使用童工和建立"血汗工厂"，从发展中国家攫取了无数财富。（2）WTO、世界银行、国际货币基金组织和联合国贸发会议等机构。它们被看作跨国公司利益的代表和推动全球化发展的"动力源"。（3）发达国家通过国际机构制定的各种不公正的国际经济规则。这些规则使发展中国家永远处于一种被剥削和被压迫的地位。（4）新自由主义。它是全球化的理论基础，为西方国家推动全球化提供了理论上的依据。

此外，反全球化人士还将全球范围内和一国范围内贫富差距的扩大与全球化进程的加快联系在一起，还抗议发达国家通过推动全球化进程来摧毁发展中国家的本土文化和破坏生态环境。除了主张保卫人权以外，还有许多反全球化人士甚至主张捍卫动物权。

第二个"多样性"是指反全球化人士的构成可谓五花八门，其中既有非政府组织，又有自发参加抗议活动的个人；既有大名鼎鼎的政治家和国家领导人，又有很少进入大都市的土著居民；既有思想激进的学者，又有墨守成规的宗教人士；既有发达国家的工人，也有来自发展中国家的农民；既有代表不同利益阶层的利益集团，也有发达国家和发展中国家的中小企业的代言人；既有女权主义者，也有环境保护运动的热心参与者；既有工会组织，也有人权组织。总之，所有这些被叫作"新'新左派'"（the New New Left）的反全球化人士，尽管来自五湖四海，肤色不同，种族各异，但其斗争的目标却是相同的，即反对和抵制全球化。

第三个"多样性"是指反全球化人士使用的手段和方式方法多种多样，其中包括示威、游行、静坐、集会、递交请愿书、破坏公共财产、与维持秩序的警察争斗以及举办研讨会等。他们在组织反全球化活动时，没有忘记使用互联网和移动电话等信息全球化和科技革命发展带来的成果。因此，尽管每一次反全球化活动的发起者人数不多，而且分散在世界各地，但其组织活动的效率却是令人瞩目的。发一封电子信或打一个移动电话，就可在较短时间内将反全球化活动的时间、地点和方式告知许多人。而他们建立的网站，则可以成为传播反全球化思想的最佳工具。

第四个"多样性"是指反全球化运动所需的资金来自各个渠道，其中包括基金会的捐款、企业的赞助、多种形式的募捐以及活动参与者的自费等等。这在一定程度上能说明，为什么每一次与全球化有关的重大会议尚未正式开幕，来自世界各地的反全球化人士早已集合在会场外，尽管国际旅费并不低廉。

在拉美，反对全球化的人士并不少见。他们把拉美遇到的一切问题都归咎于全球化。尤其在诞生于巴西的世界社会论坛上，反全球化的声音可谓十分高涨。

古巴领导人菲德尔·卡斯特罗生前无疑是反全球化的勇士。他认为，全球化是一个客观存在，但是全球化犹如一艘装载着不平等乘客的航船，很难安全到达彼岸。在他看来，全球化并没有使广大的发展中国家从中受益，反而造成南北差距加大，富国愈富、穷国愈穷，数亿人口处于饥饿和贫病之中。

全球化是历史发展的必然趋势。因此，用"把婴儿连同脏水一起倒掉"的方法来对待全球化是欠妥的。换言之，全球化既不是十全十美，也不是一无是处。全球化不会自动地使拉美摆脱贫困，但它确实为其加快发展提供了一个历史性的机遇。

"另一个世界是可能的"

有正就有反，有反就有正。

有人支持、赞赏或褒扬全球化，也有人反对、抵制或抨击全球化。

在反全球化运动中，2001年1月底在巴西南部港口城市阿雷格里港举行的首届世界社会论坛（World Social Forum）颇为引人注目。由于这次会议与瑞士达沃斯的世界经济论坛几乎同时举行，因此它被看作一次与达沃斯会议唱对台戏的论坛。

世界社会论坛自称是一个开放型的、多元化的、非政府的和无党派的平台，其组织者主要是拉美和美国的一些崇尚自由而反对全球化、信奉民主而主张社会公正的左翼人士。巴西的劳工党在筹备过程中发挥了重要作用。

来自世界各地的1万多名代表出席了第一届世界社会论坛。与会者讨论的话题可谓包罗万象，无所不及。与达沃斯论坛不同的是，世界社会论坛没有荷枪实弹的警察守卫，会场外也没有抗议活动。引人注目的是，会场内外有多幅马克思、切·格瓦拉和毛泽东的画像。迄今为止，世界社会论坛已在世界各地召开了11次。

在第一届世界社会论坛上，与会者提出了"另一个世界是可能的"口号。他们认为，这个世界充满了贫困、不公、饥饿、专制、暴力、犯罪和战争。这些问题与全球化和新自由主义密切相关。因此，世界人民必须团结起来，建设"另一个世界"。自第一届论坛举办以来，"另一个世界是可能的"已成为其永恒的主题和口号。

世界社会论坛的与会者人数少则1万多，多则7万多。毫无疑问，如此多的与会者在会上提出的观点不计其数。概而言之，下述观点似乎在历次论坛上都能听到。

- 全球化应该是一种"有管制的全球化",而非"自由化的全球化",应该是一种照顾发展中国家利益的全球化,而非仅仅使发达国家受益的全球化。
- 发展中国家必须用"去全球化"(de-globalization)来改变其面临的被动局面。"非全球化"并不意味着要断绝与国际经济的交往,而是要改变发达国家和国际金融机构强加给发展中国家的各种规则。
- 世界各国应该努力建设一种尊重民主和公平的国际新秩序。只有这样一种国际秩序才能消灭战争和贫困。
- 国际货币基金组织和世界银行附加在援助上的条件以及开出的治理经济的"药方",严重损害了受援国的社会发展。
- 自由贸易是发达国家强加给发展中国家的"自由贸易",是迫使发展中国家为发达国家开放市场的"敲门砖",发展中国家应该抵制这样一种自由贸易。
- 在实现自由贸易以前,发达国家首先应该豁免发展中国家的外债,甚至应该用发展中国家还给发达国家的债款和利息,建立一个新的"马歇尔计划",将资金回流到发展中国家。
- 发展中国家的工会组织应该与发达国家的工会组织联合起来,抵制全球化对工人的消极影响。
- 发达国家除了要求发展中国家强化知识产权保护以外,也要尊重发展中国家的"传统知识",尤其要保护发展中国家的生物多样性。

世界社会论坛的组织者反对用暴力手段表达自己的立场和愿望。但有时也出现一些不和谐的场面。如在2001年1月26日,一些与会者在巴西无地农民运动的组织下,驱车300多公里,来到美国农业生物技术公司孟山都在诺梅托凯(Nao me Toque)开设的农场,毁坏了那里的大量转基因作物。他们声称,孟山都利用其农作物专利,攫取了发展中国家农民的巨额利润。三天后,巴西警察逮捕了组织这一活动的一位法国人。

世界社会论坛的另一个主角是来自世界各地的非政府组织。但是,最近几年,来自拉美和非洲的许多小规模的非政府组织不时抱怨自己的立场无法得到足够的表达,因为他们缺乏必要的资金,无法派遣更多的代表参加会议,也无力组织更多的活动。而来自发达国家的非政府组织则在资金上拥有更多的优势,能组织更多的活动,吸引更多的听众和观众。著名的依附论代表人物、埃及学者萨米尔·阿明在其题为"世界社会论坛对人民的斗争有用吗?"一文中写道:"那些面对帝国主义的机枪和轰炸的人以及投入到激烈斗争中的成千上万的农民,只能以召开小型讨论会的形式发出自己的呼声,而许多并不重要的组织,却能通过举办大型会议来宣传自己。"

还有一些人认为,世界社会论坛俨然成了大型的"空谈俱乐部",并不能改变世界的现实。萨米尔·阿明认为,为了将反对资本主义体系的运动向前推进一大步,世界社会论坛不应该成为交流观点的场所,而是要提出更为清晰的行动纲领,并以这一纲领整合世界各地的社会运动。

无论如何,在一个多元化的世界里,任何一种形式的论坛都能成为表达各种意见的场所。

"中等收入陷阱"不是数字游戏

中国成为中等收入国家后,越来越多的人开始谈论"中等收入陷阱"?

何谓"中等收入陷阱"?

"中等收入陷阱"是世界银行在2006年、2007年、2010年和2013年发表的4个研究报告中提出的概念。2010年发表的报告中较为明确地给出了这一概念的定义:"在长达几十年的时间内,拉美和中东的许多经济体陷入了中等收入陷阱。……在这一陷阱中,作为高产、低成本的生产国,拉美和中东力图在工资成本不断上升的情况下保持自身的竞争力,但无法提升其价值链,也无法进入正在不断扩大的、以知识和创新为基础的产品和服务市场。"

我认为,世界银行所说的"中等收入陷阱"的定义,应该是这样的:一个发展中国家在进入中等收入国家的行列后,随着人均收入的提高,劳动力成本会上升。而它的产业结构及科技创新却未出现显著的改善或进步。其结果是,它既不能与劳动力成本更低的其他发展中国家竞争,也无法与发达国家竞争,陷入一种进退两难的境地。

2013年,世界银行与我国的著名智库国务院发展研究中心合作,用了15个月的时间,完成了题为"2030年的中国:建设现代、和谐、有创造力的高收入社会"的研究报告。该报告指出,低收入国家在国际市场上参与竞争的方式就是利用国外的技术,生产劳动密集型的、低成本的产品。当这些国家进入中等收入国家的行列后,农村劳动力开始减少,工资上升,从而削弱了它们的竞争力。此时如果不能通过创新来提高劳动生产率,它们就会发现自己陷入了"中等收入陷阱"。

该报告指出,拉美和中东的大多数经济体早在20世纪六七十年代就进入了中等收入国家行列，但是，在101个早在1960年就拥有中等收入的经济体中，只有13个成为发达经济体。它们是：赤道几内亚、希腊、中国香港、爱尔兰、以色列、日本、毛里求斯、葡萄牙、波多黎各、韩国、新加坡、西班牙以及中国台湾。言下之意是，其他88个经济体都陷入了"中等收入陷阱"。

由于世界银行未能为"中等收入陷阱"这一概念给出明确的定义，也未能为判断一个经济体是否陷入了这一陷阱而确定量化的指标，因此，国内外学者都依据自己的理解，对这一概念进行了多种多样的解读。如在2010年，《人民论坛》杂志在征求了50位国内专家、学者的意见后，列出了陷入"中等收入陷阱"的国家的十个特征：经济增长回落或停滞、民主乱象、贫富分化、腐败多发、过度城市化、社会公共服务短缺、就业困难、社会动荡、信仰缺失、金融体系脆弱。该杂志发表的多篇文章认为，拉美国家已进入"中等收入陷阱"。

有人认为，"历史经验证明，不少新兴市场国家人均国内生产总值突破1000美元的'贫困陷阱'之后，很快就会奔向人均国内生产总值1000美元至3000美元的'起飞阶段'。但是，人均国内生产总值到3000美元附近时，快速发展中积聚的矛盾将集中爆发，经济长期停滞不前，贫富分化严重，腐败多发，陷入所谓的'中等收入陷阱'"。

还有人认为，"我们谈'中等收入陷阱'经常以拉美国家为例，它们在经历20世纪六七十年代的快速发展之后，出现了长达三十多年的经济停滞。当时，这些国家主要是走进口替代的工业化战略，着重发展大型企业，城市化进程过快，贫富不均现象非常严重。而经济高速增长使得民众的期望值提升的速度比经济的增长速度还要快，这给政府的社会保障带来巨大压力，最终导致外债和财政赤字居高不下，通货膨胀严重，金融危机迭起，给经济发展带来重创"。

甚至还有人认为，2011年是南美大陆摆脱"中等收入陷阱"的元年，因为这一年智利和乌拉圭的人均国内生产总值超过了世界银行确定的高收入经济体指标12276美元，率先走出"中等收入陷阱"。

将世界银行确定的高收入经济体指标作为判断一个国家是否摆脱"中等收入陷阱"的依据，是一种"数字游戏"。诚然，一个国家的人均国内生产总值超过世界银行的高收入经济体指标之后，它就不再是中等收入国家了。但是，反过来说，难道没有超过这一指标的国家就是身陷"中等收入陷阱"？

2013年11月2日，中国国家主席习近平在人民大会堂会见21世纪理事会北京会议外方代表时表示，我们对中国经济保持持续健康发展抱有信心。中国不会落入所谓中等收入国家陷阱。

其实，"中等收入陷阱"是对一国竞争力的描述，不能完全用数字来量化。作为人口大国，中国要使人均国内生产总超过世界银行确定的高收入经济体指标的难度显然是不容低估的。因此，我们不能说中国早已陷入"中等收入陷阱"。

事实上，将拉美作为"中等收入陷阱"的"标本"是值得商榷的，因为贫困、腐败和收入分配不公等常被中国学者诟病的问题，不仅是拉美国家面临的主要问题，而且是其他发展中国家难以消除的痼疾，甚至在一些高收入国家也不难找到。

莫名其妙的"1000美元门槛"

在误读拉美的各种不实之词中,"1000美元门槛"之说流传最广,影响最大。

2004年年初,拉美再次被国内的一些学者、政府官员和媒体"踩乎"。根据他们的说法,2003年,中国的人均国内生产总值超过了1000美元。国际经验表明,当一个国家的人均国内生产总值跨入1000美元的门槛后,可能会遇到两种前途,出现两个结果,即有的国家跃起腾飞,有的盘桓不前。新加坡和韩国等继续向前发展,而拉美国家则停滞不前。

其实,根据世界银行的统计,中国人均国内生产总值超过1000美元的时间不是2003年,而是2002年,具体的数字是1135美元。

拉美各国人均国内生产总值超过1000美元的时间各不相同。委内瑞拉在1955年就超过了,阿根廷在20世纪60年代跨过这一"门槛",巴西、墨西哥和智利等国在70年代实现了这一目标,秘鲁则在80年代初才上升到1151美元。

联合国拉美和加勒比经济委员会的统计资料表明,拉美国家的人均国内生产总值超过1000美元后,经济不仅没有停滞不前,反而在增长,有些国家还获得了较高的增长率。就整个拉美地区而言,20世纪70年代的经济增长率高达5.9%,巴西和墨西哥分别高达9.4%和6.6%。由此可见,国内一些学者、政府官员和媒体对拉美的评论是与事实不符的。

确实,1982年墨西哥债务危机爆发后,其他拉美国家也先后陷入了债务危机。为了还本付息,拉美国家实施了紧缩政策,从而扼杀了经济活力。因此,在20世纪80年代的多个年份,拉美经济增长十分乏力。由于人口在增加,拉美的人均国内生产总值在多个年份出现了负增长。无怪乎80年代在国际上被看作拉美的"失去的十年"。

但是我们必须指出，"失去的十年"是拉美债务危机及与其密切相关的经济危机导致的，而债务危机的根源是拉美国家过度借债以及国际资本市场发生不利于拉美的变化（如利率上升），与人均国内生产总值达到1000美元的关系并不明显。诚然，亚马逊河流域的一个蝴蝶扇动翅膀或许会给美国得克萨斯州带来一场龙卷风，但是，非要将"失去的十年"与拉美国家人均国内生产总值超过1000亿美元联系在一起，实在是过于牵强附会了。

其实，关于人均国内生产总值超过1000美元后会产生什么样的影响这个问题，我们不必非要坚持"他山之石可以攻玉"的原则。如前所述，大部分拉美国家是在20世纪70年代进入人均国内生产总值超过1000美元这一"门槛"的，而中国则是迟至21世纪初才如愿以偿。在这长达二三十年的时间内，外部环境发生了天翻地覆的变化！

20世纪70年代，虽然生产全球化、金融全球化和贸易全球化的趋势在推进，但步伐显然不及21世纪初这样快。那时根本没有在今天随处可见的手机和电脑，没有人使用电子邮件和短信，没有世界贸易组织，没有亚太经济合作组织，没有北美自由贸易协定，也没有欧元。拉美国家在那样一种外部环境下应对人均国内生产总值超过1000美元后出现的各种挑战的经验教训，能为20世纪初的中国借鉴吗？答案显然是否定的。

我们还不能忘记后发优势。中国直到20世纪初才取得了二三十年之前拉美取得的收入水平。这是令中国汗颜的。但中国却能更好地利用后发优势，创造了经济奇迹和"中国模式"。这是拉美人应该羡慕我们的。

由此可见，由于中国和拉美的人均国内生产总值超过1000美元的时间相差二三十年，当时拉美的经验教训难以为我所用。

那么中国能否从人均国内生产总值处于同一水平的国家那里获取什么经验教训呢？

根据世界银行的统计资料，2001年，白俄罗斯的人均国内生产总值为1239美元，佛得角为1265美元，摩洛哥为1280美元，巴拉圭为1182美元；2002年，洪都拉斯的人均国内生产总值为1201美元，菲律宾为1009美元，斯威士兰为1208美元，叙利亚为1272美元，埃及为1252美元；2003年，刚果（布）的人均国内生产总值为1039美元，圭亚那为1001美元，印度尼西亚为1058美元，基里巴斯为1053美元，土库曼为

1286美元。

上述国家在应对人均国内生产总值超过1000美元后出现的问题时可能获得了一些有益的经验教训。但是,除印度尼西亚以外,这些国家多为人口少、疆域不大的小国家。它们的经验教训能为中国这样一个泱泱大国提供什么有用的参考价值吗?我认为是微乎其微的。

还应该指出的是,国内的一些学者、政府官员和媒体说人均国内生产总值1000美元是"门槛",那么2000美元、3000美元、4000美元……难道就不是"门槛"了吗?

令人欣慰的是,中国人均国内生产总值在超过2000美元、3000美元后,当年贬低拉美的那些知名学者、政府官员和媒体不再把这些数字当作我们的发展道路上的"门槛"了,也不再把中国与拉美作比较了。

哈利森的"文化决定论"

我们经常听到人们在各种场合提到中国文化、美国文化、欧洲文化、日本文化、西方文化、东方文化、黑人文化、印第安人文化、政治文化、宗教文化、历史文化、互联网文化、烹饪文化、茶文化、企业文化、校园文化、西部文化和足球文化等等。

一个不会欣赏艺术作品、不讲礼貌或不懂公共道德的人常被视为"没文化"。

前后印着文字或图案的T恤衫被叫作文化衫。

在我国的每一座城市，大大小小的社区都设立了文化站，尽管里面只有"打麻将"这一与赌博相差无几的"文化"活动。

那么文化究竟是什么东西？

"文化"一词的定义可谓众说纷纭，莫衷一是。A. 克鲁伯和C. 克拉克霍恩在《评文化的概念和定义》（1952年）一书中列举了1871—1951年出现的164种定义。I. 贾米森在《资本主义与文化：英、美制造业企业的比较分析》（1980年）一书中考察的被人类学家、社会学家、心理学家和其他领域的学者使用的定义，也有160种之多。

除专门研究文化的学者以外，大概没有人会关心160多种定义的异同之处何在。简单地说，文化就是一种规范着人的世界观和行为方式的知识、信仰、艺术、道德、法律、风俗和理念的总和。因此，每一个民族或种族、每一个国家和每一个地区都有其独特的文化。

文化常常与文学、音乐、绘画、戏剧、舞蹈、电影和电视片等看得见、摸得着的东西息息相关。这意味着文化既是抽象的，也是具体的。

著名的美国学者S. 亨廷顿在其颇有争议的《文明的冲突》一书中提到了七八种文明，其中包括拉丁美洲文明。在严格意义上，文明与文化是有差异的,但也有人认为,在许多情况下,两者之间的细微差别完全可以忽略不计。

在哥伦布(郑和)"发现"美洲新大陆以前,今天我们所说的拉美早就有玛雅文化、阿兹特克文化和印卡文化了。毫无疑问,这三种文化在世界文化宝库中占有十分重要的地位。

在殖民主义统治时期,欧洲文化和黑人文化进入拉美。这两种"舶来品"与玛雅文化、阿兹特克文化和印卡文化融合在一起,形成了独特的拉美文化。

或许有人会说,拉美有33个国家,分布在南美洲、中美洲、北美洲和加勒比海四个地区,因此,我们无法断言拉美只有一种文化。

确实,受历史因素、地理因素和人文因素的影响,拉美有多种文化。然而,必须指出,在承认拉美各国文化之间的差异性的同时,我们仍然可以认为,拉美有一种占主导地位的文化。因为大多数国家历史上是伊比利亚国家(西班牙和葡萄牙)的殖民地,而且,大多数人信奉天主教,所以,我们不妨把在拉美占主导地位的文化称为伊比利亚天主教文化。

那么拉美的伊比利亚天主教的特点是什么?许多学者回答了这个问题。令人遗憾的是,他们中绝大多数人所描绘的拉美文化,是一幅带有贬义的图画。

在对拉美文化进行负面评论的所有西方学者中,美国人劳伦斯·哈利森(Lawrence Harrison)是一个主要代表人物。他在拉美工作多年,出版过多本关于拉美的文化与拉美的政治经济发展的关系的书。多年以前,我曾邀请他访问过北京。

在1985年出版的《欠发达是一种精神状态》(*Underdevelopment Is A State of Mind*)一书中,哈利森写道,精神状态对发展的影响很大,精神状态的核心内容就是文化。拉美的伊比利亚天主教文化的特点是"反民主、反社会、反进步、反创新以及反劳动",因此拉美无法加快发展。

在1992年出版的《谁繁荣——文化价值如何决定经济和政治成就》(*Who Prospers? How Cultural Values Shape Economic and Political Success*)一书中,哈利森再次指出,正是文化,才能解释为什么拉美国家长期存在着不稳定和不公正,为什么不能实现多元化、社会公正和经济繁荣。

在1997年出版的《泛美之梦:拉美文化如何使它难以与美国和加拿

大建立一种真正的伙伴关系》(*The Pan-American Dream: Do Latin America's Cultural Values Discourage True Partnership With The United States And Canada?*)一书中,哈利森分析了同为欧洲殖民地的美国和加拿大早已成为发达国家,而拉美却仍然是第三世界的原因。他认为,尽管资源禀赋、气候、政策、体制、历史,甚至运气,都是南北美洲差异的根源,但最为重要的根源则与文化的差异有关,即与两种文化对工作、节俭、教育、功绩、社区和公正性的不同态度有关。在他看来,深受伊比利亚天主教文化影响的拉美人轻视上述价值观。这一文化仅仅着眼于过去和现在,甘愿牺牲未来。因此,这样的文化鄙视劳动,轻视创造力,忽视储蓄。他问道,墨西哥和加拿大都是美国的邻国,而且都拥有丰富的自然资源,但墨西哥的发展为什么不如加拿大?他的答案依然是文化因素。

总之,在哈利森看来,正是拉美文化,才能说明为什么拉美大大落后于美国和加拿大。美国和加拿大的成功则主要是"因为盎格鲁新教文化有着与拉美伊比利亚天主教文化不同的价值观、立场和体制"。

毫无疑问,也有人不同意哈利森的观点。例如,长期在世界银行工作的美国学者威廉·伊斯特利指出,"除了厄尔尼诺现象以外,哈利森把所有不好的东西都归咎于文化。……哈利森虽然指出了(拉美)文化与经济发展的关系,但未能以有说服力的证据来证明其观点"。

我认为,影响经济发展的因素多种多样,文化因素只是其中之一。完全将欠发达归咎于文化因素是不正确的,但在分析欠发达的根源时,不能无视文化因素的影响。换言之,"文化决定论"是不足取的,但从文化因素这一独特的视角来分析拉美的发展问题,无疑是大有裨益的。

文化差异的尴尬

中国企业在"走出去"的过程中，必须时刻注意文化差异，尽量做到入乡随俗，否则会引起笑话、误会或不愉快的事情。

2006年，一家中国汽车公司参加巴西圣保罗的一个国际车展。在展厅里，当巴西人看到 Chana 这个名字后，都笑出了声音。有些巴西人说，中国人真幽默，给汽车起了这样一个好听的名字。原来，巴西人念 Chana，发音很像葡萄牙语中的 Xana（女性生殖器）。据说后来该汽车公司把 Chana 改为 Changan。

2008年11月27日，《北京周报》（*Beijing Review*）发表了我解读《中国对拉美和加勒比政策文件》的文章。有趣的是，这一刊物在我的文章中加了一幅那个圣保罗车展的照片，不知是该杂志有意还是无意。我估计是编辑希望借这一照片提醒我们注意中国与拉美的文化差异。

除中国以外，其他国家在拉美也会因文化差异而遇到不愉快的事情。如在1988年2月，麦当劳为庆祝2月24日墨西哥国旗日而在餐盘中的垫纸上以及餐巾纸上印了墨西哥的国旗和国徽。这一做法在美国是完全可以的，在墨西哥则难以被接受。墨西哥人认为，任何人在吃麦当劳时总会把番茄酱、饮料、嘴边的食物或口水留在垫纸或餐巾纸上，把墨西哥国旗和国徽搞脏，这是对墨西哥尊严的亵渎和侮辱。在墨西哥政府的要求下，麦当劳既赔礼道歉，又销毁了尚未使用的垫纸和餐巾纸。

最使墨西哥人难以接受的是，2008年12月号的《花花公子》杂志竟然以打扮成圣母玛利亚的半裸模特儿作封面，还写了一句"玛利亚，我们爱你"（Te adoramos, María）。这个女郎头上披着白色头巾，双手的姿势与墨西哥人顶礼膜拜的圣母玛利亚一模一样。犯了众怒的《花花公子》最后不得不公开道歉，但又狡辩说，这个模特的真名就叫玛利亚。

2010年10月，智利总统皮涅拉访问德国。他应邀在国宾签字簿上留言时，写下了"德意志高于一切"。这一句话是当年纳粹的口号。当他得知自己出现这个失误后，立即向德国政府道歉。他说这句话是他在学生时代学到的。他以为这是一句德国在俾斯麦当政时赞颂德国统一的口号，完全不知道它与德国最黑暗的一段历史扯上关系。

文化差异涉及生活的方方面面。例如，一些拉美人同样很迷信。英国《金融时报》（2010年10月15日）的一篇文章说，在2010年8月智利北部圣何塞铜矿的塌方事故中，共有33名矿工被困地下。救援人员用了33天挖掘竖井，更换了33次钻井钻头。被困矿工于2010年10月13日到达地面。这一日子可用10—10—13来表达，将这3个数字加起来，正好等于33。皮涅拉总统甚至希望在矿工被救出3天后访问3个欧洲国家，3天的"3"与"3"个国家的"3"合起来，又成了"33"。

互联网上的另一篇文章说，把工人营救到地面的通道的直径是66厘米，即33厘米的二倍。矿工从地下传到地面的第一张纸片上写着一句话："我们所有33个人都在掩体里"（estamos bien en el refugio los 33）。这一句话有25个字母、2个数字和6个空格，加起来正好是33个字母的长度。

不论这么多的"33"是否巧合，多了解拉美的文化总是大有裨益的。

从牧羊娃的回答说起

在报纸上看到这样一段令人心酸的段子:

有人问陕北的一个牧羊娃:"你为什么放羊?"
牧羊娃答道:"挣钱。"
"为什么要挣钱?"
"长大了娶媳妇。"
"为什么要娶媳妇?"
"生个胖娃娃。"
"为什么要生个胖娃娃?"
"长大了放羊。"

从逻辑上说,牧羊娃的回答没有错。但从社会学角度来看,这个牧羊娃的回答是错误的,因为他把他的一生仅仅理解为牧羊、娶媳妇、生儿育女,然后再使他的小辈过上他的那种牧羊生活。

我不是贬低牧羊的重要性。没有那个牧羊娃,我们哪能吃到烤羊肉或涮羊肉?但他是可怜的,因为他家境贫寒,无法上学。他可能不知道他在城里的同龄人正在玩 iPad 或 iPhone。他可能不知道什么叫"伊妹儿"(Email),可能也从来没有听说过郭美美背的那种 LV 或 GUCCI 了。

为了打破牧羊娃的生活陷入的那种恶性循环,我们必须给予一种外力。这一外力不是别的,就是教育。

教育为什么重要?

诺贝尔经济学奖得主、美国经济学家西奥多·舒尔茨在《教育的经济价值》(1963年)一书中指出,教育投资带来的收益,大大高于其他投资带来的收益。还有人认为，人力资源是国家财富的基础，因为资本的积累、自然资源的利用以及政治体制建设，都必须依赖于人的能力。此外，教育也是摆脱贫困的有效手段之一，是促使人在社会阶梯上向上移动的有效手段之一。而弱势群体受教育的程度较低，受到"社会排斥"的影响更大，因此更容易陷入贫困。

国际上的许多研究成果表明，教育对经济发展的促进作用主要包括以下 5 个方面：教育能通过改进技术、提高效率和增加知识来改善劳动力素质；教育能增加劳动力的流动性，促进劳动分工和增加劳动力的就业；教育能普及科技知识，促进发明创造和新技术的使用；教育能提高企业家改善经营管理的能力和配置生产因素的能力；教育能使劳动者对经济变化的机会作出更快的反应，并消除不利于经济增长的社会障碍和体制障碍。

应该指出的是，拉美的高等教育事业并不落后。例如，根据联合国教科文组织的统计，2017 年，拉美的高等教育入学率为 50.64%，高于西亚和非洲的 44.38%、东亚和东南亚的 46.11%、中亚和南亚的 24.85%，更是大大高于撒哈拉以南非洲的 8.98% 以及最不发达国家的 9.85%，甚至高于世界平均水平 37.88%。

但是，拉美的教育事业还有以下两个缺陷：一是在发展高等教育时轻视初等教育。其结果是，虽然拉美科学家能获得诺贝尔奖，但大量普通工人的素质并不高，从而影响了劳动生产率的提高。二是教育质量不高。例如，根据经济合作与发展组织的统计，在 2015 年国际学生评测项目（PISA）的得分排行榜中，新加坡雄踞首位，科学、阅读和数学的得分分别为 556 分、535 分和 564 分。智利在拉美国家中最佳，但得分仅为 447 分、459 分和 423 分。两国的差距是显而易见的。

根据美洲开发银行前副行长南希·伯索尔等人对 20 世纪 90 年代以前拉美与东亚所作的比较研究，在制成品出口占国内生产总值比重愈高的国家（这一比重可以被理解为国民经济的外向度），教育对经济增长的贡献也就愈大。在东亚，教育对经济增长的刺激似乎因外向度高而进一步强化，但在长期奉行内向发展的拉美，这一贡献却不明显。

令人可喜的是，越来越多的拉美国家认识到，大力发展教育事业是提升国际竞争力的必要途径之一。为此，政府扩大了对教育的投入，并在增进教师的质量和提高入学率等方面采取了一些措施。

联合国拉美和加勒比经济委员会发表的一个关于"千年目标"的研究报告指出:"教育不仅仅是一个与人的全面发展有关的权利,而且也是一个与个人、家庭和社区的生活质量密切相连的关键因素。有足够的证据表明,教育对收入、家庭结构、民主价值观和文明的程度有着重大的影响。"

这一论断千真万确!

把爱娃·庇隆的头像印在美钞上

美元化是一种用美元取代本国货币的经济现象。根据取代的高低程度，美元化可分为三种：一是"正式美元化"，即美元的使用得到了法律上的认可；二是"非正式美元化"，即美元在本国市场上广为流通，但这一流通没有得到本国法律的许可；三是"半正式美元化"，即美元和本国货币同时合法流通。

巴拿马是世界上最早实行美元化的国家。早在1904年，巴拿马就把美元作为法定货币，巴拿马的本国货币巴波亚（Balboa）则仅仅以硬币的形式流通（巴波亚与美元的汇率为1∶1）。因此，巴拿马的美元化可被视为"半正式美元化"。显而易见，如果不考虑流通领域中为数有限的巴波亚，那么巴拿马搞的实际上就是"正式美元化"了。

巴拿马的美元化与巴拿马运河有关。在历史上，巴拿马曾是新格拉纳达共和国（后称哥伦比亚）的一个省。1846年，美国与新格拉纳达共和国签订了为期20年的《和平、友好、航海与通商条约》。根据这一条约，美国在巴拿马地峡修建道路时享有多方面的优惠。1850年，美国开始在巴拿马地峡铺设铁轨，1855年通车。在美国的策划下，巴拿马于1903年11月3日脱离哥伦比亚，成立巴拿马共和国。11月6日，美国承认巴拿马独立。11月18日，美国与巴拿马签订了《美国和巴拿马共和国关于建造连接大西洋和太平洋的通航运河的条约》。这一奴役性的条约使美国不但可以"永久使用"运河区，还能在运河区设防和驻扎军队。1904年，美国重新启动巴拿马地峡运河的开凿工程。

由此可见，在巴拿马实行美元化，也是美国在这个中美洲国家所作的战略安排中的一个重要组成部分。事实上，早在巴拿马独立以前，许多美国人就认识到，美元化有助于巴拿马运河的挖掘，也有利于美国在日后控制巴拿马运河。

2000年9月9日是一个非同寻常的星期六。在这一天，厄瓜多尔人终于向他们已使用了116年的货币苏克雷（Sucre）彻底告别。自9月10日起，美元开始正式成为厄瓜多尔的法定货币。

厄瓜多尔实施的美元化是一种"正式的美元化"，即美元取代苏克雷得到了本国法律的认可。然而，厄瓜多尔《商报》（2000年9月9日）的一篇社论写道："今天是一个悲惨的日子。"厄瓜多尔货币苏克雷是用厄瓜多尔民族英雄苏克雷的名字命名的。因此，不容否认，对于许多人来说，印有自己民族英雄头像的货币被印有华盛顿或林肯头像的美元取而代之，在情感上确实难以接受。

厄瓜多尔实施美元化完全是出于经济上的考虑。居高不下的通货膨胀、苏克雷的持续贬值、日益严重的银行危机以及沉重的外债负担等经济问题，迫使政府作出了实施美元化的痛苦决定。

虽然反对美元化的呼声时有所闻，有时甚至是强烈的抗议和示威，但大多数厄瓜多尔人对美元化持欢迎和肯定的态度，认为实施美元化有助于摆脱经济困难，吸引外资，实现经济稳定。

2000年11月23日，萨尔瓦多政府宣布，从2001年1月1日起，以新大陆"发现者"哥伦布的名字命名的萨尔瓦多货币科朗（Colón）将逐渐退出流通领域，美元将在萨尔瓦多成为合法货币。

萨尔瓦多政府希望美元化能促进经济增长，吸引外资，降低利率，并鼓励国外的萨尔瓦多人将更多的美元收入汇回国内。但在国会表决实施美元化的《货币一体化法》时，仍然有35位国会议员投了反对票。国会通过该法律后，以法拉本多·马蒂民族解放阵线为核心的一些政治组织声称，美元化是一种违反宪法的行为。因此，它们联合向最高法院提出了诉讼。最高法院要求国会和政府在10天时间内给予答复。但国会和政府置之不理。

20世纪90年代以前，"非正式美元化"在绝大多数拉美国家都存在。那时，拉美国家的通货膨胀率居高不下，货币贬值的趋势难以遏制。与其承受每时每刻都在上涨的物价，还不如直接用美元标价。

事实上，除商店愿意接受美元以外，企业发放的工资、房租、学费、水电费和其他一些交易活动也大量使用美元，本国货币只是在换算物价时才用得上。

应该指出的是，20世纪90年代以来，由于通货膨胀率得到了控制，"非正式美元化"的范围越来越小。

在梅内姆当政时，阿根廷曾考虑过实施美元化的可能性。赞赏美元化的阿根廷经济部长巴勃罗·吉多蒂认为，在越来越全球化的经济中，与世界上180种不同的货币打交道是没有意义的。他要求其他国家衡量一下死抱着本国货币的代价。他说："当前的经济趋势告诉我们，市场所指的方向是世界上货币的种类最终会减少。"

反对阿根廷实施美元化的理由多种多样。例如，有人认为，放弃比索后，阿根廷损失的铸币税为数不小。也有人认为，放弃比索等于放弃了阿根廷发行本国货币的主权。这在政治上等于是一种"自杀"。还有人从民族主义情感出发，认为美元化损害了阿根廷的民族尊严。一位出租车司机曾这样说道："如能把我们喜爱的爱娃·庇隆的头像印在美钞上，我就同意美元在阿根廷流通。"

"国家风险"不容忽视

拉美是中国提出的"一带一路"倡议的自然延伸。因此，可以预料，拉美将越来越受到中国企业的青睐。

在开发拉美市场的过程中，必须要回答的一个重大问题就是如何规避该地区的"国家风险"。

简而言之，"国家风险"就是企业在东道国或国际市场上面临的各种危险。它有狭义和广义之分。狭义的"国家风险"仅仅是英国经济学家情报社（Economist Intelligence Unit）关注的主权债务风险、货币风险、银行风险、经济结构风险和政治风险。广义的"国家风险"则囊括政治、经济、外交、社会和自然等方面，其种类不胜枚举。换言之，广义的"国家风险"既包括战争、军事政变、武装冲突、种族矛盾激化或社会骚乱之类的政治危机，也涉及经济危机、金融危机、银行危机、货币危机或债务危机；既有国有化、汇率波动、房地产泡沫破裂、国内通货膨胀率居高不下或国际市场上初级产品价格大幅度起伏等不良因素导致的风险，也有东道国受到国际制裁、与邻国关系恶化、断交之类的外交事件；既有上述人为的风险，也有地震、海啸、厄尔尼诺等多种多样的自然灾害。

由此可见，在一定意义上，"国家风险"实际上就是投资环境。投资环境有所谓"硬环境"和"软环境"之分。"硬环境"是人不可改变的。比如说地理位置、气候、自然条件、资源禀赋等。"软环境"则是人能够设法改变的，如经济政策、发展水平、政治民主、社会治安、法律体系和基础设施等。因此，在预测和分析"国家风险"时，不妨从投资环境，尤其是"软环境"入手。

拉美的"国家风险"主要涉及几个方面：政策多变、宏观经济形势不稳定、社会问题严重以及自然灾害多发。

有备才能无患。因此，应对"国家风险"的最有效的手段无疑是准确地预测风险能否发生或何时发生。有些风险是可预测的。例如，左翼政治家上台后，必然会高举民族主义大旗，对外资采取一些限制性政策，有时甚至会实施国有化。又如，如果一个国家长期奉行"寅吃卯粮"的赤字财政政策，债务危机迟早会爆发。再如，在收入分配严重不公、社会凝聚力极为弱化或中产阶级微不足道的国家，日积月累的社会矛盾终究会演化为政府难以遏制的大规模的社会动荡。毫无疑问，在与这些国家发展经贸关系时，必须慎之又慎，时刻提防各种"国家风险"的发生。

但是，有些"国家风险"是突发事件导致的，难以预测，因而也是防不胜防。例如，无人能够知道委内瑞拉总统查韦斯会罹患不治之症，也无人能够预料一个名叫穆罕默德·布瓦吉吉（Mohammed Bouazizi）的26岁突尼斯青年在摆地摊时因不满警察的执法而自焚，从而诱发震惊全球的、波及多个北非国家的所谓"茉莉花革命"。

相比之下，自然灾害诱发的国家风险更是难以预测。例如，2011年3月11日之前，没有人能想到日本会遭遇大地震和海啸的打击，更没有想到地震和海啸会破坏核电站，使之成为日本近代史上最大的"国家风险"。

毫无疑问，在今天的国际市场上，陶渊明笔下的"桃花源"是子虚乌有的。因此，既然"国家风险"无处不在，无时不有，那就不应该为了规避风险而"躲进小楼成一统，管他冬夏与春秋"。事实上，风险中也蕴含着商机。中国企业不能因为拉美有这样那样的"国家风险"而趑趄不前，也不能因为遭遇了利比亚危机而动摇进入非洲市场的决心。正所谓"不入虎穴，焉得虎子"。

强龙难斗地头蛇

用"强龙难斗地头蛇"这一句话来描述拉美食品工业"老大"宾堡公司（Grupo Bimbo），似乎并不夸张。

宾堡公司于1945年12月2日在墨西哥城建立。最初它仅仅是一个很小的面包房，只能做一些三明治和烤面包。但数年后就在墨西哥食品行业崭露头角，产品种类不断增加，业务范围持续扩大。今天，它在美国、拉美、欧洲和亚洲的18个国家拥有100多家工厂，10多万员工，能够生产100多个种类的7000多种食品，其中150多个品种在国际上享有盛誉。互联网上的有关文章介绍，今天的宾堡已成为墨西哥最大的食品公司和世界上最大的"面包房"，2010年的销售额高达89亿美元。

"宾堡"一词在西班牙语没有特殊的含义，但在英语中，bimbo是指美丽、性感而头脑不发达的女人。可见，这是一个贬义词。但宾堡的老板不仅不在乎，反而认为它有吸引人的地方。

宾堡公司的标记是一头戴着厨师帽子的小熊。据说公司老板的夫人在20世纪50年代初的一个圣诞节前夕接到了孙子送给她的一张贺卡，贺卡上画的就是这一头小熊。夫妻俩很喜欢这个小动物，于是就把它作为公司的"代言人"。

2008年，宾堡以23.8亿美元的价格收购了美国乔治·威斯汀公司下属的一家企业，从而成为美国面包行业的龙头企业。2006年5月，宾堡以1000多万美元的资金兼并了北京潘瑞克食品加工厂，成立了宾堡（北京）食品有限公司。这意味着宾堡已跻身于巨大的中国市场。2009年4月，它又收购了百万庄园快餐公司，进一步奠定了在北京市场的地位。

但是，宾堡面临的竞争不容忽视。众所周知，在中国的许多地方，好利来面包房随处可见。而宾堡没有一个属于它自己的，可以挂一块门匾的店面。我记得在 2010 年 8 月，为了准备在世界经济论坛（天津）的一个关于"拉美跨国公司在亚洲"的座谈会上的发言，我跑了许多地方去寻找宾堡的产品，最后在我家附近物美超市的角落里的一个架子上发现了一些宾堡的产品。我敢断定，宾堡的销路肯定不及好利来。

宾堡虽然是一个世界级的跨国公司，但在营销战略方面似乎不如好利来。在北京坐过地铁的人都知道，好利来的老板罗红是一名摄影爱好者。北京地铁的站台上有许多罗红拍摄的风景照片。作为一个摄影爱好者，我很喜欢罗红这个年轻的大富翁的摄影作品。在地铁站台上欣赏他的作品，时间过得很快。好利来的官方网站上甚至有一个介绍罗红摄影作品的栏目，名为"好摄之徒"，里面有不少可以供消费者下载的照片。

中国人越来越喜欢过生日，因此生日蛋糕是一个巨大的市场。好利来做的蛋糕品种多、样式好看，很能吸引消费者。不知宾堡能否做蛋糕，至少时至今日我还没有发现。

中秋节月饼也是一个赚钱的良机。好利来在节日来临之前就开始为月饼"造势"了，而宾堡似乎不做月饼。

比较一下宾堡和好利来的网站也很有意思。好利来在网站上的"代言人"是一位美丽的姑娘，而宾堡则推出其小熊。好利来网站的内容似乎较为丰富，而宾堡则较为单调。

好利来是 1992 年成立的一家私人企业，而宾堡已有 60 多年的历史。好利来仅仅是在中国华北地区活跃的企业，而宾堡则是一个国际知名的跨国公司。然而，在中国，至少在北京地区，宾堡这一条强龙根本无法与好利来这一条地头蛇媲美。

宾堡在中国面临的竞争及其应对策略，对于正在阔步走向拉美市场的中国企业来说，无疑是很有启发性的。在拉美市场上，中国企业千万不要以为进入了拉美市场就万事大吉，千万不要自恃强大，漠视与当地的地头蛇的竞争，此其一。其二，一定要重视品牌意识，并利用各种手段宣传自己，以吸引更多的消费者。

但愿中国的强龙能斗过拉美的地头蛇。

"芝加哥弟子"是何许人也

中国的"海龟派"（海归派）在中国的改革开放进程中发挥了重要作用。智利的"芝加哥弟子"（Chicago Boys）亦然。

"芝加哥弟子"是指20世纪五六十年代美国芝加哥大学培养的一批智利经济学家。这些人之所以出名，是因为他们在推动智利经济改革的过程中发挥了重要作用。

1953年，美国国际合作署驻智利办事处主任阿尔比恩·帕特森找到芝加哥大学经济系，说是希望该系能为智利培养一些经济学专业的学生，以改变智利学术界的经济思潮。帕特森原来希望芝加哥大学与智利大学合作，但智利大学对合作提出了一些帕特森难以接受的条件。最后，芝加哥大学只好与较为保守的智利天主教大学合作。

1956年，美国国务院利用美国福特基金会的资金，实施了一个被称作"智利项目"（Chile Project）的培训计划，由芝加哥大学教授阿诺德·哈伯格（Arnold Harberger）负责。根据协议，芝加哥大学经济系每年从智利天主教大学招收20名学生，攻读博士学位。

当时担任芝加哥大学经济系主任的是1979年获得诺贝尔经济学奖的西奥多·舒尔茨教授。在他的领导下，芝加哥大学与智利天主教大学的合作协议续签了3次。哈伯格和弗里德曼亲自担任智利学生的导师。大多数学生毕业后回到智利工作，只有少数人继续在芝加哥大学做博士后。

如同弗里德曼那样，哈伯格也是自由市场经济的积极推崇者，不主张国家对经济进行干预。退休前他在美国加州大学（洛杉矶）任教。《华尔街日报》（1996年9月12日）认为，"虽然米尔顿·弗里德曼的名声很大，但拉美'自由市场革命'的真正'父亲'却不是弗里德曼，而是阿诺德·哈伯格"。

1973年皮诺切特将军通过政变上台后，面临着如何通过加快经济发展来提升军政府的合法性这一紧迫的问题。他立刻想到了在芝加哥大学学成回国的那些经济学家。

这些人在欧美大学接受了西方经济学的正规训练，十分崇尚自由市场理论。他们进入皮诺切特政府后，制定了以强化市场机制、减少国家干预和扩大对外开放为主要内容的经济改革政策。

曾在20世纪90年代担任智利外交部部长的胡安·加夫列尔·巴尔德斯说过：美国实施的"智利项目"，是一个"有组织地把一种意识形态从美国搬到其势力范围内的一个国家"的最佳例子。毫无疑问，在这一过程中，"芝加哥弟子"发挥了载体或桥梁的作用。

新自由主义理论的"鼻祖"弗里德曼曾在1975年3月应邀访问智利。在圣地亚哥逗留的6天时间内，他曾接受皮诺切特45分钟的会见。皮诺切特请弗里德曼阐述其应对智利经济问题的方法，弗里德曼鼓励皮诺切特进一步发挥"芝加哥弟子"的作用，加快改革步伐，减少政府干预，更加有力地培育市场机制。

访问智利时，弗里德曼还在智利大学发表讲演，鼓吹市场万能论。他认为，智利的改革不仅在经济领域是成功的，而且还在政治领域产生了影响。

2000年10月1日，弗里德曼在接受美国公共广播电台（PBS）时说："智利之所以引人注目，并不是因为它首先实践了芝加哥理论，而是因为皮诺切特奉行的政策与一般意义上的军政府采取的政策完全相反。皮诺切特实施的完全是一种自由市场经济。"他说："我在智利天主教大学作了一次讲演，题目是'自由的脆弱性'。我认为，最容易破坏自由的是中央的控制，因此，为了维系自由，就应该有自由市场；为了让市场的运转达到最佳状态，就应该有政治自由。可见，我的讲演的核心内容是反对专制。我认为，自由市场的运作最终会减少皮诺切特的政治中央化（political centralization）和政治控制。"他还说："智利经济的业绩异常出色。但更为重要的是，皮诺切特军政府最终被文人政府取而代之。可见，自由市场确实在智利创造了一个自由社会。"

1989年皮诺切特交权后，文人政府也并没有逆转改革趋势，而是继续深化改革。与皮诺切特不同的是，历届文人政府在深化改革的同时较多地关注如何减少改革的社会成本。文人政府的这种做法被称作"对改革进行改革"（reforms to the reforms 或 to reform the reforms）。这无疑是智利能在拉美的改革大潮中脱颖而出的主要原因之一。

最后说一说与"海归派"有关的语言现象。2006年上台的智利首位女总统巴切莱特在组阁时，将多个政府部门的要职给予"海归派"。此外，约70%的内阁成员能说一种流利的外语，尤其是英语。因此，这一内阁被一些媒体视为拉美地区"最全球化"的内阁。

内阁成员说一口流利的外语有什么好处？曾在2000年至2006年担任智利总统的里卡多·拉各斯认为，在21世纪，内阁成员会说外语肯定是有好处的。这位拥有美国杜克大学经济学博士学位的智利前总统说："我在担任智利总统时感受到，在与外国领导人进行面对面的交流时，如果我们能使用一种双方都懂的语言，那么我们的眼睛就能更好地注视着对方。这与通过翻译进行交流相比，肯定是不一样的。"

慧深、郑和与孟席斯

中外教科书都说，美洲新大陆是哥伦布在 1492 年"发现"的。但英国人孟席斯（Rowan Gavin Paton Menzies）却在《1421 年：中国发现世界》（*1421: The Year China Discovered the World*）一书中说，美洲新大陆是郑和发现的，澳大利亚也是郑和发现的。

2005 年 7 月 11 日，我赴澳大利亚参加一个讨论拉美问题的会议。无巧不成书。这一天正好是郑和下西洋 600 周年纪念日。在澳大利亚，我说，有人认为澳大利亚不是英国探险家詹姆斯·库克"发现"的，而是中国古代航海家郑和下西洋时"发现"的。而且，美洲新大陆也是郑和"发现"的。使我失望的是，赞同这一观点的与会者寥寥无几。

但 2003 年 10 月 24 日胡锦涛主席在澳大利亚国会发表讲演时曾说过，"早在 15 世纪的 20 年代，中国明朝的远洋船队就曾经到过澳大利亚的海岸，在漫长的岁月中，许多中国人漂洋过海，陆续来到澳大利亚这一片古老的南方大陆，他们把中华文化带到这里，同当地人民和睦相处，为澳大利亚经济社会和多元文化的发展做出了积极贡献"。

《南方日报》特约记者吴立艳曾于 2005 年 6 月中旬在上海采访过孟席斯。孟席斯来中国是参加《1421 年：中国发现世界》一书的签名售书活动。孟席斯对记者说，1990 年他与夫人到北京访问，纪念他们的银婚。在参观故宫时，导游讲到了这一建筑物的历史，还说皇帝曾派人用很大的船去接远方的客人。孟席斯对当时中国的富裕感到很震惊，于是就在回国后开始研究同一时期英国的情况。他花了十年的时间来研究这个问题，最终写了一本书。出版商找来十个专家来评定他的书。其中一位历史学家给孟席斯看了一张 1423 年画的中美洲地图。孟席斯说，那时哥伦布还没有"发现"美洲，谁比哥伦布早到美洲？于是他想到了 1421 年郑和下西洋。

经过十多年的研究，孟席斯终于在2003年出版了《1421年：中国发现世界》。该书已被翻译成20种语言，在100个国家销售了100万册，孟席斯因此成为富翁。

孟席斯生于1937年。一些中国媒体说他出生在中国。2006年7月31日，他在接受澳大利亚广播公司采访时说，他出生在伦敦，而非中国，但他3岁时曾随家人到过中国。

当然，孟席斯在书中的结论受到了许多中外专家学者的批评和质疑。有人说该书缺乏起码的科学常识，他用来证明郑和"发现"美洲新大陆的证据缺乏说服力或有伪造之虞；有人说他是为了挣稿费和版税，是一种地地道道的商业炒作；有人说他的书漏洞百出，毫无学术价值；还有人甚至贬他为"胡说八道的小孩子"。

当然，也有人同意孟席斯。互联网上的一篇文章写道："对于大部分中国记者和历史专家而言，孟席斯的理念近乎荒唐。近600年以来，中国人自己从未想过郑和浩大的船队竟到过如此遥远的地点。从清朝末年到近现代，数百名中国历史专家费尽九牛二虎之力，才论证出郑和最远到过东非。孟席斯的结论无异于天方夜谭，一些专家和记者以一句'他是业余的'而确立了心理上的脆弱平衡。有意思的是，尽管大多数与会者并未读过孟席斯的著作，更未走过他所考察的路线，甚至根本还没看到他掌握的14世纪海图，就理直气壮地提出质疑，斥责对方'提供的证据不足'，显示了中国专家捍卫学术权威的急切心情。"

其实，除孟席斯以外，其他人也提出过中国早于哥伦布到达美洲新大陆的观点。例如，马南邨于1961年9月在《北京晚报》"燕山夜话"专栏发表了题为"谁最早发现美洲""扶桑小考""由慧深的国籍说起"三篇文章。他在"谁最早发现美洲"一文中写道："最早发现美洲的是谁呢？这个问题本来已经有了答案，人们都知道是十五世纪意大利人哥伦布最早发现了美洲。然而，现在这个答案却发生了动摇。在《知识就是力量》一九六一年八月号中，刊载了非常新奇的资料，说明中国人到达美洲比一四九二年哥伦布发现美洲还要早一千年。"

马南邨还说，打开唐代姚思廉编撰的《梁书》卷五十四，可在《东夷列传》中看到如下的一段重要记载："扶桑国者，齐永元元年，其国有沙门慧深，来至荆州，说云：扶桑在大汉国东二万余里，地在中国之东。

其土多扶桑木，故以为名。扶桑叶似桐，面初生如笋。国人食之，实如梨而赤，绩其皮为布，以为衣，亦以为绵。作板屋，无城郭，有文字，以扶桑皮为纸。……国王行，有鼓角导从，其衣色随年改易。……有牛，角甚长，以角载物，至胜二十斛。车有马车、牛车、鹿车。国人养鹿，如中国畜牛，以乳为酪。有桑梨，经年不坏。多蒲桃。其地无铁有铜，不贵金银。市无租估。其婚姻，婿往女家门外作屋，晨夕洒扫。经年，而女不悦，即驱之；相悦乃成婚。"

马南邨肯定地说："这一段历史记载，总可以说明中国人和亚洲人，早在公元五世纪的时候，就已经与美洲的国家和人民有了亲密的往来。当时从亚洲大陆到美洲大陆，只要沿着阿留申和阿拉斯加前进，可能并不很困难。因此，中国人和美洲各国人民的友谊无疑地具有悠久的传统，这是多么重要的历史事实啊！如此说来，哥伦布显然不是最早发现美洲大陆的人了。但是，我们也不要把哥伦布的功绩完全抹杀，他毕竟可以算是发现由欧洲到美洲的新航路的第一人。"

当然，不同意上述观点的人不在少数。例如，已故著名学者罗荣渠教授在《美洲史论》一书中写道："早在二百多年前，1761年，法国汉学家德·吉涅（J. de Guignes）在向法国文史学院提出的研究报告《中国人沿美洲海岸航行及居住亚洲极东部的几个民族的研究》中，最先提出了新奇的'中国人最早发现美洲说'。到19世纪中期，曾引起西方汉学家的广泛兴趣和热烈讨论。1831年，德国东方学家克拉卜洛特（H. J. Klaproth）发表《关于中国文献中所载扶桑国被误认为美洲的一部分的说法的研究》，第一个反驳了德·吉涅的论点，认为扶桑国应在日本或萨哈林岛（库页岛）。此后，支持德·吉涅论点的学者和反对他的论点的学者，分为两派，反复论辩。许多在中国的外国传教士参加了讨论。"

究竟是谁最早"发现"美洲新大陆，看来将成为一个千古之谜。毫无疑问，如果美洲新大陆真是郑和或慧深"发现"的，我们的民族自豪感必然会更加强烈，中国的软实力也会得到提升。但是，值得我们思考的是，为什么郑和的"发现"对世界发展进程产生的影响大大小于哥伦布的"发现"产生的影响。

拉美国家200多岁了

拉美有33个国家，大小不一，独立的时间也相差很远。例如，1804年1月1日，海地宣布独立，成为拉美和加勒比地区的第一个国家。6年后，即1810年，拉美的（实际上是南美洲的）独立战争爆发。这一战争延续了约30年，诞生了不少国家，而加勒比国家圣基茨和尼维斯直到1983年才独立。

无论是从海地革命算起或是从拉美独立战争（又称独立革命）算起，大多数拉美国家已有200多岁了。拉美在这200多年中走的是一条什么样的现代化道路？中国学者曾举办过多次会议，试图获得这一重大问题的答案。

中国学者似乎对拉美现代化道路始于何时有不同的看法。有人认为，19世纪初爆发的拉美独立战争是拉美现代化道路的起点。但也有人认为，工业化是现代化的核心，拉美的工业化进程始于19世纪七八十年代，因此，拉美的现代化道路应该是在19世纪七八十年代开始的。

我认为，在探讨拉美现代化道路时，不必拘泥于这一道路始于何时。换言之，学者的主观上的时间定位未必对拉美现代化道路的成败得失产生多大的影响。最重要的是要客观地从拉美走过的现代化道路中（或是从拉美追求现代化的过程中）获取什么有益的启示。

毫无疑问，在过去的两个多世纪中，拉美昂首阔步地走在现代化道路上，收获了许多实实在在的成果，但也面临着不少严峻的挑战。

概而言之，拉美在现代化道路上遇到的久治不愈的难题主要是以下五个。

一是如何维系政治稳定。政治稳定是推动经济和社会发展的必要条件之一。很难想象在一个政局动荡不安的国家能搞生产和改善人们生活。

我国学者喜欢在年底总结一下国际形势。在总结拉美形势时，我们经常听到的一个表述就是"整体稳定而局部动荡"。这里所说的"局部"无疑是指少数国家。

世界上没有完全相同的两片树叶。少数国家难以保持政局稳定的因素是多方面的。首先，政党政治欠完善，从而使"街头民主"或"街头政治"成为民众表达不满的最佳方式。其次，社会问题长期得不到解决，从而使民众与政府的关系处于一种对峙的状态。多个拉美国家的总统是在民众的大规模的示威游行中下台的。最后，执政党和政府官员的腐败为反对派和民众的攻击提供了"炮弹"。

二是如何在发挥比较优势的同时提升产业结构。任何一个国家在追求经济发展时都必须发挥自身的比较优势。拉美的比较优势在于其丰富的自然资源。一方面，拉美不能仅仅依靠出口资源来推动经济发展；另一方面，拉美也不能为了调整产业结构而不去开发其自然资源。如何处理两者之间的关系，委实是一个难题。

三是如何为政府与市场的作用定位。20世纪30年代至70年代，拉美国家在实施"进口替代"发展模式期间十分崇尚政府的作用。90年代后，拉美国家在推动改革开放时，片面地认为市场是万能的。除经济领域以外，社会发展领域中的政府作用也被大大降低。因此，在应对政府与市场的作用时，不能从一个极端走向另一个极端。

四是如何缓解贫富悬殊。拉美是世界上收入分配最不公的地区之一。收入分配不公导致社会问题越来越严重，甚至对政局产生了不利影响，同时也制约了国民经济的发展。

五是如何减少对外国资本的依赖。经济的发展需要投资。投资的多少与资本积累的能力有关，而资本积累与储蓄率的高低密切相连。拉美的储蓄率很低，在20%左右，根本不能与中国相比。拉美的低储蓄率是由多种因素导致的，其中最重要的包括：拉美的文化不是倡导勤俭节约，而是鼓励消费；拉美人口的年龄不是处于高储蓄阶段；经济增长乏力导致劳动者的收入得不到快速增加；金融市场不完善，缺乏鼓励人们储蓄的机制；对金融危机的恐惧心理损害了民众的储蓄愿望。

在一定程度上，拉美在现代化道路上面临的这些难题也是其他发展中国家面临的长期性的挑战。而且，这些难题的解决并不能一蹴而就。

中国不吹牛

2004年11月12日，中国国家主席胡锦涛在巴西国会发表了题为"携手共创中拉友好新局面"的重要演讲。他说，通过中拉双方的共同努力，中拉关系在不远的将来能够实现三个目标，即政治上相互支持，成为可信赖的全天候朋友；经济上优势互补，成为在新的起点上互利共赢的合作伙伴；文化上密切交流，成为不同文明积极对话的典范。

在谈到经贸合作这一目标时，胡锦涛主席说："双方采取积极行动，争取双边贸易额在现有基础上到2010年再翻一番半，突破1000亿美元，同时力争在投资方面取得较大进展，实现总量翻番，相互成为更重要的投资对象。"

胡锦涛主席的这一讲话白纸黑字，在中国外交部的网站、新华网和人民网等网站上都能找到。然而，就在他演讲结束后不久，一些国际媒体就错误地作出了这样的报道：至2010年，中国在拉美的投资要达到1000亿美元。也就是说，这些记者错误地把1000亿美元的双边贸易额说成是中国在拉美的投资额。

我无法查证哪个外国记者在何时发出第一个错误的报道，但我知道，这个错误报道的传播范围很广，对中国产生的负面影响很大。例如，2007年2月21日，我在参加美国威尔逊中心举办的一次讨论中拉关系的研讨会时遇到一位巴西人。他在会上说："中国许诺要在拉美进行数额高达1000亿美元的投资，但迄今为止，我们尚未看到有多少中国投资进入拉美。"同年5月我再次访问美国时，有两位在霍普金斯大学攻读博士学位的学生问我："按照现在的投资规模，中国无法在2010年实现对拉美投资1000亿美元的目标。届时中国如何向拉美解释？"2008年年初，法国巴黎第三大学的一位学者在北京与我共进晚餐时说："中国表示要在拉美投资1000亿美元,因此阿根廷最初对中国抱有很大的希望。但是现在,许多阿根廷人的热情在下降了,因为中国并没有给阿根廷带来大量的投资。"

我在国外参加国际会议时遇到的一些拉美学者或美国学者在会场内外更是直截了当地说,中国为了获得拉美的资源而夸下海口,提出要在拉美进行1000亿美元的投资。但是,几年时间过去了,中国在拉美的投资额极为有限。中国人说话不算数,中国人在吹牛。

用"中国许诺在拉美投资1000亿美元"这一错误的报道来批评或攻击中国的西方媒体更是不计其数。

当然,有些人在谈论"中国在拉美投资1000亿美元"时并无恶意。例如,厄瓜多尔前副议长马科·普罗亚尼奥·玛雅于2007年3月16日在中国社会科学院举办的一次国际研讨会上说:"中国要在今后几年对拉美投资1000亿美元,因此,我认为,中拉关系将获得快速的发展。"在讨论时,我在听众席上站起来跟他说:"我同意你对中拉关系美好前景的判断,但你引用的中国许诺在拉美投资1000亿美元的说法是不正确的。"他答道:"我是从媒体上看到中国要在拉美投资1000亿美元这一报道的。"

甚至一些中国学者在研究中拉关系时也引用了外国媒体的错误报道。他们试图说明,中国非常重视拉美,中拉关系在快速发展。然而,这种良好的动机却建立在以讹传讹的基础上,因而帮了倒忙。

为了避免更多的以讹传讹,我决定利用在国外参加学术会议或为国外写文章的机会,纠正这一错误。2007年冬,我应邀为美国学者里奥登·罗伊特和瓜达鲁佩·帕斯主编的《中国进入西半球:对拉美和美国的影响》(*China's Expansion into the Western Hemisphere: Implications for Latin America and the United States*)一书撰写一章。我在文章中明确写道,"胡锦涛主席在巴西国会的演讲中没有承诺要在2010年以前向拉美投资1000亿美元。他说的1000亿美元是指中拉双边贸易额,不是投资额"。

该书是在2008年4月出版的,是国际上较早论述中拉关系的一本专著,因而在国际学术界有一定的影响力。

该书出版后,著名的美国智库布鲁金斯学会在2008年4月30日为该书举办了一个讨论会。该智库的东北亚研究项目主任理查德·布什(中文名叫卜睿哲)在评论该书时说:"我们能从本书中学到一些知识。这方面的一个例子就是关于胡锦涛主席在2004年访问巴西时许诺的在拉美投资1000亿美元这一令人好奇的数据。一些严肃的学者也多次重复地引用胡锦涛主席说的这个数字。有些观察家甚至据此而把中国描绘成掠夺者的形象。其他一些分析人士（包括本书的一些作者）指出，中国在拉美的投资步履缓慢，因此中国可能会食言。但江时学在本书中明确地写道，这个1000亿美元不是投资额，而是预计要在2010年达到的双边贸易额，即增长2.5倍。就投资而言，仅仅是总量翻番。所以说，我们要感谢江时学纠正了这一巨大的误解。"

2009年年初，我应邀为美国的智库詹姆斯敦基金会（The Jamestown Foundation）撰写一篇关于中国与巴西关系的文章。我在这一文章中说："有些巴西人对中国在拉美的投资感到失望。他们认为，北京的许诺是'烟多火少'，因为他们认为胡锦涛主席在2004年11月访问巴西时曾表示要在拉美投资1000亿美元。其实，胡锦涛主席说的1000亿美元是中拉贸易额，而非投资额。"

詹姆斯敦基金会在国际上也是有一定声望的，因此我的文章引起了一些人的关注。例如，一个名叫"中非关系的真实故事"的网站在2010年1月18日发表了网民戴勃拉·布劳蒂盖姆（Deborah Brautigam）的一个帖子。这个网民说："本周我发现，网上有一个关于中国接触拉美的不正确的消息：2004年11月，胡锦涛主席在巴西国会发表演说时表示，中国要在未来几年中向拉美投资1000亿美元。天哪，这一数字太大了，我心里在想。于是我在谷歌上搜索了一下，发现有数十个关于这一所谓许诺的条目。然后我在中国的英文网站上进行了核实。《中国日报》刊载了胡锦涛讲话的全文。从中可以看到，胡锦涛承诺的是把中拉贸易扩大到1000亿美元，而非投资额。甚至美国国会的研究服务部也在一个报告中引用了这一投资1000亿美元的数据。美国国会山上居然也流传着这样的'事实'，难怪美国（担心中国）的警铃会出声。"

在这个帖子的评论栏目中，我看到了一个名叫凯瑟琳（Kathleen）的网民在2010年5月21日发表的评论："我也遇到过这个问题。……你会高兴地看到江时学发表在詹姆斯敦基金会网站上的文章，题为'大熊猫拥抱大嘴鸟：中国与巴西的关系'。他在这篇文章中纠正了这一错误。"

与"中国龙"跳探戈舞

大熊猫是中国的特产,龙在中国文化中居于十分显赫的地位,因此,一些美国人就发明了两个与中国有关的词:"拥抱熊猫的人"(panda-hugger)和"屠杀龙的人"(dragon-slayer)。顾名思义,这两个词的引申意思就是"亲华派"和"反华派"。

随着中国国际地位的上升和中拉关系的快速发展,"拥抱熊猫的人"在拉美越来越多。这些人既有政府官员,也有企业家;既有学者,也有普通老百姓。他们赞赏中国改革开放的伟大成就,认为中国的发展不仅不会对拉美构成威胁,而且能带来许多有利于拉美发展的机遇。

哥伦比亚人、美洲开发银行研究部经济学家爱德华多·劳拉认为,"拉美国家实际上得益于中国对初级产品的巨大需求。我们不能认为中国的发展使拉美受到了损失,相反,中国的发展在一定程度上迫使拉美国家调整产业结构,作出恰如其分的应对,以保护其在世界市场上的份额。从另一角度说,如果中国的发展速度慢,拉美的情况不见得能够得到改善。换言之,拉美遇到的这样那样的问题,与中国没有关系"。

在2008年世界经济论坛拉美分会上,以制造瓷砖、洁具和餐具等瓷器产品为主的哥伦比亚科洛纳公司首席执行官迪亚斯认为,中国是拉美的伙伴,不是拉美的竞争者。因此,拉美的工商界应该利用各国商会的不同渠道,开拓巨大的中国市场。也是在这一会议上,墨西哥宾堡公司首席执行官塞维特基认为,一些拉美国家已进入了与中国开展经贸合作的"快车道",其他拉美国家应该急起直追,充分认识到中国经济快速发展带来的多种机遇,进一步发展与中国的经贸关系。

绝大多数拉美国家的领导人似乎都是"拥抱熊猫的人"。2009年4月,来华进行工作访问的委内瑞拉总统查韦斯说,世界秩序正在发生重大变化，经济危机正在扩散和蔓延，中国为世界摆脱危机发挥了重要的积极作用。2010年7月阿根廷总统克里斯蒂娜·费尔南德斯表示，阿根廷一贯坚持一个中国政策，尊重中国国家主权和领土完整，在台湾、西藏问题上坚定不移地支持中方立场。阿方愿意加强同中方对话与合作，相互支持、相互借鉴。阿中两国有着很强互补性和广泛共同利益，合作潜力巨大。2011年4月巴西总统罗塞夫在访华时说，巴西十分重视发展对华关系，巴中战略伙伴关系意义重大，同中国建立和发展战略伙伴关系是巴西的战略选择。

当然，拉美也有一些"屠杀龙的人"，其言论显然不利于进一步提升中国在拉美的地位。例如，墨西哥前外长德尔贝斯认为，"13亿中国人同5亿拉美人争夺就业、投资和全球市场上的财富。这使拉美人不寒而栗"。阿根廷国立罗萨里奥大学教授埃德华多·丹尼尔·奥维多认为，一方面，中国用"战略伙伴关系""互补"和"南南合作"等辞藻来修饰中拉关系；另一方面，拉美国家政府根据不干涉内政的原则，避而不谈与中国有争议的政治问题。他还说，"虽然中国在拉美的霸权还不完整……但这一霸权的影响越来越明显……因此，拉美国家的政府在制定外交政策时要注意各霸权之间的争夺和合作，在日趋下降的美国霸权和欧洲霸权与不断上升的中国霸权三者之间谋求平衡"。巴西圣保罗州企业家协会主管贸易事务的官员罗伯特·吉安内蒂说，中国不是巴西的战略伙伴，中国仅仅是想购买拉美的资源，同时向拉美出口消费品。该联合会主席保罗·斯卡夫甚至认为，卢拉政府承认中国完全市场经济地位的做法是一个错误。尼加拉瓜政府官员卡洛斯·佐尼伽说："中国是一个正在觉醒中的巨兽，能吃掉我们。"在2003年11月举行的一次讨论美洲自由贸易区谈判进程的部长级会议上，墨西哥政府的一位高级官员说，为了抵御中国的出口产品，我们必须加快建立美洲自由贸易区的步伐。巴拿马政府的一位高级官员说：美洲国家之所以能推动美洲自由贸易区，主要是因为我们都想加快发展，都害怕中国。

一些美国学者和拉美学者的学术研究也助长了"中国威胁论"。例如，美国学者凯文·加拉格（Kevin P. Gallagher）与乌拉圭学者罗伯特·波泽卡恩斯基（Roberto Porzecanski）在合著的《房间里的龙：中国与拉美工业化的未来》（*The Dragon in the Room：China and the Future of Latin*

American Industrialization）一书中，将拉美的受到中国"威胁"的产业分为三类：一是"受威胁"，即拉美工业制成品出口在世界市场上的份额下降，而中国的份额在扩大；二是"部分受威胁"，即拉美和中国的工业制成品在世界市场上的份额都在增加，但中国增加的份额更大；三是"不受威胁"，即拉美工业制成品在世界市场上增加的份额大于中国的份额。该书认为，截至2009年，92%的拉美工业制成品出口受到了中国的威胁。因此，这两位学者说，中国竞争力的加强损害了拉美未来的长期发展的能力。

这一结论显然是值得商榷的。这两位学者忽视了这样两个事实：拉美工业制成品在世界市场上份额降低的趋势，早在中国"崛起"之前就已出现。此其一。其二，拉美份额的降低是由多种原因导致的，不能全部归咎于中国。

其实，正如毛泽东所说的那样，凡是有人群的地方都有左、中、右。拥有5亿多人口的拉美，哪能没有"屠杀龙的人"？有意思的是，一位阿根廷朋友在给我的一封电子邮件中说："为什么要把龙杀死？为什么不可以拥抱龙？"这位研究中国的年轻学者说，他既是一个"拥抱熊猫的人"，也是一个"拥抱龙的人"。他还给我寄来了一幅从阿根廷网上下载的漫画。在这一漫画中，阿根廷人正在中国与龙跳着优美的探戈舞。

拉美大陆上的"印度象"

在国际媒体上,某个国家特有的动物常常代表着这个国家。例如,龙是中国,大象就是印度。

阿根廷是世界上最大的豆油出口国,中国则是世界上最大的豆油进口国。2010年4月,因为阿根廷向中国出口的豆油没有达到中方的卫生检疫标准,所以中国暂停从阿根廷进口豆油。这使阿根廷的豆油产业受到了很大的影响。

智利前驻印度大使豪尔赫·海茵在一篇文章中写道:"正在阿根廷愁眉苦脸之时,印度出现了。2009年,印度从阿根廷进口了价值6.06亿美元的豆油,2010年扩大到18亿美元。中国则从同期的18亿美元减少到2.4亿美元。"

其实,除阿根廷以外,印度与其他拉美国家的关系也取得了快速的发展。早在2006年,经济合作与发展组织发展中心首席经济学家哈维尔·桑蒂索就在《拉美大陆上的巨龙和大象》一文中指出,亚洲新兴大国印度也对拉美的资源产生了巨大的兴趣,只是中国在非洲和拉美的不断扩大的影响使人们忽视了印度在拉美的存在。

印度与拉美双边关系的快速发展与以下两个因素有关:一是印度的大国心态在强化。除了进一步巩固在南亚的大国地位以外,印度还希望通过提升与其他发展中国家的关系来拓展国际影响和实现对外经济关系的多元化。二是印度与拉美在经济上也有不少互补性。例如,印度经济的快速发展也需要从海外获得更多的资源,而拉美则需要印度的投资和信息技术。

当然,拉美国家同样在大力发展对外关系的多元化。这为印度拓展在拉美的存在提供了良机。

印度在与拉美国家发展双边关系时,非常注重首脑外交。除了邀请拉美国家的领导人访问印度以外，印度领导人也不时出访拉美。2008年4月，印度总统普拉蒂巴·帕蒂尔对巴西、墨西哥和智利进行了为期13天的国事访问。陪同她访问的还有众多印度企业家。印度与这些拉美国家签署了在贸易、投资、信息技术、能源和航空等领域加强合作的多个协议。印度媒体称，帕蒂尔总统在2008年7月就任后的第一次国事访问就去拉美，充分说明拉美在印度外交战略格局中的地位得到了提升。

中国在与拉美国家发展经贸关系时，既进口自然资源，也出口大量工业制成品。由于拉美国家生产的工业制成品难以与中国同类产品竞争，因此其市场面临着巨大的压力。这是拉美国家经常性地对中国产品实施反倾销的主要原因。而印度在与拉美国家发展经贸关系时，则力求少出口工业制成品，多进行直接投资。此外，印度在拉美的投资企业愿意与拉美企业分享技术，愿意雇佣当地劳动力，因此很受东道国的欢迎。美国《洛杉矶时报》（2007年6月9日）的一篇文章说，这一切使拉美国家不是把印度视为竞争者，而是合作伙伴。

双边关系是双向的。拉美也把印度视为重要的合作伙伴。因此，向印度派驻外交使团的拉美国家已从21世纪初的十多个增加到2010年的18个。

在谈到印度与拉美的关系时，不能不说印度、巴西和南非三国2003年6月成立的对话论坛。截至2011年，该论坛已召开了5次首脑会议。印度在这一论坛中发挥了重要的作用。

印度与拉美国家的关系也面临着一些不利因素。例如，除了地理上相隔遥远以外，双方在语言、文化和经济结构等方面的差异性十分显著。又如，印度对本国农产品市场的保护较为有力，因此拉美国家的农产品要进入印度是很难的。再如，印度与拉美的相互了解有待加深。一位印度学者对我说，印度全国研究拉美的学者不过一二十人而已。

联合国拉美和加勒比经济委员会的一个研究报告指出，至2030年，印度的人口会超过中国；此外，印度的中产阶级也会不断扩大。因此，对于拉美国家来说，印度是一个潜力很大的市场。

印度与拉美的双边贸易额从2000年的20亿美元扩大到2017年的约300亿美元，即在十多年的时间内扩大了十多倍。但是，目前印度与拉美的双边贸易仅仅是中国与拉美双边贸易的十分之一。对此，印度人的解释是：印度的改革开放比中国晚了十多年。

　　如何看待印度与拉美国家的关系？印度在拉美的存在会对中国与拉美国家的关系构成挑战吗？英国《金融时报》网站的一篇关于印度与拉美国家关系的文字配了一张照片。在照片中，中国运动员与印度运动员正在伦敦奥运会的跑道上争先恐后，拼命地跑。言下之意是，中国和印度都希望在拉美大陆上占据更为有利的位置。《金融时报》刊载这一照片的用意大有挑拨中印两国关系之虞！

中国是拉美经济的"天使"

炫富是人的天性。中国人喜欢炫富，拉美人也喜欢炫富。英国《金融时报》（2011年11月25日）的一篇文章说，"巴西的新财富已催生出一种充满炫富心态的消费主义潮流"。这一文章引用的一位基金经理说，最近他去圣保罗郊外参加一个婚礼时，发现只有极少数人开车去，其他宾客都是坐着直升机去的。

普通人能坐直升机去参加婚礼吗？答案显然是否定的。那么为什么那些巴西人如此富裕，以至于能坐直升机去参加婚礼？

《金融时报》引用的这位基金经理一语道破天机：都是因为巴西能向中国出口大宗商品。他说："要不是因为中国，这一切都不会发生。"《金融时报》接着写道："过去的十年里，南美洲的繁荣以及随之而来的'功成名就'感，……在很大程度上都归功于中国因素导致的大宗商品价格的上涨。"

《金融时报》的这一文章还说，拉美人关心的重头戏不是深受债务危机之累的欧元区，而是中国。尤其在大量出口大宗产品的南美洲国家，人们更为关心的不是欧洲债务危机，而是中国经济的增长速度会不会放慢。

南美洲国家之所以关心中国经济的增长速度，是因为中国对大宗商品的需求会对世界市场上的价格走势产生重大的影响。如果中国经济增长速度放慢，对大宗商品的需求会减少，世界市场上大宗商品的价格就会下跌。其结果是，南美洲国家的出口收入就会降低，国际收支逆差会扩大，政府的财政政策也会吃紧。

除大宗商品以外，中国经济增长速度的放慢还可能会减少对拉美的投资，使拉美的资金短缺问题更加严重。

其实，多年前，国际上的许多有识之士就说，中国经济的快速发展以及与之有关的对大宗商品的巨大需求，对许多拉美国家的经济来说是一种不可多得的良机。美国《商业周刊》（2004年10月28日）的一篇文章写道："巴西淡水河谷公司是世界最大的铁矿砂公司。在淡水河谷公司的大型露天铁矿内，机器轰鸣声不绝于耳，工人们昼夜不停地辛勤工作。这是为什么？答案很简单，只有一个词：中国。该公司计划与战略部门主管加布瑞尔·斯托利亚表示，'如果要完成中国方面所有的订单，我们公司的规模必须扩大一倍'。为了尽可能满足中国的需求，巴西淡水河谷公司正在努力提高产量，并计划在今年斥资12亿美元扩张生产规模。"

有些拉美人认为，大量中国商品进入拉美市场后，使竞争力弱小的企业面临着减产或倒闭的风险，因此，在他们眼中，中国是一个"魔鬼"。这种狭隘而片面的指控当然是苍白无力的，也是不合理的。

众所周知，在全球化时代，国际竞争力的强弱至关重大。面对中国商品的竞争，拉美国家应该努力提升自己的国际竞争力，而不是用反倾销等手段来抵御中国商品。

其实，价廉物美的中国商品对拉美的贡献是不容忽视的。英国《金融时报》（2011年4月22日）的一篇文章写道，在圣保罗贫民区帕赖索波利斯的小店里，从口红到拎包，从塑料玩具到其他日用品，几乎所有商品都产自中国，但这些商品的价格极为低廉。店主说："中国商品就是便宜得多，……必须这么便宜，否则这里很多人买不起。"他说，同样的一些商品，如果是在巴西生产的，价格就要高出4倍。

2011年，巴西的通货膨胀压力不断上升，控制通货膨胀压力成了新总统罗塞夫的首要议事日程之一。正如前引《金融时报》的文章所说的那样，"来自亚洲的廉价进口商品有助于降低家庭用品的价格"。巴西最大零售企业"甜面包"（Pão de Açúcar）副总裁雨果·贝特莱姆也认为，"进口商品具有通货紧缩的效应，有利于抑制不断上涨的价格"。

早在2006年6月，在国际上颇有影响力的经济合作与发展组织下属的发展中心就在其题为"天使还是魔鬼：中国对拉美新兴市场的贸易影响"的工作论文中得出了这样的结论："对拉美而言，中国更像是一个'天使'，是一只'帮助的手'，也是该地区大量大宗商品的出口市场。中拉贸易对拉美的影响是正面的，直接的影响是扩大拉美的出口，间接的影响是改善拉美的贸易条件。"

爱恨交加的关系

俗话说："远亲不如近邻。"但是，如果你的非常富有的邻居经常欺负你，你会喜欢他吗？如果他经常到你家里指手画脚，甚至还打你骂你，你会对他笑脸相迎吗？当然，如果有朝一日他有意跟你改善邻里关系，你或许会回心转意，改变你对他的看法，但你的心灵深处可能还会有一种戒备。

拉美国家与美国的关系，就是这样一种邻里关系。

19世纪20年代出笼的"门罗宣言"称"美洲是美洲人的美洲"，但其本质是"美洲是美国人的美洲"。19世纪中叶，美国通过战争和"购买"等手段，使墨西哥丧失了230万平方公里的领土。今天在美国加利福尼亚州、得克萨斯州、亚利桑那州和新墨西哥州等地上学或打工的墨西哥人常指着脚下说："这片土地以前是我们的！"

1933年3月，美国总统罗斯福提出了著名的"睦邻政策"。他公开宣布："从现在起，美国的坚定政策就是反对武装干涉。"为了表示实施该政策的诚意，美国采取了一系列实际行动。例如，1934年8月，美国军队撤离海地，结束了美国对海地长达20年的军事统治。1936年，美国与巴拿马达成新的条约，以取代允许美国进行单方面和无限制干预的1903年《美巴条约》。1940年，美国同多米尼加也签订了美国将不再进行武装干预的条约。此外，美国在其他一些问题上也采取了较为克制的态度。

"睦邻政策"在一定程度上弱化了拉美国家敌视美国的民族主义情绪；加之双方在第二次世界大战中进行了密切的合作，因此，在战后初期，许多拉美国家的反美立场开始发生微妙的变化。

然而，随着冷战的开始，美国为了抵御"共产主义影响"在西半球的传播而对拉美重操干涉主义大棒。1954年，美国唆使危地马拉的亲美军官推翻了具有反美情感的阿本斯民族主义政府。1964年，美国出兵镇压巴拿马人民要求收回巴拿马运河区主权的反美示威游行。1965年，美国派兵入侵多米尼加共和国。美国对古巴的经济封锁则更是一种遭到许多拉美国家反对的霸权主义行径。

1958年4月，美国副总统尼克松访问南美洲8国。在委内瑞拉首都加拉加斯机场，尼克松走下飞机后第一眼见到的就是一面大白旗，上面写着："再见，尼克松，我们不留你。"当尼克松在委内瑞拉外长的陪同下走向汽车准备离开时，示威者从夹道上向尼克松吐唾沫，扔鸡蛋、石子和烂水果。一家美国报纸在报道尼克松的拉美之行时写道：在拉美，我们的副总统和他的夫人成了被反美分子侮辱和追打的对象。

美国为了巩固其在拉美"后院"中的势力范围，经常通过策划政变、提供援助或施加压力等手段在拉美培植亲美政权。美国的这一手段是颇为成功的。例如，至1954年，拉美地区共有17个国家处在独裁政权统治之下，其中16个国家宣布共产党为非法。

20世纪80年代末和90年代初，世界格局开始发生重大变化，美国与拉美的关系出现了前所未有的好转。1990年，美国提出了"美洲事业倡议"。一位美国学者说："如果布什总统的'倡议'在10年前提出来，它或许会遭到拉美的怀疑和白眼，或许会被看成是美国的又一个殖民主义行为。但现在却受到了普遍的欢迎和赞赏。"里约集团的一些外长在1990年10月的一次会议上说："'美洲事业倡议'对于发展西半球国家之间的关系来说是一个积极的建议，我们应该以现实主义态度对待它，因为它表明美国具有开始加强同美洲各国的经济关系的愿望。"当时的乌拉圭总统拉卡列对"美洲事业倡议"的评价在一定程度上反映了大多数拉美国家领导人的心态："过去我们经常抱怨受人冷落。现在，世界上最重要的人（指布什总统）终于向我们伸出了手；……因此我们应当抓住它。"

然而，美拉关系在改善的同时，也不时遇到各种各样的挫折和起伏。例如，美国提出的在2005年构建西半球自由贸易区的想法，因受到巴西、委内瑞拉和阿根廷等国的反对而最终夭折。又如，在2003年美国对伊拉克动武这个问题上，大多数拉美国家是反对美国的。

总之，在可预见的将来，美拉关系将继续是一种"爱恨交加"的关系（love-hate relationship）。无怪乎有些拉美人身穿这样的T恤衫：前面写着"美国佬滚回去！（Yankees go home!）"背后却写着："把我带上。（Take me with you.）"

门罗总统不必在棺材里打滚

最近几年，中国与拉美国家的关系取得了快速的发展。但一些美国人却说三道四，认为中国在其"后院"图谋不轨。

"9·11"事件后，美国因忙于"反恐"和应对伊拉克战争而忽视了拉美，有人说这是美国"疏忽"了拉美。《华尔街日报》（2004年9月3日）认为，"除了布什总统于2001年9月向墨西哥总统表示友好以及（美国）国务院在2004年8月祝贺委内瑞拉举行公投以外，拉美从白宫的雷达上消失了。大多数美国人可能没有注意到这一点，但北京注意到了，而且它正在慢慢地进入这个真空"。

可见，美国不希望中国会在美国较少关注拉美事务时"乘虚而入"，削弱美国在拉美的影响力和传统势力范围。

2005年9月，美国国会举行了一次关于中拉关系的听证会。在会上，美国众议员丹·伯顿说："美国在拉美的传统目标一直是促进政治稳定、推动民主、提供市场准入和遏制霸权的崛起。中国会不会遵守公平贸易的规则？会不会负责任地参与跨国问题的解决？在我们得到肯定的答案以前，我认为我们应该谨慎地把中国的崛起视为与我们在拉美的目标背道而驰，因此我们应该遏制它。可能我们还应该把中国在拉美采取的行为看作是一个霸权在我们西半球的活动。"

也是在这一次听证会上，美国国务院主管西半球事务的副助理国务卿查尔斯·夏皮罗说："美国把中国参与联合国在海地开展的维和任务视为有利于联合国的维和行动，但美国正在密切关注中拉双方的军事合作关系，包括双方军队之间的教育合作。"他表示："美国希望中拉军事合作不会损害拉美军人支持民主和拥护文人掌权的决心。由于中国向拉美出口军火，因此美国将奉行其寻求透明度和责任心的政策。美国担心中国出口到拉美的武器会被转移到影响西半球和平与安全的非法武装力量。"他还认为，美国没有掌握中国向拉美提供军事援助的确切数据，但美国鼓励中国采纳美国向拉美提供军事援助时奉行的基本原则，即有利于强化政府的管理能力和提高透明度。

《华尔街日报》高级编辑玛丽·奥格拉迪在2004年9月3日该报发表的一篇文章中说，"中国进入拉美时带去了资金和市场。无怪乎中拉关系发展很快。这一关系（对美国）还没有产生严重的安全挑战，但中国正在成为美国自己后院中的一个政治上的竞争者。……中国在拉美的崛起会使美国为控制非法移民、武器走私、毒品贸易和洗钱而作出的努力变得复杂化，因为中国正在与那些对美国上述努力不太友好的国家进行合作。那些拉美国家可能会利用中国来挑战美国的霸权"。

美国在关注中拉关系时，甚至还留意香港富商李嘉诚。1997年，李嘉诚拥有的和记黄埔集团（Hutchison Whampoa）下属的和记港口集团（Hutchison Port Holdings）通过国际竞标获得了对巴拿马运河两端的克里斯托瓦尔港（大西洋一端）和巴尔博亚港（太平洋一端）为期25年的特许经营权，并成立了管理这两个港口的巴拿马港口公司（Panama Ports Company）。

巴拿马运河是美国开挖的，1999年之前管理权长期被美国控制。美国对巴拿马运河的依赖性很大，因此美国不希望中国"染指"巴拿马运河。

2005年10月，巴拿马港口公司与巴拿马政府签署了一项投资10亿美元的协议，用于克里斯托瓦尔港和巴尔博亚港的扩建工程。美国媒体和一些国会议员声称李嘉诚与中国有着密切的联系，因此，和记黄埔集团拥有巴拿马运河的两个港口就意味着中国控制了巴拿马运河，美国对巴拿马运河的主导权将不复存在。

2005年11月7日，美国总统布什在访问巴拿马时与巴拿马总统讨论了和记黄埔集团投资扩建巴拿马港口的影响等问题。布什在会谈之后的记者招待会上说，巴拿马运河需要现代化改造，但运河是国际性的，经营者必须符合国际利益，以确保运河能被公平地使用。布什总统的含义是显而易见的。

为了解中国对拉美的政策，美国国务院负责西半球事务的助理国务卿香农于2006年4月访问北京，与中国外交部拉美司司长曾钢进行中美拉美事务对口磋商。一个美国政府高官不远万里，来北京讨论中国与拉美的关系，可谓破天荒。

一位美国学者感叹道：如果提出"门罗主义"的门罗总统看到今天中国、伊朗和俄罗斯等国在拉美的存在，他必定会在棺材里打滚。

其实，门罗不必在棺材里打滚。中国与拉美的关系是南南合作的组成部分之一，因此中国在拉美的存在从不针对任何一个第三方。世界银行、经济合作与发展组织以及联合国拉美和加勒比经济委员会等国际机构的经济学家都认为，中国与拉美发展经贸关系有助于推动拉美的经济发展。而拉美经济的发展是有利于美国的。

"小马歇尔机会"不会得逞

2006年4月，美国国务院派出主管西半球事务的助理国务卿托马斯·香农访华，与中国外交部官员进行中美拉美事务对口磋商。双方就各自与拉美国家的关系、对拉美国家的政策、拉美地区的形势和中美在拉美的合作等议题举行了会谈。此后，这样的对口磋商在北京和华盛顿举行多次，直到特朗普上台才停止。

美国国务院高级官员漂洋过海，到北京来与中国外交部官员讨论中拉关系。这是史无前例的。这当然也在一定程度上说明，中国的国际地位在上升。

在香农访华期间，美国驻华使馆公使曾邀请6位中国人（4位企业家和2位学者）去他家出席晚宴。我记得开饭前我们与香农进行了很轻松的交谈。我喝着啤酒，回答了香农提出的一些关于中拉关系方面的问题，也向他提出了一些问题。其中一个问题是：为什么美国不愿意看到中美洲和加勒比国家与中国建交？

香农是这样回答的：美国从不干预他国内政，不阻止世界上任何一个国家与中国建交。中美洲和加勒比国家是否愿意与中国建交，完全是它们的内政。事实上，正是因为它们自己不愿意与中国建交，所以才说美国不同意。而美国不会插手这些国家的外交。

当时我相信了香农的回答。但现在看来，他是在说假话。

2017年6月13日，中国与巴拿马建交；2018年5月1日，中国与多米尼加建交；2018年8月21日，中国与萨尔瓦多建交。这些外交行动彰显了中华人民共和国在国际上的魅力，体现了这些国家对一个中国原则的认同，进而沉重地打击了台湾岛内的"台独"势力。

然而，美国对中国与有关国家作出的政治决断却说三道四，甚至

"召回"其驻巴拿马、多米尼加和萨尔瓦多三国的高级外交官。一些美国参议员还起草了一个法案,要求美国国务院降低"与台湾断交"的国家与美国的外交关系级别,并扬言要减少美国对这些国家的经济和军事援助。

决意在台湾问题上制造麻烦的美国人并不少见。2018年10月2日,曾在2005年至2006年期间担任美国国防部中国处处长、目前在多个美国智库从事研究工作的约瑟夫·博斯库(Joseph Bosco),在纽约的一个名为"中国内幕"(SinoInsider)智库的网站上发表了一篇题为"留住盟友的小马歇尔计划"的文章。在这一不长的文章中,他提出了这样一个荒唐的建议:在目前与台湾保持"外交关系"的17个国家中,除梵蒂冈以外,其他16个国家都是小国,而且很贫穷。16国的人口之和少于台湾的人口,财富之和也不如台湾。因此,为防止中华人民共和国"以重金收买"这些国家,美国应该与其在西半球的邻国加拿大和墨西哥以及"台湾的邻国"日本、新加坡和韩国联手,制订一个"小马歇尔计划",为这些分布在南美洲、中美洲、加勒比、非洲和大洋洲的发展水平低下的台湾"邦交国"提供经济援助。

他还写道,与台湾保持"邦交关系"的16个穷国面临的"困境"是:它们未必愿意抛弃同样选择"民主政体"的台湾,但它们更需要"共产主义中国提供的金钱"。他还预测,"小马歇尔计划"还能使业已与中华人民共和国建交的国家"回心转意",与台湾"恢复邦交关系"。

马歇尔计划是美国在"二战"后帮助欧洲国家复兴其经济的援助计划,耗资120亿美元。这一计划帮助一些欧洲国家解决了不少经济困难,同时也使美国强化了它在欧洲的影响力。博斯库之所以将其"妙招"称作"小马歇尔计划",肯定是因为它的资金总量大大低于120亿美元。

虽然今日之美国的相对实力在减弱,但它依然是一个超级大国。因此,它有能力单枪匹马地援助台湾的"邦交国",不必寻求其他国家的配合。博斯库之所以提出要与加拿大、墨西哥、日本、新加坡和韩国联手,无非是想加大这一经济援助的力度,或是为了提升该计划的国际影响力。当然,"小马歇尔机会"能否成为现实,还要看加拿大等国的政治意愿。这些国家是否愿意听从美国的指挥,无疑是一个巨大的问号。

今天,世界上依然存在着为数不少的穷国。我们并不反对美国与其他国家共同援助穷国。但是，如果"小马歇尔计划"带有不可告人的政治目的，那么，这一计划必然会玷污国际援助的声誉。

如果"小马歇尔计划"真的能出笼，我们既不必在经济上与其"决一雌雄"，也无须在外交上打"口水战"。可以预料，该计划不会削弱中华民族完成祖国统一大业的坚强决心。中华人民共和国与任何一个国家建交的基础是政治决断，没有任何经济前提。

此外，一个中国原则是国际社会的普遍共识，中国在这一原则基础上同有关国家建交，符合国际法和国际关系基本准则，符合中国和有关国家人民的根本利益，理所应当，也是大势所趋。毋庸赘述，任何一个主权国家选择同哪一个国家发展外交关系，是其主权范围内的权利，应当受到包括美国在内的所有国家的尊重。

早在1979年1月1日，美国就与中国正式建立了大使级外交关系，宣布断绝同台湾的所谓"外交关系"，并于年内撤走驻台美军，终止美台《共同防御条约》（即"断交、废约、撤军"）。今天，美国却千方百计地要求其他国家不要与中国建交。美国的言行委实令人不可思议，与其大国地位极不相称。

大道之行，人心所向，势不可挡。中国共产党的"十九大报告"指出，"我们绝不允许任何人、任何组织、任何政党、在任何时候、以任何形式、把任何一块中国领土从中国分裂出去！""小马歇尔机会"难以化解台湾海峡两岸人民追求祖国统一的坚强决心，也无法永久排除台湾的"邦交国"在可预见的未来作出正确的外交选择的可能性。

2018年8月22日，在中国外交部记者会上，有记者问：美国务院称，对萨尔瓦多决定同台"断交"深感失望，正在审视与萨关系，指责中方片面改变现状，敦促中方节制，不可采取危害台湾人民的胁迫手段。美国驻萨尔瓦多大使表示，萨台"断交"会影响美萨政府间关系。"美国在台协会"称，中国大陆"单方面改变台海现状"的作为损害地区稳定。有美国参议员声称将推动取消美国对萨援助。请问中方对此有何评论？

外交部发言人陆慷答道："萨尔瓦多政府作出联合国及其他177个国家已经作出的正确决定，其他人没有道理对此指手画脚甚至横加干涉。美国自己早在近40年前就已同中国建交了。现在美方一方面阻挠甚至恐吓其他主权国家承认一个中国原则，同中国发展正常国家关系，一方面允许蔡英文'过境'美国并在美活动，美方这种做法毫无道理，中国人民坚决反对。我们敦促美方恪守一个中国原则和中美三个联合公报规定，正确看待中萨建交，慎重妥善处理涉台问题，不得向'台独'势力发出任何错误信号，以免损害中美合作和台海和平稳定。"

那里是天堂还是地狱

记得电视剧《北京人在纽约》里有一句经典的台词:"如果你爱他,就把他送到纽约,因为那里是天堂;如果你恨他,就把他送到纽约,因为那里是地狱。"

在拉美,这一句台词似乎也可改写成:"如果你爱他,就让他去城里,因为那里是天堂;如果你恨他,就让他去城里,因为那里是地狱。"

在世界上的任何地方,城市的生活条件总是优于农村。城市里有宽阔的马路,有较多的商店、学校、医院、电影院、博物馆、美术馆……因此,城市居民能享受现代化进程带来的种种成果。此外,城市里的就业机会较多,或在政府部门和企业里谋职,或在餐馆端盘洗碗,或在马路边上卖报纸、擦皮鞋。总之,许多人认为,在城里肯定比在农村挣钱容易。

拉美亦不例外。拉美国家的政府历来是重工轻农。尤其在实施"进口替代"工业化战略时,更是将大量资源投入城市。相比之下,农村得到的政府投资极为有限。其结果是,拉美的大量农村居民就被吸引到城市。这是拉美城市化程度不断提高的"拉力"。

促使拉美农民离开农村、移居城市的其他因素也不容忽视。农村的基础设施较为落后,现代化生活设施极少。更为重要的是,拉美农村的土地所有制极不公平。少数大地主和大庄园主拥有万顷良田,耕作技术较为先进;而大量农民却少地甚至无地。与其在农村两手空空,还不如移居城市。这是导致拉美农村居民进城的"推力"。

事实上,上述"拉力"和"推力",可以解释世界上任何一个国家的城市化程度不断升高的原因。"拉力"和"推力"愈大,城市化进程就愈快。

拉美没有户籍制度,因此移民很容易,可谓想去哪里就去哪里。在城市永久居留，没有人会查户口，没有人会赶你走。

这种没有任何管制的移民使许多拉美国家的城市化率超过了80%。圣保罗的城市人口超过2000万（占巴西全国人口的约10%）；墨西哥城的总人口将近2000万（占墨西哥全国人口的将近20%）。

然而，对于拉美国家的许多农民来说，城市既是天堂，也是地狱。因为城市无法给每一个移民提供就业机会，所以，拉美的城市失业率总是居高不下。换言之，原来在农村没有生计，如今在城市同样失业，同样难以谋生。

人总是要有安身之地的。城里房租昂贵，生活费很高。于是，大量来自农村的人就在郊外找一块空地，堆上几块砖，放上几块铁皮，就拥有一个"家"了。这就是许多拉美城市（尤其是大都市）被贫民窟包围的重要原因。

拉美的贫民窟具有以下几个特点：一是规模大。常有数千数万人居住在一个连成片的贫民窟里。二是公共设施极为落后。贫民窟里基本上都是缺电少水，既没有正规的医院、学校和商店，也没有像样的排污系统。三是社会治安不佳。贫民窟里容纳了数不清的穷人，政府基本上不提供治安保护，因此各种各样的犯罪案件层出不穷。

拉美最大的贫民区在巴西的里约热内卢。究竟有多少人在这里居住，谁也不知道。有人说是数万人，也有人说是十多万人或更多。著名的电影《上帝之城》描绘的就是这个贫民区的悲惨、落后、恐怖和可怕的景象。我在电视台的一位朋友为了在这里拍摄一些镜头，不惜用重金聘请了数位当地的保镖，才使摄制组成员安全地完成任务。

敢问路在何方

2012年8月我们去朝鲜首都平壤访问时，发现了一个有趣的现象：那里没有堵车。朝鲜人真幸福！

而在拉美的一些城市，堵车是极为司空见惯的。尤其在堵车现象最严重的地段，每周7天、每天24小时都是堵车，因此你不要提出"何时是交通高峰""何时不是交通高峰"这样的问题。

一篇题为"历史上最可怕的堵车"的文章列举了世界各地10次最可怕的堵车。巴西圣保罗市的一次堵车雄踞榜首：2008年5月9日，堵车的长度达291公里。

为了应对堵车，聪明的拉美人把应该在家里做的事情转移到汽车里。例如，有人会在车里欣赏DVD，有人会去路旁的快餐店吃早餐。女人常常会把口红、眉毛瞄一瞄，或把头发整理一下，然后关好车窗，聚精会神地看书读报；男人则会把袜子穿好，把衬衫的袖子扣好，把领带系上，然后再梳梳头，刮刮胡子。有些小伙子看到旁边那辆车里有美女，就会摇下车窗，与她搭讪几句。据说还真有在堵车时一见钟情的男女。

堵车的原因无非是车多路少。当然，车与路的关系是相辅相成的。在每天有数百辆新车上路的圣保罗市，再多的路也难以满足需求。截至2011年，圣保罗市共有700万辆汽车，此外还有不计其数的摩托车。但是，如果政府能采取措施，如大力发展地下交通和公共交通、限制车辆增加的速度、提升交通管理水平或倡导步行或骑车，那么堵车的现象或许能缓解。

且不论拉美大都市堵车的真正原因是什么，可以肯定的是，拉美国家的基础设施确实有待改善。

其实，在哥伦布到达美洲以前，印加人就建立了较为发达的道路体系。他们修建了以首都库斯科为中心的通往全国各重要区域的道路网。该网络以两条主干道为主,一条沿海岸而行,另一条由海岸通往高原地区。德国科学家洪堡曾说过:"印加人的道路是人类完成的最有用、最艰巨的工作。"但印卡人不使用带有轮子的交通工具,而是依赖于羊驼。

19 世纪下半叶,随着对内贸易和对外贸易的扩大,拉美的交通运输取得了较快的发展。布宜诺斯艾利斯与土库曼之间、利马与派塔之间、墨西哥城与瓜达拉哈拉之间的道路相继投入使用。在巴西,米纳斯吉拉斯的淘金热出现后,里约热内卢与淘金点之间的复杂地形上也出现了一条道路。

进入 20 世纪后,尤其在两次世界大战之间,拉美国家开始重视公路建设。巴西总统佩雷拉曾在 1927 年说过:"统治就是使人们到人烟稀少地区安家落户。但是,没有各种各样的道路,就不能使人们去那里安家落户。因此,统治就是铺设道路。"1928 年开始兴建的泛美公路与沿线国家的公路网连成一体,有力地促进了当地的经济建设。

第二次世界大战结束后,为了实施进口替代工业化,拉美国家利用国家资本的力量,在基础设施领域投入了巨资。但在 20 世纪 80 年代,由于受到债务危机和经济危机的影响,政府为削减公共开支而减少了在基础设施领域的投资。进入 90 年代后,虽然政府开始重视基础设施的改善,但面对十分活跃的国内经济交流和不断扩大的经济开放,基础设施落后的现象越来越突出。

拉美基础设施建设中的一个不足之处是没有大力发挥铁路的作用。其实,早在 1838 年,拉美的第一条铁路线就在古巴通车。此后,多个南美洲国家开始铺设铁路。1900 年,拉美的铁路线共长 9.5 万公里,1950 年延长到 12.5 万公里,但 80 年代初却减少到 10.9 万公里。

拉美铁路运输业不发达的主要原因在于:一是公路运输的发展使铁路运输面临有力的竞争;二是由于许多铁路线铺设在山区,维护费用极高;三是许多拉美国家不能制造火车;四是一些铁路公司被国有化后,经营不善的问题十分严重。

进入 21 世纪以来,国际市场上初级产品和原料的价格不断上升。这对资源丰富的拉美国家来说不啻是天赐良机。但是,为了把大豆、木材、羊毛、鱼粉、香蕉或铁矿砂等产品运到港口码头,大卡车需要在崎岖不平而狭窄的道路上颠簸数天。世界银行2004年发表的一个研究报告认为，拉美的基础设施如能进一步完善，该地区的国内生产总值增长率可能会高出1.1个百分点至4个百分点。

2009年6月我去圣保罗参加一个讨论中拉关系的会议。回国时，从饭店到机场的几十公里路花了3个多小时。幸亏那天我提前4个多小时离开市区的饭店，否则后果不堪设想。

结婚意味着什么?

应邀参加一朋友的婚礼。在礼金信封上写下送礼人的姓名似乎太俗了。如果不写,新郎新娘可能不知道谁送的。于是,我在网上查了一些关于婚礼方面的警句或笑话,把它打印出来,再写上送礼人的姓名。这样既达到了贺喜的目的,又能让新人在洞房花烛夜看了我抄录的警句后笑一笑。

我抄录的是这样一句:

Marriage is an institution in which a man loses his Bachelor's Degree and the woman gets her Master's.

这句话的直译是:婚姻是这样一种制度,在这个制度中,男人失去了学士学位,女人得到了一个硕士学位。

什么意思?

原来,这里的 Bachelor's degree 和 Master's degree,是双关语。Bachelor 除"学士学位"以外,还有"单身汉"的意思,Master's 除硕士学位以外,还有"主人"和"管家"等含义。

因此,上述警句还可译为:"婚姻是这样一种制度,在这个制度中,男人不再是单身汉了,女人得到了一个管她的人。"

下面这一句也很有意思:

Marriage is a three ring circus: engagement ring, wedding ring and suffering.

译成中文是:婚姻是一个由三场戏组成的马戏表演:订婚、结婚和受罪。

如果你是一个粗通英语的人,看到这一警句的原文后,可能会发出笑声。

ring 是"戒指"，engagement ring 是订婚戒指，wedding ring 是结婚戒指。那么 suffering（受罪）与戒指是什么关系？

原来，suffering 这一单词被分成两半，即 suffe 和 ring（suffe-ring）。这样，在念 suffering 这个单词时，其发音就与前面的两个 ring 押韵了。

上述两句话都借用了双关语来表达婚姻的含义。似乎中文中也有类似的表达方法。钱锺书的《围城》是不是要表达同一意思？

毫无疑问，这两句话的含义在很大程度上是错误的，因为结婚不应该是受罪，而是幸福。

拉美人崇尚浪漫，但绝大多数夫妻恩恩爱爱，相敬如宾，恪守忠诚。大多数拉美人信奉天主教，而天主教不赞同离婚。因此，总的说来，拉美的离婚率不高，但最近一二十年也呈现出上升的趋势。

2004 年 3 月，智利议会经过长达 9 年的辩论，终于通过了《离婚法》，成为最后一个允许离婚的拉美国家。5 月，拉戈斯总统签署了这一法律。同年 11 月 18 日，该法律生效后的第一对夫妇被判决准许离婚。

根据智利的《离婚法》，夫妻俩必须经过 2 个月的咨询和 12 个月的双方达成共识的分居或未达成共识的为期 36 个月的分居。如果法官认为婚姻中出现了"违反婚姻责任"的事实，那就免去必须要分居 12 个月或 36 个月的要求。这里所说的"违反婚姻责任"，主要包括家庭暴力、吸毒、犯罪、卖淫或同性恋。

在智利，丈夫是一家之主。因此，根据一种不成文的规定，没有丈夫的首肯，妻子是无法转移家庭财产的。这意味着，与丈夫分居的妻子无法使用分居前家庭的积蓄。无怪乎《离婚法》被通过后，最兴高采烈的是妇女。一位已与丈夫分居一年的妇女说："现在我终于知道什么叫自由了。"

在智利《离婚法》实施以前，感情破裂的智利夫妇是怎么过日子的？最常见的方法是夫妇两个找来一些证人，签署一纸协议，对财产及子女抚养做一安排后就永远"拜拜"了。据说过去每年有 6000 对夫妇用五花八门的方法达到"离婚"的目的。

由于离婚难，许多人（尤其是女性）就不愿意结婚。据统计，1990 年智利全国有将近 10.5 万对新人走入婚姻殿堂，而在 2003 年，这一数字仅为 5.8 万，即下降了 45%。

智利的天主教会强烈反对《离婚法》的通过。天主教会的发言人说："我们反对这一法律，因为它不利于保持家庭的完整。"但拉戈斯总统说："我们不能把社会中的一部分人的立场强加给整个社会。"

拉美足球的喜怒哀乐

有人说，足球起源于中国古代的一种球类游戏"蹴鞠"，后经阿拉伯人传到欧洲，最终演变为风靡全球的现代足球。但有些拉美人说，足球的发源地是在拉美。当年玛雅人曾用一种类似橡胶的东西做成一个球，在地上踢来踢去，并在重大节日期间举行比赛。

不论足球的故乡在哪里，拉美的足球运动水平之高是有口皆碑的。可以这样说，自足球运动19世纪末出现在拉美之日起，足球就主宰了拉美文化。拉美人对足球的痴迷程度达到了难以想象的地步。因此，凡是有足球赛的时候，总统从不发表电视讲话，否则他只能自己说给自己听了。阿根廷立法机关甚至规定，国家队的所有比赛都必须在公共电视台上实况转播。

有些拉美人说，谁当他们国家的总统都行，只要他有本事让国家队踢进世界杯。厄瓜多尔前总统阿夫达拉·布卡拉姆是一位超级球迷，因为他在儿童时代就极为喜欢踢球。1996年8月10日就任总统后，他不顾捉襟见肘的国库收入，慷慨地为国家足球队拨出巨款。遗憾的是，他在1997年2月6日被罢免，在位时间仅为半年，否则他会给国家队更多的支持。但一些厄瓜多尔人仍然认为，厄瓜多尔之所以能在2002年首次进入世界杯足球赛，在很大程度上应归功于布卡拉姆总统当政时对国家足球队的支持。

2006年6月25日，墨西哥在德国世界杯足球赛的八分之一决赛中负于阿根廷。墨西哥的失败引起了许多人的惋惜。但也有评论家说，墨西哥足球队的失败，对墨西哥政治来说则是喜事，因为7月2日是墨西哥总统大选的日期。

投票前的一段时间，所有总统候选人都试图用自己的三寸不烂之舌来动员更多的选民。但是，世界杯开赛后，墨西哥选民似乎更对足球感兴趣。与电视机前的观众相比，总统候选人的竞选演说场地上则门可罗雀。因此，不少分析人士指出，幸亏墨西哥没有进入八强，否则，更多的选民会把更大的热情投入足球，从而把总统候选人冷落在一旁。

据说，虽然总统候选人为在选民中树立一个好的形象而刻意把自己装扮成足球球迷，但他们心中却希望墨西哥足球队早点输，以便选民早日把注意力从球场转移到国内的政治舞台。

有些政治家对足球的兴趣不大，但在竞选总统期间，他也会假模假样地拜访一下足球俱乐部或在球场里露一脚。但他们一般不会明确地表明他喜欢或不喜欢哪个球队，否则，被他贬低的那个球队的球迷肯定不会投他的票。

足球使拉美的普通人在观看比赛时忘却了生活中的烦恼，更使少数拉美球星以数千万美元的价格被"出卖"到欧洲的足球俱乐部。但足球也曾为洪都拉斯和萨尔瓦多这两个中美洲国家带来灾难。

洪都拉斯的国土面积是邻国萨尔瓦多的5倍，而萨尔瓦多的人口却比洪都拉斯多出一倍。因此，从20世纪开始，萨尔瓦多人就不断地向洪都拉斯移民。至1969年，在洪都拉斯生活的萨尔瓦多人已多达30万。

1962年，洪都拉斯政府开始进行土地改革。根据土改法，洪都拉斯各级政府应该将萨尔瓦多移民非法占领的土地收归国有后，再分发给无地的洪都拉斯农民。失去土地的萨尔瓦多人只好回到老家。这无疑使萨尔瓦多增加了养活这些人的负担。

萨尔瓦多试图通过外交渠道与洪都拉斯讨论土改对萨尔瓦多移民的影响，但洪都拉斯不愿意改变自己的政策，从而使两国关系开始恶化。两国甚至在边境地区还有过一些小规模的武装冲突。

1969年6月8日，洪都拉斯和萨尔瓦多两国的球队在洪都拉斯首都特古西加尔巴进行1970年世界杯足球赛的资格赛。洪都拉斯以1∶0获胜。赛后，一位年仅18岁的萨尔瓦多女球迷自杀，或许是因为她的国家输掉了比赛，或许是其他原因使她走上绝路。

不论死因是什么，这位球迷被萨尔瓦多视为民族英雄。她的葬礼在电视上实况转播，总统和国家队全体队员参加了葬礼。

洪都拉斯与萨尔瓦多的第二场比赛于6月1日在萨尔瓦多首都圣萨尔

瓦多举行，主队以3∶0获胜。两国球迷在赛后大打出手，许多人受伤。

6月26日，两国在墨西哥城举行决赛。在加时赛中，萨尔瓦多以3∶2取胜。翌日，趾高气扬的萨尔瓦多宣布，由于洪都拉斯政府未能惩罚那种"构成种族灭绝的犯罪行为"，也没有赔偿萨尔瓦多人在洪都拉斯土改中蒙受的经济损失，因此，萨尔瓦多决定与洪都拉斯断交，两国关系进一步恶化。

7月14日，萨尔瓦多空军轰炸了洪都拉斯的一个军事基地，洪都拉斯空军进行回击。两国的边境地区也有交火。萨尔瓦多军队甚至占领了洪都拉斯的一些城镇。

在美洲国家组织的斡旋下，两国在7月18日晚宣布停火。这一持续了4天的战争的根源是移民问题，但导火线则是足球赛的胜负。因此，国际上把这一战争称为"足球战争"。

虽然洪都拉斯与萨尔瓦多之间爆发了足球战争，但足球对拉美社会产生的凝聚力作用是不容低估的。有人说，足球在拉美不仅是11个有名有姓人的游戏，而且还是成千上万人的"想象共同体"，它比其他任何文化、政治构架更能聚合民族意识。还有人说，只有欧洲人和南美人才真正拥有属于自己的足球文化。

无怪乎国际足球联合会主席约瑟夫·布拉特在2007年5月宣布禁止在海拔高度2500米以上的地方举行国际性比赛的决定后，绝大多数拉美国家都嗤之以鼻。

玻利维亚首都拉巴斯、厄瓜多尔首都基多和哥伦比亚首都波哥大的海拔高度分别为3600米、2800米和2640米。国际足联认为，在高原地区举办赛事不利于保护运动员的身体，也不利于来自平原地区的客队，无法体现比赛的公平性。

一方水土养一方人。生活在高原地区的人从来不会因身处海拔2000多米的地方而感到呼吸困难或有气无力，但对于生活在平原地区的人来说，来到高原地区连走路都气喘吁吁，哪能在足球场上奔走？因此，巴西足联向国际足联提出了抗议，认为高原地区的比赛显然不利于客队。

国际足联的决定无疑是有道理的，也是公正的。但玻利维亚、厄瓜多尔和哥伦比亚则大为不满。玻利维亚总统莫拉莱斯甚至在听到国际足联的决定后召开了紧急会议，商讨对策。他借用"种族隔离"这一词汇，称国际足联的决定是一种"足球隔离"（apartheid del fútbol）。他对媒体说："我们反对足球赛中的歧视，我们不允许国际比赛把我们排斥在外。"

　　阿根廷球星马拉多纳也反对国际足联的决定。为了证明海拔高度对球员的身体没有负面影响，他在拉巴斯的球场玩了一个小时的足球。

　　事实上，除巴西以外，几乎所有南美洲国家的球队都认为可以在高原地区踢球。南美洲足球协会致信国际足联，要求它重新考虑其决定。迫于这一压力，国际足联终于在2008年5月废除了一年前作出的决定。

"这就是你说的民主吗"

没有选举就没有民主，但选举并不等于民主的全部。一些拉美国家的选举充分说明了这一点。

一部描写巴西环境保护主义者希科·门德斯的电影有这样的镜头：1986年，他为竞选州议员而在家乡哈普里拉票时，围在他四周的选民问："你要我们投你票，你给多少钱？"在门德斯说他"没有钱"后，人们走开了。毫无疑问，门德斯未能在选举中取胜。选举结束后，一些选民说："我们好像应该投他一票，但他什么都没有，不能给我们钱，连T恤衫都不能给一件。"

有一本书《逆流而上》（1990年）是这样描写哥伦比亚的一次选举的："问题是到哪里去找吃的。正在我们谈论这个话题时，有人走来说，星期天有选举，因此村里有白给的烤乳猪。我们立刻过去，发现那儿真有吃的。他们在村边的一块空地上放着保守党的党旗和候选人的照片，工作人员在那里发放烤肉和啤酒。每一个人都拼命地往肚子里塞，好像以前从来没有吃过这样的东西。我们酒足饭饱后，对他们说，我们一定会投保守党一票。……正当我们喝得醉醺醺想离开的时候，有人说，在村庄的另一头，自由党在送酒。我们立即赶到那里。那里的场面也很热闹。我们喝着酒，对自由党竞选班子的工作人员说，我们会把票投给自由党。……在另外一个地方，爱国联盟也为了拉票而放了几张桌子。但他们给的只是普通饮料和喋喋不休的演说。在我们离开时，脑袋里充满了各种各样的新思想，好像应该把票投给这个新成立不久的党。……我们去了所有政党的拉票站。我们想投谁就投谁。而每一个政党都认为我们投了他们一票。"

为了在选举中处于有利地位，有些政党会千方百计收集政治对手的"丑闻"，通过媒体公之于众。例如，2007年是加勒比岛国巴哈马的选举年，参与竞选的两个主要政党（自由民族运动党和进步自由党）都是志在必得。实际上，两党的竞选纲领大同小异，选民的支持也旗鼓相当。因此，一些巴哈马媒体认为，预测这一次选举的结果很难。

但是，谁也没有想到，2007年2月12日，巴哈马报纸《拿骚论坛》刊出了一张巴哈马移民部部长沙恩·吉普森与《花花公子》封面女郎、美国人安娜·妮科尔·史密斯在床上拥抱的不雅照片。这一照片在巴哈马国内引起轩然大波。读者指责吉普森部长（来自执政党的进步自由党）受美色诱惑，利用职权为史密斯取得巴哈马的永久居留权大行方便。自由民族运动党领导人英格拉哈姆要求警方调查吉普森在史密斯取得永久居留权一事上所起的作用。

读者当然能猜测那家报纸从哪里搞来的照片。虽然吉普森部长很快就辞职，但进步自由党仍然未能挽回被动局面。在5月2日的选举中，进步自由党终于输给了在野的自由民族运动党。

一些拉美国家还出现过选举结束后有的候选人不服输的尴尬局面。如在2006年7月2日，墨西哥举行了革命制度党下台后的第一次大选。国家行动党总统候选人卡尔德龙赢得简单多数，呼声最高的民主革命党候选人奥夫拉多尔以0.58个百分点的微弱劣势屈居第二。奥夫拉多尔不承认这一计票结果，并向联邦选举法院提起上诉，要求进行人工计票。

7月16日，奥夫拉多尔的100多万名支持者从全国各地汇集到首都墨西哥城，举行大规模游行示威，抗议总统选举中的舞弊行为，要求联邦选举法院重新计票。奥夫拉多尔认为，前总统萨利纳斯和福克斯在一些企业家的帮助下，采用非法的向投票箱中塞选票的方法和其他一些违法手段，使卡尔德龙取胜。但墨西哥前外交部部长豪尔赫·卡斯特涅达认为，这些指控缺乏事实根据。

11月20日，奥夫拉多尔在墨西哥城举行就职仪式，宣布自己为墨西哥的"合法总统"，并表示要与当选总统卡尔德龙斗争到底。卡尔德龙的就职仪式在12月1日举行。民主革命党议员与国家行动党议员在会场上相互谩骂，甚至发生肢体冲突。因此，卡尔德龙仅用30秒钟便宣誓完毕，整个就职仪式持续了5分钟。国际媒体认为，这是墨西哥历史上最短暂，也是最混乱的一次总统就职仪式。

2007年7月，即在大选后一周年之际，奥夫拉多尔出版了《强盗从我们手中夺取了总统职位》一书。此外，他还在墨西哥城的一个广场组织了一次示威活动。然而，参加者人数与一年前相比大大减少。

一些拉美国家的选举也充满了暴力。1990年，哥伦比亚爱国联盟阵线总统候选人贝尔纳多·哈拉米略被暗杀；1994年，墨西哥革命制度党总统候选人路易斯·科洛西奥被暗杀。2007年9月9日，危地马拉举行大选。应危地马拉政府和选举委员会的邀请，欧盟派遣了一个由一百多人组成的观察团，监督危地马拉的大选。但在竞选期间，仍然有50多人丧生。因此一些国际媒体认为，危地马拉的这一次大选是一种"血腥的政治斗争"。

有时候，选举还与舞弊密切相连。例如，巴拉圭总统斯特罗斯纳将军于1954年通过政变上台后，曾连续参加过八次大选，在每次大选中都能获得90%左右的选票。他当政35年，奉行独裁政策，被视为拉美独裁政治的"标本式人物"。在2010年的海地大选中，国际观察员发现，许多没有注册的选民可以投票，注册选民却在投票点找不到自己的姓名。更为可笑的是，有些人可以在不同的地点多次投票。无怪乎12位总统候选人在投票结果公布后拒绝承认失败。

联合国开发计划署（UNDP）在《实现拉美公民的民主》（2004年）一书中指出，"在20世纪60年代末和70年代初，在拉美的18个主要国家中，只有3个国家（哥伦比亚、哥斯达黎加和委内瑞拉）是民主国家。25年后的今天，从政治和选举角度来说，所有国家都是民主国家"。但2010年度诺贝尔文学奖获得者、曾参与1990年秘鲁总统选举的秘鲁作家马里奥·巴尔加斯·略萨则认为，"为什么当你跟拉美人谈论民主时他们会如此悲观？对此我有体会。我在进行竞选的时候，曾深入贫穷的乡村和城市贫民区。我跟那里的人谈论民主。我试图解释世界上发达和富裕地方人们的民主观念，但我从我的听众眼里看到的是怀疑，他们看我的眼神，好像我来自外星球，他们一定在想，'你在瞎扯什么呀？你说的民主到底指什么？有个家伙偷走了我的牛，我告上法庭，但我没钱贿赂法官，我知道我在法庭上必败无疑，从我一出生就是如此，以后仍是如此：这就是你说的民主吗？'"

"这就是你说的民主吗？"不知巴尔加斯·略萨是如何回答那位农民的。

拉美军人的作用

我见过这样一个笑话：英国在马岛战争中打败阿根廷后，胜利而归。军官要犒赏下属，就想出这样一个办法："你们每人可以在自己身体上找两个部位，两个部位的距离多少厘米长，我就给你们多少英镑。"第一个士兵说："你就量我的头顶到脚底的距离吧。"第二个士兵个儿高，也说要量他头顶到脚底的距离。第三个士兵伸出他的一只手，说道："请你量我的拇指到小指的距离吧。"军官一边说"可以"，一边把尺子放到士兵的拇指上。但他却找不到小指在哪里。军官问道："你的小指呢？"士兵回答说："在福克兰群岛上。"

这个士兵的一个手指在伦敦，另一个手指在马尔维纳斯群岛（简称马岛，英国称福克兰群岛），两地相隔十万八千里。因此，如果一厘米奖赏一英镑，他肯定会成为一个大富翁。

阿根廷和英国都声称对马岛拥有主权。1982年4月2日，阿根廷总统加尔铁里将军下令出兵，轻而易举地占领了马岛，并宣布它为阿根廷的第24个省。当时岛上有1800名英国人和60万头羊。这一持续时间长达74天的战争以阿根廷的投降而告终。

其实，英国在马岛战争中失去的远远不止那个士兵的手指。据报道，共有255名英国士兵丧生。但是，相比之下，阿根廷的损失更为惨重。除了649名阿根廷士兵的生命以外，阿根廷军队更是丢尽了脸面。阿根廷人（甚至还有许多拉美人）说："我们的军队是吃干饭的。家门口的战争都打不赢，真的还能保家卫国吗？"

但是，对于当时的拉美政治风向标来说，阿根廷在马岛战争中的失败则带来了意想不到的积极效果。国际上的许多学者认为，马岛战争的失败不仅使阿根廷军队丢脸，而且还使其他拉美国家的军队威风扫地。这是

20世纪80年代拉美军人愿意还政于民的重要因素之一。

自古以来，拉美军人始终是一股重要的政治力量。西班牙人用武力摧毁了阿兹特克帝国和印加帝国后，西班牙王室将新大陆的大量土地、贵金属和其他一些财富赐予征服者。因此，在西属殖民地，军人拥有一种至高无上的社会地位。即使在今天，在许多拉美国家的首都，纪念民族英雄的雕塑随处可见。而这些民族英雄主要是军人。他们或骑在战马上，或手持战刀，威风凛凛，蔚为壮观。

在发达国家，文人政治家能有效地控制军队。但在拉美，军队这一重要的政治力量却时常控制着文人政治家。美国学者 E. 布拉德福德·伯恩斯甚至认为，拉美的军人能够决定国家的命运。

20世纪六七十年代，拉美军人以文人政府无能为由，接二连三地发动军事政变，拉美大陆上出现了前所未有的军人干政的高潮。

拉美的军人为什么要干政？迄今为止，国内外学术界有以下几种看法：一是文人政治家常被军人视为"无能的政客"；二是军队的既得利益受到损害；三是军事政变具有"传染效应"，即在一个国家发生军事政变后，其他国家的军人会仿而效之；四是一些军官有政治野心。

且不论拉美军人发动政变的原因是什么，可以肯定的是，20世纪六七十年代拉美的军政权一般都以高压手段打击反对派，以非民主的方式控制媒体和工会、学生运动和其他一些非政党组织，以达到维系社会稳定的目的。据说一些拉美国家的军政府居然把反对派或异己分子押上直升机，在海面上打开机舱门后，一脚把他们踢到海里喂鲨鱼。无怪乎在不少拉美国家，许多"被失踪者"生不见人，死不见尸。

当然，为了提升自己的执政地位的合法性，军人有时也搞一些选举活动，并强调发展经济的重要性。20世纪60年代末巴西的"经济奇迹"，就是在军政府时期出现的。

拉美军人还高举民族主义大旗，积极维护国家主权。例如，秘鲁的贝拉斯科将军在上台后阐述政治纲领时曾指出，秘鲁武装部队的三大理想就是反对外国统治、发扬民族主义和争取人民解放。拉美的国有化运动之所以在20世纪六七十年代达到高潮，与这一时期拉美军人在政治舞台上的重要作用密切相关。

90年代以来，虽然一些拉美国家的军人似乎又不愿意安分守己地待在军营中，但民主化潮流没有发生逆转。这可能与以下几个因素有关。首先，在绝大多数拉美国家，军事政变的"温床"不复存在。其次，"第三波民主化浪潮"后，拉美军队的职业化程度不断提高。最后，在利益分配的过程中，绝大多数拉美国家的文人政府能照顾到军人的利益。

说到拉美的军队，不能不提到中美洲国家哥斯达黎加。1948年，哥斯达黎加爆发了一次短暂的内战。战争结束后，国内主要政党决定解散军队，成立国民警卫队。这一共识写进了1949年宪法。由于没有军费负担，哥斯达黎加的经济和社会发展受益匪浅。这能说明为什么哥斯达黎加发展水平高于其他中美洲国家。而且，由于没有军队，哥斯达黎加的民主制度也不会受到军事政变的威胁。许多人认为，没有军队是哥斯达黎加成为拉美民主的"橱窗"的根本原因。

相比之下，长期以来，其他拉美国家的军费开支却在不断增长。在2008年巴西财政预算中，军费开支的上涨幅度高达53%，为20世纪90年代以来最大涨幅。瑞典斯德哥尔摩国际和平研究所的统计表明，2007年，南美洲国家的军费开支高达400亿美元。

一方面，拉美的军人应该成为民主化进程的"稳定器"，而非"麻烦制造者"；另一方面，拉美国家还应该铸枪为犁，化弹药为黄油。这也是哥斯达黎加前总统阿里亚斯梦寐以求的。

拉美的民族主义

一些西方人说，中国政府经常借爱国主义之名鼓动民族主义。这一批评显然是荒谬的。事实上，在世界上的任何一个国家，民族主义与爱国主义都是密切相连的。

1982年8月，墨西哥爆发了举世瞩目的债务危机。这一危机不仅快速地蔓延到其他拉美国家，而且使拉美遭遇了"失去的十年"，因为在危机爆发后的近十年时间内，拉美经济停滞不前，绝大多数人的生活水平未见改善。

债务危机爆发后，一方面，墨西哥的媒体、学者和平民百姓批评外国商业银行提高利率，见死不救；另一方面，政府在同年12月采取了一项旨在调动全国人民战胜经济困难的决心和提升民族主义情感的措施：全国所有广播电视台和广播电台必须在规定的时间内播放国歌，所有政府部门必须定期举行歌颂国旗的仪式。政府甚至还发布了一个"重申和强调尊重国家象征物"的法令，并举行了一次大规模的歌颂国旗、国歌的诗歌朗诵比赛。

拉美的民族主义由来已久，并在不同的时期呈现出不同的特点。在殖民地时期，克里奥尔人（即西班牙移民在新大陆的后代）在社会地位上虽高于混血种人和印第安人，但低于半岛人（即出生在伊比利亚半岛的西班牙移民）。因此，克利奥尔人在殖民地当局的行政、司法、宗教和军事等方面只能担任中下级职位，而高级职务几乎全部为半岛人独占。在经济上，克里奥尔人也处于劣势。其结果是，克里奥尔人与半岛人之间的矛盾不断加深。

在反对半岛人的斗争中，克里奥尔人产生了一种"本土主义"思想。这种被一些拉美学者称为"殖民地民族主义"的思想使克里奥尔人与半岛人的矛盾更为恶化，从而诱发了19世纪初的拉美独立战争。

独立战争后，克里奥尔人联合梅斯蒂索人（即西班牙移民与印第安人的后代），进一步发展了萌发于独立战争前夕的"拉丁美洲主义"。这种民族主义思想强调拉美各国种族、宗教和文化传统之间的共同性，并主张拉美人应该维护自身利益和加强合作。

美国学者 E. 布拉德福德·伯恩斯在《简明拉丁美洲史》一书中写道，在拉美，民族主义是一种难以捉摸的感情，但最能激发民族主义感情的莫过于石油和其他一些自然资源了。所以，控制本国自然资源是拉美人梦寐以求的目标。另一位美国学者 S. 坦塞在《拉丁美洲的经济民族主义》一书中指出，那些尚未实现"现代化"或尚未取得"发达"地位的国家，对于控制本国自然资源和经济命运越来越警觉。这一警觉的特点就是"经济民族主义"。它直接反映了这些国家经常抱怨的那种现象：它们虽然取得了政治主权与独立，但是在经济上仍然是殖民地。

早在1938年，墨西哥总统卡德纳斯就在石油部门中实施了国有化。在美国公司的要求下，美国政府曾在一段时期内停止进口墨西哥商品，以威慑其他拉美国家不要仿而效之。由于墨西哥坚持自己的立场，美国政府反过来动员美国石油公司尽快与墨西哥政府达成妥协。1943年，美国石油公司从墨西哥政府手中接过了区区2400万美元补偿金。

为了纪念1938年的石油国有化，墨西哥甚至在首都的独立纪念碑附近建造了石油纪念碑。这一纪念碑无疑成为墨西哥民族主义的象征。

20世纪60年代，拉美国家开展了轰轰烈烈的国有化运动。据联合国跨国公司中心统计，1960—1976年，将近200家外国企业被收归国有。这些企业分布在采矿业、石油业、农业、制造业和服务业等国民经济的各个部门。拉美人终于趾高气扬地说：外国公司控制拉美经济的时代走向尽头了。

但是，自20世纪90年代起，随着拉美经济改革的不断深化，吸引外资再次成为拉美国家的国策。在这一过程中，大量外资重新进入拉美各国的自然资源部门。

进入21世纪后，拉美的左翼力量东山再起，多位左翼政治家通过合法的民主选举坐上了总统宝座。一些学者认为，欧洲越来越向右转，拉美则越来越向左转。

左翼力量常与民族主义有着极为密切的关系。自2006年起，委内瑞拉、玻利维亚和厄瓜多尔纷纷调整了自然资源领域中的外资政策。调整的重点是修改本国政府与外国公司的利润分配比例。国际媒体称这一政策调整为国有化的卷土重来。

但是，这些国家仍然允许外国公司从事勘探、开采和销售的业务，只不过是外国公司必须从"蛋糕"中多切一块给东道国政府。无怪乎一些评论家认为，当前拉美国家的"国有化"不是真正意义上的国有化。当然，这些措施确实强化了三国政府对自然资源的控制权，因而进一步提升了民族主义情感。

委内瑞拉等国的国有化固然使其有效地捍卫了本国的经济利益，但也赶走了许多外国投资。而这些国家缺少的正是资金和技术。可见，在全球化时代，如何恰如其分地处理利用外资与捍卫民族国家经济权益之间的关系，是许多发展中国家的领导人必须要认真考虑的重大问题。

古巴思想家何塞·马蒂说过："经济上受奴役但政治上获得自由的人民终究会失去所有的自由；而经济上获得自由的人则可以继续赢得政治上的独立。"今天重温这一至理名言，或许是颇有裨益的。

皮诺切特的"政治遗产"

对于世界上许多人来说，9 和 11 这两个数字具有非同寻常的意义。2001 年 9 月 11 日，本·拉登策划炸毁了纽约的世贸大厦；1989 年 11 月 9 日，柏林墙倒塌，冷战就此结束。1973 年 9 月 11 日，皮诺切特将军发动政变，开始了长达 17 年的专制统治。

皮诺切特创造的"9·11"对智利政治、经济发展进程产生的影响同样是非常巨大的。虽然皮诺切特将军已告别人世，但智利人（甚至还有其他国家的不少人）对他的评价是不会到此为止的。

拥护皮诺切特的人认为，智利之所以被誉为"美洲豹"，与"东亚四小龙"齐名，在很大程度上就是因为皮诺切特治理国家有方。他启用了一大批"芝加哥弟子"，开创了拉美经济改革的"先河"，使智利经济取得了令人瞩目的成就。智利的社会保障制度改革，被世界银行看作其他发展中国家学习的榜样。

憎恨皮诺切特的人认为，这位军人靠铁腕手段管理国家，镇压政治异己分子，压制民主，解散了国会，废除了宪法，并实施"党禁"和加强对新闻媒体的控制，甚至还命令军人接管大学。因此，皮诺切特是一个十恶不赦的暴君。

由此可见，对皮诺切特的评价，实际上也反映了人们对政治与经济的关系的不同评价。有人认为，只有在政治民主取得进步的国家，才能更快地推动经济发展。换言之，政治上实行专制的国家是难以实现经济的稳步增长的，因为这样的政府不能提高政府的声望，因而不利于保护私人财产，也无法调动劳动者的积极性。此外，由于民主政权能更好地赢得公众对改革的支持，经济改革就能顺利地展开，经济发展就能得到较快的发展。

与此相反的观点则认为，威权主义政权有利于经济发展。这是因为，与民主政权相比，威权主义政权在推动经济改革方面更为成功，因为威权主义领导人不必担心自己是否会在选举中失去选民的支持，尽管有些选民受到了改革的消极影响的打击，如失业和收入水平降低。还有人说，威权主义政权在推行各种政策时具有至高无上的权力，因而不会受到各种利益集团的"掣肘"。政治上专制的政府能压制工会活动和降低工资水平，甚至还能控制消费者的需求，因而能促进投资和推动经济的增长，尽管这些措施很不得人心。与此相反，民主政府为了最大限度地延长在位时间，常常千方百计地满足选民提出的各种要求，其中包括经济上的要求，如增加政府开支和扩大消费，等等。其结果是，国内资本积累受到很大影响，经济的快速增长也就难以成为现实。

20世纪五六十年代颇为流行的现代化理论更为明确地指出，经济增长与民主制度的巩固有着非常密切的关系，因为美国和英国等发达国家都是政局稳定的民主国家。但是，从历史上看，除英国以外的其他西欧国家和日本的工业化则基本上都是在专制政权下进行的。

上述观点似乎是"公说公有理，婆说婆有理"。我以为，政治与经济的关系是一个见仁见智的问题，而且，教科书上的理论未必适用于现实。例如，传统理论认为，经济发展了，政治民主也随之发展；没有民主，经济就得不到发展，进而使政治民主出现倒退。然而，这一理论似乎难以解释包括智利在内的拉美国家的经历。20世纪六七十年代，拉美经济在进口替代工业化的刺激下，取得了快速的发展。然而，就是在那时，拉美的军事政变却接连不断，民主化进程出现了倒退。80年代，拉美陷入了前所未有的债务危机和经济危机中。但恰巧在这个"失去的十年"，拉美却迎来了民主化的高潮。

无论如何，智利和其他一些拉美国家的情况告诉我们，政府权威的缺失是非常可怕的。很难想象一个国家的经济能在"上有政策，下有对策"的环境中取得发展。当然，在制定政策的过程中，政府必须提高决策的透明度，以增加科学性和准确性。

皮诺切特留下的"政治遗产"，或许能在一定程度上为我们提供一些有益的启示。

如何认识解放神学

我记得曾在英国《经济学家》杂志上看过一篇评论拉美创新能力的文章。这一文章说，拉美人没有创新精神，因此，如果比尔·盖茨是巴西人，他肯定不能在地下车库里发明 windows 操作系统。

《经济学家》杂志的这个结论过于武断了。其实，拉美人颇具创新精神。我孤陋寡闻，阅读量小，但我知道拉美人曾在政治、经济和国际关系领域提出过一些对世界产生重大影响的理论，如依附论、"中心—外围"论、"游击中心"论、外围现实主义理论、21 世纪社会主义理论……拉美人甚至还在神学界提出了独一无二的解放神学。

解放神学是 20 世纪 60 年代在拉美问世的一种激进的基督教神学思潮，主要创始人是秘鲁神学家古斯塔沃·古铁雷斯（Gustavo Gutiérrez）。古铁雷斯 1928 年生于利马，曾入马科斯大学学医，后改学哲学和神学，1960 年任利马天主教大学神学教授。他长期在利马为低收入阶层服务，因而十分同情穷人的处境。

进入 20 世纪 60 年代后，拉美的"进口替代"工业化进入了"黄金时期"，但它并没有消灭贫困。而且，拉美国家对发达国家的依赖也越来越加深。1964 年 3 月，在巴西里约热内卢召开的一次拉美神学会议上，古铁雷斯首次提出，宗教应该反映穷人的困境。在此后的有关会议上，古铁雷斯进一步阐述了宗教的这一"新使命"。

1968 年 7 月，古铁雷斯在秘鲁全国神职人员全国代表大会上发表了题为"走向一种神学"的报告，提出了解放神学的基本思想。在同年举行的第二届拉美主教会议（即"麦德林会议"）上，古铁雷斯进一步完善了解放神学的思想。1972 年，他撰写的《解放神学》（*Teología de la Liberación*）一书正式出版。

解放神学关心的是穷人的贫困和"受压迫者"的命运。古铁雷斯经常问的一个问题就是："我们如何对那些穷人说'上帝仍然是爱你们的'？"因此，解放神学有时也被视为"穷人的宗教"。它试图用阶级理论来分析拉美国家贫穷的原因和阶级构成状况，并呼吁宗教界和社会团体重视穷人争取解放的斗争。

解放神学的基本观点是：（1）宗教信仰不同于逃避现实，它必须从社会现实出发，将宗教信仰与拯救穷人和人类解放结合在一起。（2）没有全人类的解放，上帝的"天国"不会出现，因为贫困和受压迫与之不相容。（3）罪恶是由各种压迫、奴役、统治和剥削造成的。宗教的责任是消除这一切。（4）发展中国家落后的根源之一是发达国家的剥削。

解放神学对20世纪六七十年代拉美的社会运动有较大的影响，但也遭到了拉美天主教教会内部保守分子的反对和攻击。这些保守分子不同意解放神学用阶级来分析拉美贫困的根源，认为解放神学的倡导者受到了马克思主义的影响。

一些美国人也把解放神学视为马克思主义与宗教相结合的产物，是披着宗教外衣的政治学说，甚至将解放神学的普及看成共产主义影响在拉美扩散的结果。

毋庸赘述，贫困是经济不发达的结果。因此，解放神学或许能促使政府关心穷人的命运，但它无力推动经济发展，因而也无法解决拉美的贫困问题。诚然，在解放神学问世以来的近半个世纪中，拉美的贫困问题有所缓和，但这不是解放神学的功劳。无怪乎解放神学不是在兴旺发达，而是在逐渐失去其昔日的"辉煌"，尽管还有不少拉美人在孜孜不倦地推广其教义。

有人说，在拉美，只要贫困问题得不到很好的解决，宗教人士总会想出一种新的神学，且不论这一神学的名字叫什么。

诚哉斯言！

拉美的女总统

美国妇女在 1920 年获得了选举权。在拉美，最早允许妇女投票的国家是厄瓜多尔，时间是 1929 年。巴拉圭妇女直到 1961 年才获得了投票权。

确实，在伊比利亚天主教文化主宰的拉美，大男子主义无处不在，许多妇女仅仅在家庭中拥有发言权。美国学者 T. 斯基德莫尔和 P. 史密斯在《现代拉丁美洲》一书中生动地写道："根据拉美人的观念，美德和礼仪的护卫者就是妇女。她们被描绘成具有无限的谦卑和甘愿做出最大的牺牲。作为母亲，她们对拥有男子气概的男人们所做出的冲动的古怪行为表现出无止境的忍耐。因此，典型的妇女形象充满了圣洁和悲哀，常常等同于哀悼仪式：一个愁闷的女人，身穿孝服，肩披黑丝巾，跪在祭坛前，在破碎的内心世界中为罪孽深重的男人祈祷。"

但是，多个拉美国家出现的女总统实际上早已粉碎了学者笔下的拉美妇女的上述形象。这些女总统"巾帼不让须眉"，在政治舞台上叱咤风云，委实令人刮目相看。

在谈论拉美的女总统或拉美的妇女地位时，阿根廷似乎是最受国际媒体关注和津津乐道的国家。这主要是因为，首先，阿根廷先后出现过两位女总统，即 1974 年 7 月上台的玛丽亚·埃斯特拉·马丁内斯（又名伊莎贝尔）以及 2007 年 12 月上台的克里斯蒂娜·费尔南德斯。其次，两位女总统的外表都很"养眼"。尤其是克里斯蒂娜的长相，更受阿根廷男人的喜爱。

不过，伊莎贝尔和克里斯蒂娜能当上总统，都与其丈夫的魅力不无关系。伊莎贝尔的丈夫庇隆在阿根廷政治舞台上的地位是无与伦比的。他曾两次出任总统。他推崇的民众主义政策深受民众的欢迎。

克里斯蒂娜的丈夫基什内尔于 2003 年就任总统后，将发展经济作为其首要任务，终于使阿根廷在较短的时间内彻底摆脱了 2001—2002 年金融危机的阴影。此外，基什内尔在一些问题上敢于对美国说"不"，从而赢得了许多阿根廷人的赞赏。

基什内尔总统的任期在 2007 年 12 月 10 日结束后，直接把总统宝座交给了妻子克里斯蒂娜。克里斯蒂娜在同年 10 月大选中取胜。这样一对夫妻在世界上是少有的。

有人问基什内尔，他妻子就任总统后，家庭生活有何变化。基什内尔答道：唯一的变化就是夫妻两人在床上睡觉的位置有变化。他说："以前是我必须睡在靠近电话的这一侧，现在她开始睡在靠近电话的这一侧。"

事实上，早在 20 世纪 50 年代，阿根廷就差一点出现一位女总统。1951 年，庇隆总统在竞选总统时希望他的妻子爱维塔成为他的副总统候选人。当时，爱维塔的政治声望如日中天，因为她在阿根廷普通选民中有很高的支持度。但军人坚决反对她作为副总统候选人。军人的抵触是情有可原的。根据阿根廷的法律，总统辞职或去世后，副总统可以接任总统。阿根廷军人不愿意接受这样一种可能性，即一位妇女会接替总统，成为他们的最高统帅。

虽然阿根廷人用选票表达了他们对女总统的喜爱，但在法律上和西班牙语语法上，他们却不得不面对这样一个"别扭"：在西班牙语中，冠词的阴性或阳性应随其修饰的名词的阴性或阳性而定。按理说，在称呼克里斯蒂娜时，应使用阴性的"总统"（presidenta），修饰"总统"的冠词也应使用阴性（la）。但阿根廷宪法对"总统"的称谓只用阳性（presidente），其冠词也用阳性（el）。因此，克里斯蒂娜就与当年的伊莎贝尔总统那样，被称作 la presidente，即用阴性的冠词（la）修饰阳性的"总统"（presidente）。可见，虽然伊莎贝尔和克里斯蒂娜当上了总统，但还要受阿根廷文化中的大男子主义的气。

希拉里·克林顿在 2016 年的美国总统选举中未能最终胜出。当美国人在为希拉里未能成为美国第一个女总统而扼腕长叹时，拉美已出现了 11 位女总统。除阿根廷的两位以外，其他 9 位是：玻利维亚临时总统莉迪娅·盖莱尔（1979 年）、海地临时总统埃萨·帕斯卡尔—特鲁罗（1990 年）、尼加拉瓜总统比奥莱塔·巴里奥斯·德查莫罗（1990 年）、厄瓜多尔临时总统罗萨莉娅·阿特亚加（1997年）、圭亚那总统珍妮·贾根（1997年）、巴拿马总统米雷娅·莫斯科索（1999年）、智利总统米歇尔·巴切莱特（2006年）、哥斯达黎加总统劳拉·钦奇利亚（2010年）、巴西总统迪尔玛·罗塞夫（2010年）。

令人惊讶的是，2010年，拉美4个国家的总统是女性：阿根廷、智利、哥斯达黎加和巴西。

如此多的拉美妇女成为总统，不能说明拉美社会在不断进步吗？

慎用"拉美学"

除了听到所谓"美国学""日本学"以外，我们还不时听到"拉美学"这样的提法。

以国家或地区作为"……学"的定语是欠妥的。所谓"……学"，应该是指某一学科（discipline），而非对某一国家或地区的研究（study）。毫无疑问，discipline 是不同于 study 的。因此，我们可以说"经济学""政治学"和"社会学"，而不能说"美国学""日本学"或"拉美学"。后者只能说是"美国研究""日本研究"或"拉美研究"，即 American studies，Japanese studies，Latin American studies。

退而言之，如果"美国学"或"拉美学"等提法是成立的，那么我们能否说"巴西学""智利学""特立尼达和多巴哥学""巴拉圭学""牙买加学"？显然这是可笑的。或许有人会说，只有世界上的大国或地区，如美国、日本、西欧或拉美，才能用作"……学"的定语；也有人会说，只有对大国家的研究才能被称为"……学"。这些说法同样是欠妥的，因为它重大国而轻小国，不符合我们在国际交往中奉行的大小国家一律平等对待的原则。

在我国的学科分类中，"国际问题研究"（international studies）尚未被列为一门正式的学科，其中"世界经济研究"被列入"经济学"，"世界政治研究"被列入"政治学"。

事实上，"拉美学"或拉美研究就是国际上常见的 area studies（地区研究）的组成部分。"地区研究"是一种跨学科研究，既研究一个地区的政治、经济、外交和社会，也研究其历史、文化和语言。虽然国际上对"地区研究"有不同的看法，但它在国际学术界的地位似乎已难以动摇。

在世界上的许多国家，"地区研究"可谓方兴未艾。随着中国经济的快速发展和国际地位的不断上升，大洋彼岸的拉美出现了为数不少的研究中国的机构和智库。

值得注意的是，最近几年，"澳门学"引起了澳门学者的极大兴趣。根据2010年4月在澳门大学召开的"首届澳门学国际学术研讨会"达成的共识，"澳门学"是一门以文献档案、文化遗产为基础，以历史文化和社会生活为研究对象，探寻澳门模式与澳门精神的国际性、综合性学科。根据这一定义，我们可否对"澳门学"进行这样的诠释：如要使"澳门研究"成为"澳门学"，那么研究的基础必须是文献档案和文化遗产，研究的对象必须是历史文化和社会活动。

我认为，"澳门学"实际上就是"澳门研究"。如果非要说"澳门学"，那么我们必须回答这样一个问题："澳门研究"与"澳门学"有什么不同之处和共同之处？同样的道理，我们应该问一问："拉美研究"与"拉美学"有何异同？

总而言之，我们只能说"发展具有中国特色的拉美研究事业"，不能说"发展具有中国特色的拉美学"。

无巧不成书。有一次在从澳门回家的飞机上，看到了《澳门日报》（2012年8月29日）的一篇题为"穗学者倡研'广州学'"的文章。

说不定哪一天我们会听到"巴西学""牙买加学""哥斯达黎加学"或"特立尼达和多巴哥学"之类的提法。

斗牛与"动物权"

顾名思义,"动物权"就是动物的生存权。保护"动物权"就是要使人类保护动物,停止随意虐待和捕杀之。就此而言,应该说"动物权"是具有积极意义的。

1990年我在美国加州大学(圣迭戈)做访问学者时,曾有幸目睹过一次"动物权"捍卫者举行的集会。那是一个周末,校园内较为安静。但基础科学教学楼旁的一块空地上却异常热闹。循声而至,发现那里正在举行一个规模不小的集会。讲台前,一些男女头戴青面獠牙的面具,身穿白色工作服;工作服上涂着象征鲜血的红色颜料。他们一手牵着猫、狗、猪之类的动物,另一手紧握着手术刀和注射器。在他们的身后,数百人正在全神贯注地聆听一位讲演者大声叫喊:"动物也是上帝创造的生灵,应与我们人类同享生存权利。但是基础科学教学楼里的科学家们却为了做实验而残忍地打开动物的头颅,剖开动物的胸膛,或将有毒的药物注入动物的肌体。这是对上帝的亵渎。我们有义务拯救世界上所有那些正在受苦受难的动物……"掌声和呐喊声多次打断这位先生的讲演。最后,人们举着标语牌,牵着动物,高呼口号,神情激昂地在校园内游行。

这一幕仅仅是遍布美国各地的"动物权"运动的缩影而已。在报刊和电视上,有关"动物权"的新闻时常出现。例如,在动物身上做科学实验的科学家不时接到来自"动物权"倡导者的恐吓信和恐吓电话;甚至他们在实验室外停车场上的汽车也经常被人刺破轮胎。又如,一些"动物权"捍卫者不顾警察的阻拦,冲进实验室,放出关在笼子中的动物,并砸烂精密的仪器设备。再如,动物园门前,"动物权"运动的积极分子举着标语牌,高呼口号,抗议动物园将动物作为"摇钱树"。

当然,"动物权"的反对者也大有人在。刚从死亡线上生还的病人更是以切身经历诉说医学科学进步的伟大作用和在动物身上做实验的必要性。一位母亲说：她家有一只大花猫，全家人都很喜欢它。她儿子前年得了重病，使用了一种新药后才得以康复。这种药物正是科学家在动物身上作了无数次科学实验后才研制成功的。在大花猫与儿子之间，这位母亲说她愿意选择后者，而非前者。

面对"动物权"保护者的挑战，科学家也不甘示弱。他们以无可辩驳的事实据理力争：人类历史上的许多种病魔之所以能被征服，完全是因为科学家在动物身上进行了必要的实验。而这些实验在人身上是难以进行的。

不过，确有不少的人不赞成在动物身上做研制化妆品的实验或以牺牲数百只貂的代价来制作一件只供少数人显示富贵雍华的貂皮大衣等行为。而为了医学科学的进步，为了人类自身的健康，在动物身上做实验，他们认为是合情合理的。

还有人指出了"动物权"理论的内在缺陷。他们问道：人类自古以来以肉食为生。按照"动物权"的推理，是否应该禁止人类食用肉制品，以解放猪、牛、羊等动物？"动物权"捍卫者脚上的皮鞋、手上的皮手套等生活用品不都是来自动物吗？

望着走来走去的游行队伍，我想，不知那些"动物权"卫士在自己的生命和阿猫阿狗之间会作出何种选择？

一些拉美人追求的"动物权"似乎同样充满争议。众所周知，受西班牙文化的影响，拉美人很喜欢斗牛。在墨西哥、厄瓜多尔、委内瑞拉、哥伦比亚和秘鲁等国，斗牛被视为仅次于足球比赛的激动人心的活动。然而，也有人认为，斗牛仅仅是为了满足少数人的感官刺激，对牛来说实在是太残酷了。因此，"动物权"保护者经常性地展开五花八门的抗议活动，要求禁止斗牛。

据报道，2010年，一位名叫克里斯蒂安·瓦加斯的墨西哥国会议员要求国会通过一个法律，严令禁止斗牛。为了支持这位议员的要求，"动物权"保护者穿着半裸体的服装，身上涂着象征鲜血的红色染料，在斗牛场外举行游行示威。他们声称，每年在墨西哥全国各地的斗牛活动中，被心狠手辣的斗牛士活活杀死的牛多达25万头。

但支持斗牛活动的墨西哥人则认为，斗牛是拉美传统文化的组成部分。禁止斗牛就是消灭传统文化。而且,斗牛活动还能吸引游客,增加收入,发展经济,改善人们的生活。

毫无疑问,在可预见的将来,斗牛难以在拉美绝迹。

美洲金银的重大贡献

1492年哥伦布"发现"美洲新大陆所产生的影响是多方面的,其中之一就是这一"新大陆"上的金银财宝源源不断地流入欧洲,从而使欧洲率先走上了致富之路。

那么美洲的金银财宝是如何使欧洲走上致富之路的?张宇燕和高程的《美洲金银和西方世界的兴起》(中信出版社2004年版,以下简称《美洲金银》)一书回答了这个问题。

该书的推理是:美洲金银进入欧洲后,使欧洲社会出现了"财富重组","财富重组"的结果是"阶级兴衰",之后是制度发生变迁,进而产生金融创新,金融创新的结果就是经济快速增长,即西方世界的"兴起"。

一些历史学家认为,在哥伦布"发现"新大陆以前,欧洲并不富裕,黄金和白银的人均拥有量仅为600多克。这一数字"小得可怜"。而在1495年后,来自新大陆的金银占西欧新增加的所有贵金属的85%(第37页)。可见,欧洲殖民主义者获得的这笔不义之财在数量上是十分可观的。

欧洲人对金银财宝的渴望非常强烈。哥伦布说:"谁拥有了黄金,谁就可以在这个世界上为所欲为;拥有黄金,甚至可以使灵魂上天堂。"在新大陆征服过大片土地的殖民者科特斯也认为,"我们西班牙人都受着一种心病的折磨。这种病只有黄金才能治愈"。普通的欧洲商人同样认为,贵金属"能主宰一切;有了它,也就有了一切;没有它,一切都会变得死气沉沉"(第36页)。

《美洲金银》对新大陆的财富如何在不同欧洲国家之间进行分配刻画得惟妙惟肖。对于西班牙和葡萄牙殖民者掠夺来的美洲金银,其他欧洲国家垂涎欲滴。因此,除了利用正常的贸易手段以外,英国、荷兰和法国还用海盗方式对美洲的财富进行再分配。伊丽莎白女王本人也对海盗活动进行投资，获益匪浅。西班牙人哀叹自己千辛万苦地从美洲运来的财宝轻而易举地进入其他欧洲国家的口袋。那个时代的一个见证人说，西班牙就像一张嘴，填进食物，咀嚼食物，仅仅是为了把它送进别的器官，除了经过的气味和偶尔粘在牙齿上的一点碎屑外，没有留下任何东西（第47页）。

大量美洲金银进入西班牙和其他一些欧洲国家后，引发了一场影响深远的"价格革命"，即物价大幅度上涨。一些历史学家认为，金银的充裕是当时许多欧洲国家物价上升的唯一原因。

在一定程度上，这种"价格革命"有点类似今天经济学教科书中的"荷兰病"。20世纪60年代，荷兰因在北海中发现大量天然气而突然获得了大量外汇收入。外汇收入的大幅度增加使本国货币升值，从而使本国工业制成品的国际竞争力减弱，出口减少，进口扩大，整个国民经济反而陷入失衡的状态。

"价格革命"的深远后果之一就是出现了阶级分化。那些按照传统方式获取地租收入的旧贵族因地租期限很长而无法获得更多的收入，而价格的上涨则使其实际收入减少。与此相反，新兴商人阶级则迅速富裕起来，上升到王公贵族的地位，成为历史舞台上的主角。换言之，美洲金银进入欧洲后，由于社会财富的流向发生变化，一个新的阶级（资产阶级）应运而生。

《美洲金银》还从美洲金银进入欧洲后阶级结构变化导致国家功能变化这一因果关系入手，探讨了在那个年代占主流地位的重商主义贸易政策的历史地位。该书作者认为，重商主义在英国取得的成功尤为明显。英国在16世纪击败了西班牙的无敌舰队，在17世纪战胜了荷兰的贸易攻势，在18世纪又成功地遏制了法国的扩张，最后终于成为欧洲最大的军事帝国。可见，英国的历史地位与美洲金银是密切相关的。

大量美洲金银的输入使欧洲出现了制度创新，而制度创新的核心就是产权制度的确立。此外，作者还指出，对西欧经济长期增长影响最大的制度变迁，是金融领域中的制度创新，如国债制度的问世、债券市场的形成以及金本位制度的建立等等。金融制度创新与政府和私人的信誉的提升结合在一起，有效地降低了借贷的风险，从而使利率水平保持在较低的水平。利率水平的降低使获得资金的成本得到相应地降低。这无疑为扩大工业投资创造了条件，而投资规模的扩大最终使工业革命成为可能。来自新大陆的金银就是通过财富重组→阶级兴衰→制度变迁→金融创新这样一个演化过程，带来较快的经济增长，使欧洲率先进入现代文明社会。

《美洲金银》认为，从美洲金银与阶级分化的角度去理解西方资本主义兴起的观点至少可以追溯到马克思，因为马克思说过，来自新大陆的金银根本改变了阶级之间的相互关系。该书以马克思的这一判断为基础，提出了阶级兴衰导致制度变迁，进而带来金融创新和经济增长的观点。换言之，在《美洲金银》确立的演化过程中（即美洲金银→财富重组→阶级兴衰→制度变迁→金融创新→经济增长），从"美洲金银"到"阶级兴衰"是马克思早已证明了的，而从"阶级兴衰"到"制度创新→金融创新→经济增长"，则是该书的创新之处。

从《美洲金银》引用的大量注释可以看出，作者引经据典、博览群书，委实难能可贵。这一点既体现了作者的渊博知识，也反映他们的严谨学风。此外，作者还提出了"非中性产权制度的分布高于产权保护本身"等命题，使该书的学术性得到很好的升华。作者还将他们与学友的书信往来作为附录之一，使读者能够了解作者对众多问题的思考历程。

我之所以要写这一读后感，无非是希望研究拉美的学者能够关注拉美历史与欧洲历史之间的互动关系，能够理解美洲金银对世界发展进程的巨大贡献。

小布什总统的"笑柄"

把英语中"女士们、先生们"（ladies and gentlemen）分开来，写在厕所门上，Ladies 就成了女厕所，Gentlemen 是男厕所。在西班牙语中，一般情况下不把"女士们"（señoras）、"先生们"（señores）分别写在厕所门上作为女厕所和男厕所的代词，因为男女厕所有专门的单词，即Caballeros 和 Damas。

有一个讽刺小布什总统的笑话。这位美国总统会说一些"洋泾浜"西班牙语，因此他在访问拉美时，总想"炫耀"一下他的语言"才能"，以表示他对拉美有很深的感情。有一次访问拉美时，布什总统要在东道国的国会发表演说。他要说的第一句是"女士们、先生们"。他想到，在英语中，女厕所（Ladies）和男厕所（Gentlemen）中的 ladies 和 gentlemen 合起来就是"女士们、先生们"。于是，他面对众多国会议员，笑容满面地开口说：Damasy Caballeros（女厕所们、男厕所们）。

关于小布什总统的笑话还有不少。例如，在英语中，million，billion 和 trillion 分别是"百万""十亿"和"万亿"。有一次，小布什总统在阅读文件时发现，文件中多次出现 Brazilian（巴西人）一字。他不知道 Brazilian 是什么意思，于是就问秘书：How much is a Brazilian?（Brazilian 是一个多大的数字？）

还有一个笑话。小布什总统无法区分 Brazilian 和 Bolivian（玻利维亚人）。因此，小布什总统在访问巴西时，在巴西总统卢拉为他举行的国宴上，居然在敬酒时对主人说：为卢拉总统干杯！为玻利维亚人民干杯！

其实，布什总统的弟弟、曾任佛罗里达州州长的杰布·布什却能说一口流利的西班牙语，因为他的妻子是墨西哥人。20世纪70年代杰布·布什在墨西哥教英语时认识了墨西哥姑娘。两人于1971年结婚。

说起杰布·布什，我还与他有过"一面之交"。那是在2005年9月，我应美国《迈阿密先驱报》之邀，赴迈阿密参加一个讨论拉美问题的会议。杰布·布什以佛罗里达州州长的身份在会上致辞。当时，中拉关系刚刚升温，美国人对中国在其"后院"的存在颇感兴趣。因此我的关于中拉关系的发言结束后，在休息期间被美国记者团团围住。翌日，布什州长的照片和我在回答美国记者提问时的照片都出现在《迈阿密先驱报》上，而我的照片居然比布什州长的照片还大，虽然两张照片不在同一版上。

为什么拉美人要取笑小布什总统？这可能与他对拉美采取的政策有关。在小布什当政时，美国发动了伊拉克战争。战争爆发后，在许多拉美国家，不同规模的反战游行此伏彼起。在游行队伍中，民众高举萨达姆的画像或古巴和巴勒斯坦的国旗，高呼"布什是法西斯""布什是恐怖主义者"等口号。

此外，因为小布什将"反恐"作为其外交政策的首要目标，所以美国未能"关注"拉美，拉美的政治家、媒体和公众都抱怨拉美被美国冷落了。

美国《时代》周刊（2005年11月4日）曾发表过一篇题为"为什么拉美恨布什"的文章。该文章写道："2000年小布什入主白宫时，曾许诺要重视拉美，但是，由于大多数拉美国家反对美国对伊拉克动武，小布什总统就不理人家了。……阿根廷的一个民意测验表明，64%的人对小布什反感或极为反感。"无怪乎小布什总统于2005年11月4日赴阿根廷马德普拉塔参加第四届美洲国家首脑会议时，遭到了许多人的抗议。许多美国媒体也承认，小布什是最不受拉美人欢迎的美国总统之一。

澳门要做中国与巴西的"红娘"

在澳门的一条较为清静的马路上，有一块门牌颇为引人注目：中国—葡语国家经贸合作论坛（澳门）常设秘书处。

澳门以其发达的博彩业闻名于世。最近几年，澳门的另一角色正在引起国际社会的关注。2001年10月，澳门特别行政区行政长官何厚铧提出了把澳门建设成"海内外中小企业的经贸合作平台"的概念。这是澳门特别行政区政府首次正式使用"经贸合作平台"的提法。

巴西是世界上最大的葡语国家。在历史上，澳门就在中国与巴西的双边关系中发挥了重要作用。19世纪初，葡萄牙要求澳门总督为巴西招募一批中国茶农。与此同时，中国湖北省的一些茶农因自然灾害而被迫外出谋生。因此，数百名茶农携带了一些茶树苗，经澳门前往巴西，最终在里约热内卢等地定居和从事茶叶种植业。

2003年10月，中央政府在澳门举办了首届中国—葡语国家经贸合作论坛，为澳门发挥其"桥梁"作用提供了高层次的起点。这一论坛的性质是由官方举办，以经济合作为主题的非政治性国际经贸合作论坛。其宗旨是加强中国与葡语系国家之间的经贸交流与合作，发挥澳门联系中国与葡语国家的平台作用，促进中国、葡语系国家和澳门的共同发展。

2005年6月，何厚铧特首访问巴西。访问的目的之一就是要为澳门在中国与巴西之间发挥中介作用创造条件。卢拉总统在会见何厚铧时说，他对澳门在中国与葡语国家，特别是中国与巴西之间发挥的"平台作用"表示乐观和支持。

澳门有条件在推动中巴关系的过程中发挥其"桥梁"作用。第一，中华人民共和国政府支持澳门在加强中国与葡语系国家之间的经贸合作时发挥重要作用。第二，作为中国的一个特别行政区，澳门与内地的关系非常密切。第三，澳门与巴西的关系由来已久，澳门与巴西共同受到葡萄牙文化的深刻影响。第四，澳门是国际公认的自由港和单独关税区，是世界上经济开放度相对比较高的经济体之一。第五，在文化、语言、法律和营商环境等方面，澳门有着东西兼容的优势。第六，澳门拥有大量精通东西方文化以及经济和金融专业知识的人才。第七，澳门回归祖国后，经济保持快速增长。

2010年11月13—14日，中国—葡语国家经贸合作论坛（澳门）第三届部长级会议在澳门举行。会议赞赏并肯定澳门及论坛在不断加强中国与葡语国家经贸关系中的服务平台作用。

当然，为了使澳门这个"红娘"更为靓丽，还应采取以下措施。

一是要扩大宣传的力度，使中国和巴西的企业家能知晓澳门的"红娘"角色。众所周知，企业家在作出投资决策以前，必须对东道国的投资环境有一个比较深刻的了解。但是，无论在中国还是在巴西，准确而详细地介绍中巴两国投资环境的书刊很少。中国、巴西和澳门的出版界和学术界应该填补这一空白。

二是要多举办一些葡萄牙语培训班。语言是人们交流思想的必要工具。如果说巴西人学汉语要漂洋过海、不远万里地来到中国，那么中国人到澳门学习葡萄牙语则很近、很方便。最近几年，葡萄牙语专业毕业的大学生在中国大陆很受欢迎，有些部门很需要引进这样的人才。因此，澳门应该利用自己的优势，多开办一些针对不同需求的葡萄牙语班。

三是要创办更多的为中巴两国企业服务的咨询公司。中国经济的快速发展使巴西的比较优势（如自然资源丰富）越来越明显，与此同时，越来越多的巴西企业看好中国市场的巨大潜力。但是，由于受到语言、文化和距离等因素的影响，中巴企业之间的市场信息交流十分有限。在这种情况下，澳门应该发挥自己在语言和信息等方面的独特优势，通过咨询公司向中巴两国企业提供必要的市场信息。

四是要多组建一些为中巴两国企业服务的金融机构。一方面，金融全球化的浪潮已波及世界上的每一个角落；另一方面，中巴两国的许多企业在对外发展时难以获得足够的资金。澳门应该积极利用金融全球化的机遇，为中巴两国企业融资。澳门的金融机构已有上百年的历史，澳门的银行国际化程度很高，商业网点多，而且澳门没有外汇管制。这些有利条件无疑可以为成为"平台"的有机组成部分。

抢银行的人去银行办银行卡

我去过两次哥伦比亚。行走在首都波哥大和旅游胜地卡塔赫纳的街头，心里总是有一些担心。担心什么？担心恐怖主义袭击。

1964 年，哥伦比亚共产党为抵御政府对左翼力量的围剿和镇压而成立了哥伦比亚革命武装力量（FARC）。其成员主要是无地农民以及推崇游击战的左翼人士。为扩充实力，FARC 还经常征募未成年人和妇女入伍。

FARC 的资金来源主要是毒品走私。由于它经常使用绑架、暗杀或爆炸等暴力手段，美国、加拿大和欧盟等国家以及大赦国际和人权观察组织将其视为恐怖主义组织。美国甚至表示要引渡参与毒品走私活动的 FARC 成员。而委内瑞拉、厄瓜多尔、玻利维亚和尼加拉瓜等国则称其为反抗社会不公的革命组织，并在道义上给予支持和声援。

美国在哥伦比亚有多个军事基地。因此，FARC 及其支持者认为，美国将该组织列入恐怖主义组织黑名单是"为帝国主义干预哥伦比亚国内的武装冲突提供借口"。该组织始终认为，它与政府之间的关系既不同于巴勒斯坦与以色列之间的军事冲突，也不同于西班牙（加泰罗尼亚）、英国（北爱尔兰）的分裂主义势力与政府之间的对峙，而是一种压迫与反压迫的斗争。

美国众议院外交关系委员会认为，FARC 曾耗资 200 万美元，聘请爱尔兰共和军（IRA）的十多位军官为其提供军事训练。

FARC 占据的地带主要是人烟稀少的山区，但有时也会到首都或其他城市从事恐怖主义活动。据估计，约 20 万人死于美洲大陆上这一持续时间最长的内战。

为了获取赎金或达到其他目的，FARC 也把外国人作为其实施恐怖主义行为的对象。如在 2011 年 6 月 8 日，中国中化集团的 4 名在哥伦比亚工作的中国员工和 1 名当地司机驾车在卡格达省圣维森特—德尔卡古安市的一条公路上行驶时，遭到 FARC 的绑架。中化集团新闻发言人说，他们是在外出购买柴油时遭遇绑架的。7 名伪装成平民的绑架者在路上堵住他们，然后实施了绑架。当地司机很快被释放，但中国员工不知下落。

绑架发生后，中国驻哥伦比亚大使馆与各方联系，核实绑架事件和中国公民身份等信息，并立即与哥伦比亚政府交涉，要求哥方尽快采取一切措施，全力营救被绑架的中国公民。

事发后，哥伦比亚政府悬赏 4000 万比索（约合 2.25 万美元），向社会征集线索，以便尽快抓获实施绑架的恐怖分子。

6 月 14 日，中国外交部发言人洪磊在例行记者会上说，中国政府一贯高度重视海外中国公民的安全与合法权益，中方已经掌握相关的情况，正在全力进行营救。

在国际红十字会的协助下，4 名中国人质终于在 2012 年 11 月 21 日获释。23 日，他们启程回国，中国驻哥伦比亚大使汪晓源到波哥大机场送行。这 4 名中国人精神状况不错，面带笑容，但其中一人无法行走，需要借助轮椅行动。

人质获释后，中国外交部发言人华春莹在 11 月 23 日的例行记者会上表示，4 名中国工人被绑架事件发生后，党和国家领导人高度重视。胡锦涛主席会见哥伦比亚总统桑托斯时亲自谈及此事，要求哥方在确保中方人员安全的前提下积极营救。哥伦比亚政府配合中方为中国工人安全获释采取了大量积极的举措，红十字国际委员会也提供了重要协助，中方对此表示感谢。

历届政府对 FARC 的立场不尽相同。有的主张对其实施有力的打击，决不手软；而有的则主张用谈判的方式，尽量满足其诉求。

在古巴、挪威、委内瑞拉和智利的斡旋下，哥伦比亚政府与 FARC 之间的谈判终于在 2016 年 9 月 26 日迎来了和平的曙光。是日，双方卡塔赫纳签署了和平协议，并决定于 10 月 2 日举行全民公投，以明确和平协议内容的合法性。

然而，投票结果却令人深感意外：50.21% 的投票者反对这一协议。他们认为，这一协议对 FARC 让步太多。例如，FARC 可转变为合法政党，可参与总统和议会选举，其成员"坦白后可免于监禁"。

对 FARC 实施强硬手段的哥伦比亚前总统阿尔瓦罗·乌里韦是和平协议的主要反对者。他的立场或许与其父被 FARC 杀害有关。

时任哥伦比亚总统桑托斯在电视讲话中承认和平协议的全民公投失败，但他说："我不会放弃这一协议，我会继续寻求和平，直至我任期的最后一天。只有实现了和平，我们的后代才有更好未来。"他下令政府谈判人员返回古巴，继续与 FARC 谈判。他同时也承诺，政府将听取国内的反对意见，以"拯救"和平协议。

2016 年 10 月 7 日，挪威诺贝尔委员会主席菲弗宣布，该委员会决定把 2016 年诺贝尔和平奖授予哥伦比亚总统桑托斯，以表彰他为结束历时半个多世纪的内战所作出的努力。

经过数日谈判，政府与 FARC 于 11 月 12 日在古巴首都哈瓦那签署了新的和平协议。11 月 24 日，桑托斯总统和 FARC 领导人罗德里格·隆多尼奥·埃切韦里正式签署新的和平协议。该协议分别在 11 月 28 日和 30 日获得参议院和众议院的通过。

FARC 成员放下武器后，从深山老林里走入正常人生活。一些外国媒体说，这些人过去经常抢银行，如今却要堂而皇之地去银行开户，办一张银行卡。这是哥伦比亚人梦寐以求的进步。

毒品的供给与需求

先有鸡还是先有蛋？美国和一些拉美国家在毒品问题上的争论，就是这样一种无休止的争论。

美国认为，因为拉美国家生产毒品，所以美国人才会去消费毒品。因此，毒品问题的解决在于首先遏制毒品的供给。

而一些拉美国家则认为，因为美国人消费毒品，所以拉美才去生产和走私毒品。可见，毒品问题的解决在于消除美国的需求。拉美人说："没有需求了，我生产出来的毒品就没有市场了。"

关于如何解决毒品问题的争论，已在美国和拉美持续了数十年。直到20世纪末，美国才逐步认识到，毒品问题是一个既与拉美（供给）有关，也与美国自身（需求）有关的大问题，因此，只有双管齐下，才能解决这一痼疾。

安第斯山地区的自然条件非常独特，很适合于古柯叶的生长。自古以来，印第安人一直保持着咀嚼古柯叶的传统，因为古柯叶里含有的一些化学成分能使人兴奋，也能消除饥饿感。玻利维亚总统莫拉莱斯经常呼吁，古柯叶种植业不应该被视为"非法"。

从20世纪中叶开始，安第斯地区的哥伦比亚、秘鲁、玻利维亚和厄瓜多尔等国的一些人开始从古柯叶中提取可卡因。这些毒品的销路基本上是在美国，在拉美本地的消费量极低。

毒品的生产和走私一本万利。据说1公斤可卡因在安第斯地区只能卖1500美元，在美国则高达5万多美元。这样的暴利当然会吸引许多人去从事毒品的生产和走私。

哥伦比亚前总统巴尔科曾说过："供给与需求的法则是无法无天的毒品卡特尔唯一没有违反的法规。"虽然美国本土也种植不少毒品植物，但美国自己的供给远远满足不了不断膨胀的需求。因此，地理位置使拉美成了美国所需毒品的主要来源。

可笑的是，在安第斯地区，古柯叶成了许多穷人的命根子。据估计，种植古柯叶的农民可能多达数百万。确实，在一定程度上，古柯叶种植业是政府很少关注的那些落后地区发展经济的最佳产业。有人甚至认为，因为古柯叶种植业能提高穷人的收入，因此，它也是改善安第斯国家收入分配的有效手段之一。

因为大毒枭手中有的是钱，因此他们也经常在毒品产地修筑道路和桥梁，建造学校和医院。这些"义举"使当地人很喜欢他们。无怪乎当政府的扫毒人员去捕捉大毒枭时常常空手而归，因为当地人会保护其眼中的"大好人"。

当然，不义之财也使他们胡作非为，挥金如土。哥伦比亚大毒枭巴勃罗·埃斯科瓦尔在1989年被美国《福布斯》杂志评为世界第七大富翁，拥有250亿美元的财富。1986年，他曾试图进入哥伦比亚政界。他甚至说他愿意为哥伦比亚偿政府还100亿美元的外债。据报道，当他在电视上看中一位选美比赛的冠军后，就命令手下用成千上万的美元请来共度良宵。有一次，他为逃避警察追捕而来到深山老林。为了给他的女儿取暖，居然点燃了随身携带的美钞，被烧掉的金钱多达200万美元。

滚滚而来的"毒品美元"也使毒品卡特尔演变成一个个坚不可摧的暴力集团。它们拥有精良的武器和先进的通信及运输工具，还训练了一支敢于与政府的扫毒力量决一雌雄的武装部队。它们还采用了"胡萝卜"加"大棒"的斗争策略。一方面，它们用重金贿赂政府、司法、军队和警察部门中的要员，以削弱政府的扫毒力量；另一方面，毒品卡特尔残忍地杀害主张严厉扫毒的任何人。在哥伦比亚，在最近的几十年，已有5位总统候选人和十多位大法官因主张严厉打击毒品卡特尔而被杀。

据路透社波哥大1999年6月8日报道，哥伦比亚曾考虑过把种植古柯叶的收入纳入其国内生产总值的可行性。当时的财政部长胡安·卡米洛·雷斯特雷波说："国家统计局所做的工作是希望把与非法毒品作物的收入和支出有关的估计数纳入国内生产总值。但这并不意味着毒品作物是合法的或会受到恩赐的待遇。……毒品作物是非法的这一事实不会减少它在经济活动中的地位。"他还说："目前哥伦比亚正面临着半个世纪以来最严重的经济衰退。将毒品作物收入纳入国内生产总值的统计后，经济增长率会略有上升。"当时的哥伦比亚国家统计局局长海洛·乌尔达内塔认为，采用新的统计方法后，哥伦比亚的国内生产总值可能会上升1个百分点。根据乌尔达内塔的估计，按照当时比索与美元的比价，哥伦比亚的古柯叶种植业的收入每年为5.16亿美元左右。但他也强调，在毒品植物中提炼出来的毒品的收入则不会被纳入国内生产总值的统计中。

肥胖也是一种美丽

世界上有两种饥饿。一种是穷人的饥饿，如非洲的一些儿童饿得失去了张嘴巴和吞咽的功能；另一种是有钱人的饥饿，而他们挨饿是为了使自己的身材苗条。

不管是哪一种饥饿，都会付出沉重的代价。

2006年11月，巴西的许多媒体报道，曾为阿玛尼等品牌做广告的巴西模特儿艾娜·卡罗来纳·莱斯顿因患厌食症而病死，享年21岁。她之所以患厌食症，完全是因为她为了保持模特应具备的苗条身材而不顾一切地节食。

巴西曾连续发生多起女青年为减肥而饿出病，最后不得不去见上帝的事件。就在莱斯顿去世后的几个月，又一位巴西模特因节食过度而患上营养不良症和其他一些与之相关的不治之症，最终过早地告别了人世。

莱斯顿13岁时就参加各种选美比赛。随着年龄的增长，她的知名度日益上升。她的脸庞和身材曾出现在国际上多家知名刊物的封面上。她去世后，她的母亲通过报纸对其他母亲说："照管好你的孩子，没有什么东西会让你忘记失去自己的女儿的痛苦，孩子的生命是无法用金钱换来的。……她从日本回来后，我发现她的身体有问题，因为她太瘦了。我让她吃东西，但她总是说：'妈，别逼我吃东西，我的身体好好的。'"

国际上有一个通用的衡量肥胖的指标，叫"身体质量指数"（Body Mass Index, BMI）。低于18.5为体重不足。为保护模特的身材，国际上的一些"时装秀"和选美比赛规定，模特的BMI指数不能低于18。莱斯顿去世时，她的BMI仅为13.4。

在巴西，有无数穷人早晨睁开眼睛后想到的就是如何解决一天三顿饭。无怪乎巴西前总统卢拉上台后不久就实施了"零饥饿计划"。而莱斯顿梦寐以求的却是另外一种饥饿。

其实，苗条与肥胖完全是一种主观判断。在哥伦比亚画家费尔南多·博特罗（Fernando Botero Angulo）的笔下，每一个人都是极为肥胖的，每一幅画都是极具观赏价值的。

博特罗生于1932年。他从小就对画画有浓厚的兴趣。早在16岁那年，他就在哥伦比亚一家报纸的增刊上发表了处女作。他用为数不多的稿费念完了中学。1950年，在哥伦比亚首都波哥大举办了首次个人画展。1952年，他与几位朋友一起，去西班牙一所艺术学院学习，翌年赴巴黎深造。

博特罗有过3次婚姻。他的第一位妻子曾任哥伦比亚文化部部长。他们的儿子曾任哥伦比亚国防部部长，但1996年因经济问题触犯法律而被判入狱30个月。

博特罗是一个正义感很强的画家。2004年美军在阿布格莱布监狱虐俘事件曝光后，博特罗创作了许多作品，在欧洲和美国展出。在他的画中，那些囚犯也是个个肥肥胖胖，但他们的手脚被捆绑，眼睛被蒙住，而且皮肤上还有被体罚后留下的血痕。博特罗说他不会拍卖这些作品，而要捐给一个博物馆。

博特罗既能画人物，也能画静物。许多人更喜欢他画的那些大胖子，但博特罗本人却经常说，他更喜欢画静物。

常有人问博特罗：为什么要把人或物画得很肥很胖？博特罗回答说："我画的不是肥胖，我是想通过现实题材来表达一种体积带来的美感和塑性。艺术是变形和夸大的，跟肥胖没有关系。不仅仅是人，我画的动物、水果、乐器和其他一些器物也都是胀鼓鼓的。"

确实，肥胖也是一种美丽。让拉美和其他地方的模特保重身体，多多欣赏博特罗的作品。

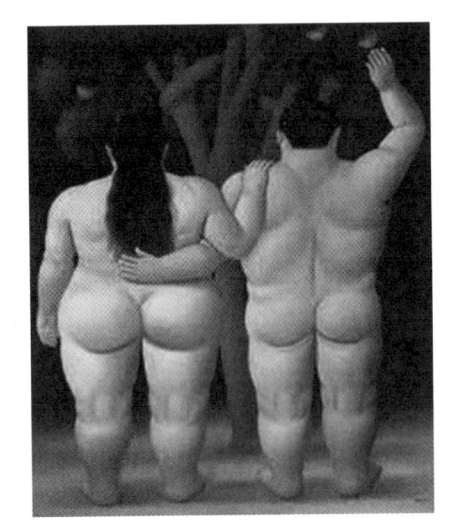

博罗特部分绘画作品

巴西的两个奇迹

巴西地大物博，经济发展的自然条件很好，是一个充满希望的新兴经济体。无怪乎巴西人常说，"上帝是巴西人"。

且不论这一笑话是否言过其实，巴西在过去几十年中创造的两个奇迹确实是举世瞩目的。

1964年4月，巴西发生军事政变，持续时间长达20多年的军人统治由此开始。军政府认识到，为了增加军人干政的合法性，发展经济和提高人民生活水平是当务之急。为此，军政府采取了大力发展制造业，加大投资力度，进一步强化政府干预和努力扩大出口等措施。这些措施策十分成功。1967—1973年，巴西经济增长率超过11%，工业产值增长率高达13%。这一时期的增长纪录后被誉为"巴西经济奇迹"。

巴西"经济奇迹"因1973年爆发石油危机而戛然而止，因为当时巴西的能源需求严重依赖国外石油。1974—1980年巴西的经济增长率下跌到6%。

"巴西经济奇迹"的取得与当时军政府启用罗博托·坎波斯、德尔芬·内托和奥塔维奥·戈维亚等技术专家不无关系。这几位经济学家曾在军政府时期的内阁中担任计划部部长和财政部部长等要职。

应该指出的是，伴随着经济的快速发展，收入分配不公的现象变得越来越严重，地区差别也在扩大。例如，中南部地区因得益于进口替代工业化而使人均收入迅速超过了全国平均水平。

国内外学术界在论述"巴西经济奇迹"时，还批评军政府用威权主义手段打压民主，肆意违反人权。根据传统的政治学理论，政治民主与经济增长两者之间有着密切的正相关关系：只有政治民主得到发展，经济才能增长；而经济的增长则能带来政治民主的发展。但巴西的情况正好与上述理论相反。北京大学董经胜教授在《巴西现代化道路研究：1964—1985年军人政权时期的发展》（世界图书出版公司2009年版）一书中指出，那段时期巴西经济增长与政治民主化之间的不同步发展，向西方传统的现代化理论提出了挑战。

2006年7月11日，曾为"巴西经济奇迹"作出重要贡献的经济学家德尔芬·内托（1967—1974年任财政部部长）在一家巴西报纸上发表了一篇文章，盛赞中国的经济奇迹。他认为，"经济奇迹"后巴西落后原因是缺乏一个邓小平那样的能够制订和实施宏伟计划的领导人，没有找到正确的发展道路。

巴西的另一个奇迹是在政治领域。2010年10月31日举行的第二轮总统选举中，劳工党候选人迪尔玛·罗塞夫击败对手，成为巴西历史上第一位女总统。世界上女总统为数不少，但在巴西历史上，这确实是一个奇迹。

生于1947年的罗塞夫是保加利亚人的后代，家境较为充裕，在巴西属于中上阶层。但这位富家千金却在年轻时迷上了较为激进的左翼思想。1964年巴西发生军事政变后，罗塞夫甚至加入了城市游击队，声称要用枪杆子推翻军政权，为巴西人创造新生活。她因此在1970—1972年蒙受了牢狱之灾。

出狱后，体重减少了20磅的罗塞夫重新拿起经济学教科书，于1977年获得了大学文凭。此前一年，她已生下了一个可爱的女儿。

1985年，罗塞夫出任阿雷格里港市政财政厅厅长。这是她首次在政府部门任职，也是她进入巴西政治舞台的开端。2003年卢拉上台后，罗塞夫被任命为能源部部长。2005年6月，罗塞夫被卢拉总统任命为总统民事办公室主任。巴西媒体认为，罗塞夫在这一岗位上的表现如此出色，以至于她成了卢拉总统最满意的得力助手之一。这也是卢拉愿意"钦定"她为接班人的主要原因之一。

罗塞夫在总统选举中面临的竞争对手塞拉曾多次参加过总统竞选。这位政治家有着丰富的政治经验，长期在联邦政府和州政府担任要职。他的一个竞选广告巧妙地利用了俄罗斯"套娃"玩具的奇妙之处：打开一个"套娃"，观众发现，塞拉是一位国会议员，又打开一个，塞拉成了巴西卫生部部长，继续打开一个，塞拉变成圣保罗市市长，最后一个映入观众眼帘的塞拉是圣保罗州州长。而打开罗塞夫的"套娃",里面空空如也,因为她从未担任过通过选举获得的公职。

为了使罗塞夫在总统竞选中取胜,卢拉不遗余力地为她出力流汗。卢拉本人也承认,他为迪尔玛"拉票"而在全国各地旅行的时间,比他自己在2006年竞选时花费的时间还多。

2014年,罗塞夫在大选中获得连任,2015年元旦就职。然而,由于经济下滑和巴西石油公司腐败案不断发酵,巴西民众对她的支持率持续下降。在野党利用这一机会,指控罗塞夫政府涉嫌在平衡政府财政收支方面存在违法行为,在国会发动对罗塞夫的弹劾。罗塞夫本人及其所在的劳工党称在野党的这一举措为"政治迫害"。

2016年8月31日,巴西参议院以61票赞成、20票反对的投票结果弹劾了罗塞夫。代总统特梅尔正式就任巴西总统。

巴西的"入常"梦

世界上有大约200个国家。根据其综合国力的大小，我们可以将其区分为超级大国、强国、大国、中等强国、中等大国、小国或弱国。强国和大国又有世界级和地区性之分。当然，国际上尚无明确的区分标准。

巴西是一个什么国家？如果我们采用排除法，那么，它应该是一个地区性强国或地区性大国。

巴西人是非常自豪和骄傲的。有一个笑话说，在巴西人心目中，上帝就是巴西人。

阿根廷总统基什内尔曾对阿根廷媒体说："如果WTO中有一职位，巴西想得到它；如果联合国中有一空缺，巴西想填补它；如果联合国粮农组织中有一空职，巴西也想要。巴西甚至希望圣保罗大主教福曼斯能做上梵蒂冈教皇。"

目前，梵蒂冈教皇是阿根廷人，而世界贸易组织总干事罗伯托·阿泽维多则是巴西人，联合国粮食及农业组织总干事若泽·格拉齐亚诺·达席尔瓦是在美国出生的巴西人。

作为南美洲最大的国家，巴西必然会拥有大国心态。2003年12月卢拉总统在出访阿拉伯联合酋长国时说，巴西要成为第三世界国家之首，不是第一世界国家的尾巴。巴西不是要当配角，而是要做主角。2006年年初，巴西外交部门在圣保罗召开了一个讨论巴西大国战略的研讨会。与会的巴西学者和政府官员达成了这样一个共识：巴西在国际事务中发挥作用的时机终于来临，巴西应开展全方位外交，完成从"拉美头号强国"变为"全球大国"的角色转换。

巴西地大物博，拥有较为坚实的经济，人口超过两亿。此外，在一些领域，巴西的科技水平已名列世界前茅。这一切无疑是巴西谋求其大国地位的物质条件。

在巴西追求其大国地位的过程中,力图成为联合国安理会的常任理事国("入常"),是巴西极为重视的大目标之一。

巴西支持联合国为维护世界和平和建立国际新秩序所做的努力。巴西认为,联合国改革与安理会重组是不能分割的。而且,安理会必须增加透明度和更大规模的代表性。这意味着安理会的席位必须增加,不同地区的发展中国家应该获得常任理事国或非常任理事国席位。在联合国改革的过程中,巴西声称不会放弃其应该承担的责任。此外,巴西还认为,它成为联合国安理会常任理事国的愿望,既符合国际社会的理想,也会使联合国的合法性和代表性更加完善。

2003年9月,卢拉在联大发言时指出,"联合国改革是一项急迫的任务。必须赋予安理会更大的权力来解决危机和对和平的威胁。必须配备采取有效行动的工具。必须考虑到发展中国家在国际舞台上的兴起"。安理会必须反映当代的现实。他明确指出,"巴西是南美和拉美最大和最受欢迎的国家。我们有权争取成为安理会常任理事国"。

2004年9月第59届联大召开一般性辩论期间,巴西与日本、印度和德国宣布结成同盟,相互支持对方竞争新的安理会常任理事国席位。

2005年3月21日,联合国秘书长安南向联合国大会提交了题为"大自由:为人人共享发展、安全和人权而奋斗"的联合国改革报告。安南说,这一改革的A方案是增加6个没有否决权的常任理事国以及3个经选举产生的非常任理事国,其中非洲和亚太地区各有2个常任席位,欧洲和美洲各增加1个常任理事国席位。巴西、日本、印度和德国当天联合发表声明,对安南提出的联合国改革报告表示欢迎。

卢拉总统交权后,继任的罗塞夫总统并未放弃追求大国地位的不懈努力。在2014年9月24日联合国大会上,罗塞夫总统说,为了改变目前的状况,有必要对联合国安理会进行改革,而改革进程的延误太久了。在这一次大会上,虽然她没有明确提出巴西要成为安理会的常任理事国,但她传递的信号是清晰的。她说:"一个更具代表性和合法性的安理会,将是一个更为有效的安理会。"

中国支持联合国改革。改革的目的是增强安理会维护国际和平与安全的能力,提高安理会工作效率,维护安理会权威。中方支持安理会扩大,主张优先解决发展中国家代表性不足的问题。改革事关重大，会员国需要通过民主协商，争取达成广泛一致。不应为改革设定时限，也不应强行推动表决。

但一些巴西人认为，中国不支持巴西"入常"。他们甚至还说，中国的态度与中巴两国的战略伙伴关系不相称。这些判断是不正确的。

事实上，早在2004年5月巴西总统卢拉访问中国时，两国元首就在联合公报中指出，双方重申支持加强联合国的权威及其在维护世界和平、安全和促进发展方面的核心作用，认为有必要对联合国，包括安理会进行改革，支持通过对安理会进行必要和合理的改革，加强发展中国家的作用，以使安理会更具代表性和民主性。中方重视巴西在地区和国际事务中的影响和作用，支持巴西作为西半球最大的发展中国家在联合国等多边机构中发挥更大作用。中方愿在此问题上与巴方加强沟通与合作。

2014年7月17日，中国国家主席习近平对巴西进行国事访问。两国发表的《关于进一步深化中巴全面战略伙伴关系的联合声明》指出，"双方重申，中国和巴西支持对联合国进行全面改革，认为联合国安理会改革应优先增加发展中国家的代表性。中方高度重视巴西在地区和国际事务中的影响和作用，支持巴西在联合国发挥更大作用的愿望"。

总之，中国并非反对巴西在联合国改革中发挥重要作用，并非反对巴西成为联合国安理会常任理事国的决心和愿望，但坚决反对拒不承认战争罪行的日本成为联合国安理会常任理事国。

巴西的希望为什么总是在明天

1941年，著名的奥地利作家斯蒂芬·茨威格出版了《巴西：未来的国家》一书。他在描述巴西的历史、经济、社会和文化时引述了意大利航海家亚美利哥·韦斯普奇发现巴西时说的话："如果地球上真的有天堂，那么这个天堂离这里不会很远。"

但是，巴西的发展道路并不平坦，甚至可以说是极为崎岖不平的。尤其在社会发展领域和宏观经济领域，巴西的教训十分深刻，可被当作反面教材。例如，巴西的犯罪率之高在世界上名列前茅，即便动用军队也难以长期确保一方平安。又如，巴西的宏观经济政策长期不能很好地实现持续均衡的经济增长、充分就业、物价水平稳定和国际收支平衡的四大目标。在上述四大目标中，居高不下的通货膨胀率尤为严重。如20世纪90年代以前，由于恶性通货膨胀导致货币快速贬值，坏蛋在抢劫时会说："快掏钱，否则你的100大洋就剩下99了。快，98了，快，97了……"

除了持续恶化的社会治安和纰漏百出的宏观经济政策以外，巴西还长期性地被腐败、政府部门的低效率以及不敷需求的基础设施困扰。国际投资者将所有这些问题称作"巴西成本"。

"巴西成本"的成因是多方面的，其中之一就是巴西历届政府的治理能力不强。

众所周知，"治大国若烹小鲜"。作为一个拥有850多万平方公里、人口超过2亿的大国，巴西从未制定过真正意义上的发展规划。因此，历届政府常常采取头疼医头、脚疼医脚的方法来治理经济和社会。

自20世纪80年代巴西军政府实现还政于民以来，历届政府都是通过民主选举产生的，但每一届政府的价值取向有差异，代表的利益集团不尽相同。因此，历届政府确定的政策目标也难以一成不变，半途而废的工程有之，虎头蛇尾的项目亦有之。巴西现政府对前政府积极支持的"两洋铁路"的态度的变化，就是一个例证。

巴西政府的治理能力还受到意识形态和政党政治的干扰。例如，左翼劳工党政府高举民众主义大旗，将低收入阶层确定为本党的政治基础。为此，政府不惜动用大量财政收入，实施了"有条件的现金转移支付项目"。这一扶贫计划委实改进了低收入阶层的生活水平，但却遭到了中产阶级和上流社会的反对。罗塞夫总统被弹劾，与此有着密切的关系。

腐败是万恶之源。有人统计过，在最近的几十年，因腐败而判刑的巴西政治家（包括政府官员在内），刑期总数高达一千多年。在这样一种政治文化中，政府的治理能力必然受到侵蚀。

政府治理能力的强弱也与社会凝聚力息息相关。很难想象政府的各项政策能在一个四分五裂的社会中得到很好的贯彻落实。令人遗憾的是，巴西的收入分配极为不公。其结果是，严重的贫富悬殊既削弱了社会凝聚力，也加剧了社会不稳定，进而增加了政府治理的难度。

不少媒体认为，被称作"巴西的特朗普"的博索纳罗之所以能在2018年总统大选中胜出，主要是因为许多选民对充满腐败、毫无生气的传统政治体制极为厌倦，求变心切的选民希望他能创造"巴西奇迹"。

当然，对博索纳罗嗤之以鼻的选民也大有人在。无怪乎他仅仅获得了55%的选票。这充分说明，选民的政治分野达到了史无前例的高度。

博索纳罗从政多年，但他依然我行我素，"大嘴巴"言论毫无遮拦。例如，他曾在攻击一位不同政见的女议员说："你太丑了，以至于我不愿意强奸你。"他还说，他宁愿要一个"没命的儿子"，也不要一个同性恋的儿子。他甚至要求对强奸犯实行化学阉割。

正是因为他经常口出狂言，所以，在他参加总统竞选后不久，他就从媒体那里获得了"巴西特朗普"这一"雅号"。

或许是博索纳罗的言论和政见不讨人喜欢，他在9月6日的竞选活动中遇到袭击，多处受伤。凶手说他是为了执行上帝的命令而行刺的。

有人认为，巴西是一个"希望之国"，但巴西的希望似乎永远在明天。因此，巴西的新总统能否将这个拉美大国带上新的发展道路，能否提升政府的治理能力，将是一个巨大的问号和未知数。

"肥猫"罢工

在苏联，据说政府部门工作人员的工资很低，因此他们经常"磨洋工"。于是就有了这样一句俏皮话：他们装模作样地工作，政府装模作样地发工资。

巴西没有这样一种情况。且不论政府部门工作人员有没有"磨洋工"，但政府给他们的工资却不少。根据巴西联邦政府和地方政府公布的信息，在一个照看公务员孩子的公立幼儿园，阿姨每月的税后工资是18300雷亚尔（1美元约等于2雷亚尔），比私人幼儿园的阿姨多出12倍；在议会大厦开电梯的工作人员每月挣17000雷亚尔。

巴西的有关法律规定，公职人员的工资不得高于大法官（目前的月薪为26700雷亚尔），但是三分之一的政府部长和4000名其他公职人员的工资却高于大法官。例如，目前担任参议长的前总统若泽·萨尔内每个月能到手62000雷亚尔。

巴西的公职人员一般情况下不能被开除。除正常的工资以外，他们还能享受多种多样的福利和补贴。例如，巴西议会的议员能拿到15个月的工资，多出的两个月是"服装费"。无怪乎巴西的公务员和其他公职人员被看作是"肥猫"。

根据巴西政府公布的数据，在联邦政府的开支中，只有3%的资金用于教育，用于投资和卫生的分别为6%和7%，而公共部门雇员的工资却高达15%。

按理说，公职人员拿了那么高的工资就应该知足了，但他们却说，工资水平的涨幅赶不上通货膨胀率。因此，各个政府部门中的工会在2012年接二连三地要求罗塞夫总统在为期3年的时间内为他们加薪25%—50%。

卢拉总统当政时，巴西经济形势比较好，因此他经常不断地为公共部门雇员加薪，从而使他们的薪水2003—2010年增长了一倍。但自罗塞夫上台以来，受国际金融危机"后遗症"的影响，巴西经济增长乏力，各级政府的财政较为拮据。此外，巴西还面临着通货膨胀压力得不到控制等困境。

为了应付"滞胀"，罗塞夫总统采取了多种措施，其中之一就是控制工资水平的涨幅。她认为，为了提升巴西产品的竞争力，必须控制劳动力成本的上涨。由于巴西私人部门工资是随公共部门工资的变化而涨跌的，因此，降低劳动力成本的关键是压缩公共部门工资水平的涨幅。此外，罗塞夫总统还认为，不能把大量政府开支用于政府部门工作人员的工资，而是应该投入生产领域和基础设施等部门，因为只有扩大投资，经济才能发展。

因为罗塞夫总统不同意为公共部门雇员加薪，所以，从公立学校的教师到国有码头的装卸工，从税务局的职员到海关的工作人员，从马路上的警察到国有企业的工人，都在各自工会的组织下，举行不同规模的罢工。其结果是，学生无法上学，码头的货物堆积如山，企业要纳税却找不到人接待。更为令人生气的是，维持交通秩序的警察居然把道路堵上。

罗塞夫总统不甘示弱，绝不退让。经过多次谈判，公共部门内90%的工会终于在2012年8月同意接受了政府确定的在三年内加薪15.8%的承诺。

最后应该指出的是，在双方博弈的过程中，公布公职人员的工资收入是一个极为有利于罗塞夫总统的手段。换言之，公职人员的让步在一定程度上是慑于民众的压力。许多人说，政府把广大纳税人的钱用来为这些"公仆"支付如此高的薪水，实在不应该。也有人说，巴西的"肥猫"不少，而政府部门的工作效率却得不到提高。

根据2012年5月颁布的一个关于政府信息公开的法律，巴西各级政府必须把所有政务信息公之于众。当然，巴西公职人员对自己的工资在政府网站上"曝光"很不高兴，因为他们担心自己的家今后会遭遇小偷或劫匪。

用鲜血保护地球之"肺"

人有肺，动物有肺，地球也有"肺"。地球之"肺"就是南美洲的亚马逊河流域。

亚马逊河全长 6480 公里。它与 7000 多条支流汇合在一起，构成了地球上最大的水系，流域面积超过 700 万平方公里，约占南美洲大陆的总面积的 40%。亚马逊河流域气候炎热潮湿，雨水充沛，为热带雨林的生长提供了非常优越的条件。

亚马逊河流域的热带雨林之所以重要，是因为它既保持了物种的多样性，又为地球提供了大量氧气。因此，亚马逊河流域的环境保护历来是国际社会关注的"热点"地区之一。

一方面，为了加快发展经济，亚马逊河流域的国家必须开采极为丰富的资源，尤其是木材资源；另一方面，在该地区实施可持续发展也是必不可少的。由此可见，对于巴西和其他一些拉美国家来说，正确处理开发与保护两者之间的关系是至关重要的。

在巴西等国，不同的人对在亚马逊河流域实施可持续发展的认识是不一样的。一般说来，致力于保护环境的非政府组织希望优先考虑环境保护，宁可牺牲经济增长率也不能多砍一棵树。

但也有人认为，早已实现了工业化的发达国家应该多多关心环境问题，对于拉美这样的发展中国家来说，实施过分严格的环境保护标准会影响其发展。只有积极开发亚马逊河流域的资源，才能使当代人过上好生活；只有当代人过上了好日子，子孙后代才能享福。

还有一些拉美人从民族主义情感出发，认为开发亚马逊河流域是有关拉美国家的主权，其他国家无权说三道四。这也在一定程度上说明，为什么拉美致力于环境保护的知名人物（如巴西的奇科·门德斯，Chico

Mendes）虽能被国外的环境保护主义者视为英雄，但在自己的家乡却是另外一回事。有证据表明，门德斯实际上是被牧场主杀害的，因为门德斯主张的可持续发展理念损害了希望开垦更多土地的牧场主的利益。

门德斯生于1944年。他从9岁起就成为一位割橡胶的童工，长大成人后开始从事工会工作，并利用橡胶工人联合会这一平台，积极呼吁保护亚马逊河流域的生态环境，同时要求关心生活在这一地区的土著人的生存权。

说来奇怪的是，门德斯最初的诉求仅仅是希望牧场主在开垦土地时不要砍伐橡胶树，否则他和他的同事就会无橡胶可割，变成失业者。但他后来却主张保护整个亚马逊河流域的雨林。他曾说过这样的话："最初我的斗争是如何拯救橡胶树，后来我想我应该拯救亚马逊河的雨林。现在，我想我应该为人的尊严斗争。"

门德斯并非孤军奋战。在一大批环境保护主义者的努力下，多个大规模的砍伐雨林计划被终止，牧场主受到的损失是可想而知的。

1988年12月22日，门德斯在家中被一牧场主的儿子杀害。那天正好是他44岁生日后的第一周。仅仅在这一年，门德斯被杀之前已有18位活跃在亚马逊河流域的环境保护主义者被杀。相比之下，门德斯的国际名声最大，因为他致力于环境保护的时间最长。

门德斯的被害在西方媒体广为报道。还有人拍了纪录片，介绍其丰功伟绩。迫于压力，法庭将凶手及指使其行凶的父亲判刑19年，但后来父子俩却逃出了监狱。儿子被抓住了，父亲却迄今为止仍然逍遥法外。

门德斯死后，他的家乡被政府指定为"生态保护区"，更多的巴西人开始继承其事业，呼吁政府采取有力措施，保护亚马逊河流域的雨林。但是，环境保护主义者被牧场主杀害的案件时常出现。据报道，2000—2010年，共有383位在亚马逊河流域地区呼吁保护热带雨林的环境保护主义者被杀。可悲的是，巴西媒体认为，许多起环境保护主义者被杀案，都是牧场主与警察勾结的结果。

2011年5月连续发生3起环境保护主义者被害案后，巴西政府宣布，将成立一个特别工作组，调查接二连三的暴力事件。政府还表示，今后将为活跃在亚马逊河流域的环境保护主义者配备60名警察，以保护其人身安全。

墨西哥是可怜的还是幸运的

美国自诩"民族熔炉"和"人权卫士",但有些美国人的种族主义情感十分强烈,种族主义行为随处可见。他们不仅看不起黑人,而且还鄙视墨西哥人。例如,有一个网站(http://www.mexicanjokes.net)收录了许多讽刺、污蔑、贬低和挖苦墨西哥人的"脑筋急转弯"题目。为了揭露这种种族主义行为,我们不妨在这里摘译几个:

问:"有两个墨西哥人在车里。谁在开车?"
答:"警察。"
问:"比萨饼与墨西哥人的差别在哪里?"
答:"比萨饼能填饱一家四口人的肚子。"
问:"为什么美墨边境上没有电网?"
答:"为了防止墨西哥人偷电。"
问:"为什么墨西哥人那么矮?"
答:"因为他们生活在地下室里。"
问:"墨西哥菜谱的第一句话是什么?"
答:"做菜前先去偷一只鸡。"
问:"如果墨西哥人去洗澡,那会是什么?"
答:"那将是一个奇迹。"
问:"在农闲季节,墨西哥人挖什么?"
答:"鼻子。"
问:"当你看到一个墨西哥人在骑车时,你会做什么?"
答:"追上他。他骑的可能是我被偷的车。"
问:"如何让50个墨西哥人挤到一个电话亭中去?"

答:"往电话亭里扔一张免费食品券。"
问:"一个建筑物里都是墨西哥人。那是什么地方?"
答:"监狱。"
问:"为什么墨西哥人穿的鞋子是尖尖的?"
答:"因为他们可以用鞋子来踢破美墨边境上的铁丝网。"
……

  如此讽刺、污蔑、贬低和挖苦其他民族的"脑筋急转弯",我还是第一次看到。

  许多美国人可能不知道,19世纪40年代的美墨战争使美国获得了大批土地。无怪乎墨西哥总统迪亚斯(1830—1915)感叹道:可怜的墨西哥,离上帝那么远,离美国那么近。

  国际上许多学者认为,美国从墨西哥那里获得的大片土地,为美国在20世纪成为超级大国创造了有利条件。墨西哥则在丧失了大片国土后,元气大伤。时至今日,墨西哥仍然是一个发展中国家。

  进入20世纪后,尤其在美国总统富兰克林·罗斯福于1933年3月3日提出"睦邻政策"后,美墨关系取得了显著的改善。但墨西哥人不会忘记历史上美国对墨西哥的欺凌,许多美国人也不会将墨西哥视为平起平坐的伙伴。

  美墨两国有着漫长的边界线。这一特殊的地理位置使两国在政治、经济和安全等领域保持着难分难舍的相互依赖的关系。美国需要墨西哥的石油和市场。此外,美国还希望通过帮助墨西哥发展经济来减少美墨边境上的毒品走私和非法移民。相比之下,墨西哥似乎更需要美国,因为美国的资本、技术和市场是墨西哥在推动经济发展时必不可少的。

  1994年元旦,美国、加拿大和墨西哥三国达成的北美自由贸易协定(NAFTA)生效。这一自由贸易协定对墨西哥的积极影响是显而易见的:一是有利于墨西哥扩大对美国的出口,二是极大地增强墨西哥对外资的吸引力。

  当然,NAFTA对墨西哥而言并非全部是"福音"。例如,墨西哥市场开放后,竞争力相对弱小的墨西哥企业处于非常不利的地位。此外,墨西哥的多种农产品无力与美国农产品竞争,因此为数不少的墨西哥农民的处境并没有得到显著的改善。

1994年12月，墨西哥爆发了由其货币比索贬值诱发的金融危机。当时正好是圣诞节假期，美国国会在休会中，美国财政部长本特森早已辞职，其继任人鲁宾尚未到任。1995年1月31日，克林顿总统利用行政命令，前所未有地从美国汇率稳定基金中动用了一大笔资金，用于援助墨西哥。加入援助者行列的还有国际货币基金组织、国际清算银行和一些商业银行。所有援助的总额高达530亿美元。

可以想象，如果没有美国发起的大规模的援助，墨西哥很难在较短时间内解决这一危机。在经济转轨过程中苦于得不到美国更多的援助的俄罗斯人说道：多么幸运的墨西哥，虽然离上帝那么远，但离美国那么近。

且不论墨西哥是否幸运，墨西哥与美国的经济关系极为密切。此外，在美国工作的墨西哥人（包括合法的和不合法的移民）不计其数。他们每年汇回家里的侨汇收入成了墨西哥最重要的外汇收入来源之一。

2014年12月，墨西哥获得的来自美国的侨汇收入首次超过石油出口收入。虽然这与世界市场上石油价格疲软有关，但墨西哥从美国获得的侨汇收入的增加是一个不争的事实。

还应该指出的是，墨西哥从美国获得的侨汇收入与美国经济形势息息相关。例如，2007年美国爆发次贷危机后，美国房地产业跌入低谷，许多墨西哥人失去了在建筑工地就业的机会，因此2009年的侨汇收入有所减少。

总之，虽然今天的美墨关系还面临着如何遏制毒品走私和如何解决非法移民等问题，但是，可以肯定，两国关系的跌宕起伏在一定程度上也反映了南北关系变化的特征。

墨西哥奥运会前后的故事

1968年10月12日，第19届夏季奥林匹克运动会在墨西哥首都墨西哥城举行。由于墨西哥城的海拔高度超过2000米，不利于体育运动员在缺氧的环境下发挥水平，因此，许多人认为1963年国际奥林匹克运动委员会作出的让墨西哥城主办奥运会的决定是欠妥的。

墨西哥城奥运会之所以引人关注，不仅是因为它在海拔2300米的高原上举行，而且因为在奥运会前夕发生了惨痛的流血事件。

1968年7月22日，墨西哥城两所学校的学生因足球比赛而发生冲突。军警的干预使这一毫无政治色彩的打架斗殴迅速演变为一场规模庞大、历时数月的学生运动。学生对墨西哥社会中日益加剧的不公深恶痛绝。也有一些学生对墨西哥城举办奥运会表达了不满，认为这是政府炫耀"繁荣"，是一种"无聊"而"空虚"的表现。

10月2日，数千名学生、教师和来自其他社会阶层的示威者在墨西哥城的"三文化"广场上举行集会。为了确保奥运会在10月12日顺利开幕，政府再次派出军警，用武力平息了这一集会，致使325人死亡，2000多人受伤。

奥运会后，为了尽快消除"三文化"广场惨案的后遗症，政府向大学提供了更多的资金，释放了被捕的教师和学生，并将竞选参议员和众议员的年龄标准降低到30岁和21岁。此外，政府还允许左翼组织在高校中开展活动。

政府深知，1968年流血事件的发生与当时墨西哥社会中出现的社会不公现象有关。以收入分配为例，1968年，低收入家庭占全国家庭总数的比重高达45%，而它们在国民收入中的比重仅为15%；高收入家庭仅占全国家庭总数的14%，但它们在国民收入总额中的比重却高达44%。1950年，墨西哥的基尼系数为0.52，1964年上升到0.57。此后虽有下降，但在奥运会前夕仍然高达0.54。由此可见，墨西哥的贫富悬殊非常严重。

为了改变墨西哥社会中长期存在的贫富悬殊问题，政府在奥运会后提出了"分享发展"战略。这一战略的主要内容之一是促进经济与社会的协调发展。为了实现这一目标，政府在城市和农村采取了不同的措施。在城市，政府提高了最低工资水平，创造了更多的就业机会，成立了国家住房基金会，为低收入阶层建造经济适用房。此外，政府还加大了对社会保障体系的支持力度，为这一体系注入新的资金。在农村，政府增加了对农业部门的投资，大幅度提高农产品价格，大力发展农村教育，修改了土地法，将大地主手中的一些闲置土地分配给无地农民，从而在一定程度上改善了农村地区的收入分配。

"分享发展"战略取得了一定的成效，社会发展进程与过去相比明显加快。但是，由于20世纪70年代的世界经济危机影响了墨西哥出口收入的增长，墨西哥政府难以用足够的资金来实施"分享发展"战略中确定的所有社会发展项目。此外，墨西哥的社会问题根深蒂固，不可能依靠一届政府的政策来彻底解决这些问题。

尽管奥运会前发生了震惊世界的流血事件，但许多墨西哥人认为，这一届奥运会是成功的，墨西哥的国际地位得到了提升。有些墨西哥人甚至认为，在拉美，只有墨西哥有能力举办奥运会。这是墨西哥人的骄傲，是墨西哥综合国力上升的体现。作为执政党，革命制度党更是不遗余力地利用它控制的媒体，大力宣扬成功举办奥运会对墨西哥的国际地位做出的巨大贡献。

墨西哥是一个文明古国，玛雅文明举世闻名。奥运会使墨西哥获得了一个弘扬墨西哥文明的良机。奥运会期间，墨西哥城的大街小巷到处都是用多种文字写的"墨西哥是希望之国"的标语。来自五湖四海的运动员和游客既为墨西哥拥有古老的玛雅文明而骄傲，也被墨西哥人取得的经济成就折服。在2016年巴西里约热内卢举办夏季奥运会之前，墨西哥是唯一举办过奥运会的拉美国家。

为举办奥运会，墨西哥政府在基础设施和体育设施等领域投入了1.5亿美元的巨资。这一投资极大地改善了墨西哥城的投资环境。直到今天，一些基础设施仍然在墨西哥的经济发展中发挥着作用。

但是，也有许多墨西哥人认为，1968年奥运会的经济成本是巨大的。政府以牺牲其他州的发展为代价，将大量资金投入墨西哥城，扩大了首都与其他地区的差距。还有一些墨西哥人甚至认为，当时墨西哥的人均国内生产总值不足900美元，完全不具备奥运会的条件。革命制度党及其控制的政府举办奥运会是劳民伤财，是"打肿脸充胖子"。

奥运会提升了墨西哥的国际地位。因此，奥运会后，墨西哥顺势而为，提出了"第三世界主义"外交政策。1972年4月，在联合国第三次贸易和发展会议上，墨西哥总统埃切维利亚提出了建立国际经济新秩序的倡议。1974年12月，墨西哥创导的《各国经济权利和义务宪章》在第29届联合国大会全体会议上以90票赞成，19票弃权，0票反对获得通过。墨西哥的国际地位达到了有史以来的最高峰。

奥运会前夕和奥运会期间，墨西哥政府为改善社会治安而采取了多种措施。奥运会后，政府的工作重点转向经济建设和其他领域，放松了对社会治安的重视。与此同时，反政府游击队开始活跃。自1970年起，游击队进行了一系列抢劫银行和绑架活动。受害者中包括美国驻瓜达拉哈拉领事馆的总领事和比利时大使的女儿。1974年，总统的岳父也被游击队绑架，以勒索赎金。

在奥运会开幕之前，政府就为了控制通货膨胀而加强了对基本食品的价格管制，对墨西哥城的多种食品给予价格补贴。然而，这些人为措施也助长了通货膨胀压力的上升。由于政府无法长期用财政收入用于价格补贴，奥运会后，通货膨胀压力不断上升。至1973年，通货膨胀率已上升到20%。这是许多墨西哥人始料不及的。

奥运会后，墨西哥经济继续保持良好的增长势头。统计数字说明了这一点。1940—1981年，墨西哥经济的年均增长率为6.1%。20世纪60年代，墨西哥经济的年均增长率为6.5%，70年代为6.7%。可见，奥运会后墨西哥经济的增长率不仅没有下降，反而有所上升。

众所周知，70年代初期，由于世界经济因石油危机而出现了严重的衰退，墨西哥经济受到了一定的不良影响。否则，70年代墨西哥经济的增长率可能会更高。

当然，70年代墨西哥经济的增长势头未必与举办奥运会有直接的联系，因为影响一个国家经济增长的因素是多方面的。

"昨天本市无凶杀案"

人命关天！因此命案是所有媒体都关心的重大新闻。每当发生一起凶杀案，次日媒体就会加以报道。

但在墨西哥北部的一些边境城市，凶杀案如此之多，以至于媒体有时会刊出这样的标题："昨天本市没有发生凶杀案。"

在美国《时代》周刊发表的2011年十大新闻图片中，有一张是关于墨西哥的毒品暴力。照片中，一男子躺在地上，早已停止了呼吸。他的家属在尸体旁痛哭流涕，不远处站着数名全副武装的军人。据说，在那一天，这个地方共有27人丧生，其中14人被斩首。

最近十年，美国提升了在加勒比海上拦截毒品走私的力度，因此与美国接壤的墨西哥就成为毒品走私的最佳通道。据估计，美国人消费的90%的可卡因都是通过墨西哥走私来的。因此，美国一直在施加压力，希望墨西哥政府加大对毒品走私的力度。

除美国的压力以外，毒品走私也对墨西哥本国的方方面面产生了不容忽视的影响。因此，卡尔德龙于2006年就任墨西哥总统后就表示，他将以强硬手段来打击日益猖獗的毒品走私。在美国的帮助下，卡尔德龙政府不仅加大了与美国合作的力度，还向北部边境城市派遣5万名军人，协助警察打击毒品卡特尔。

毒品走私是一本万利的行当。据估计，每年从南美洲通过墨西哥进入美国的毒品价值130亿美元（牙买加和洪都拉斯的国内生产总值分别为140多亿美元和150多亿美元）。面对政府的打击，毒品卡特尔当然不甘示弱。于是，双方开展了一场血与火的斗争。不仅双方均有伤亡，而且民众也被殃及。据估计，在卡尔德龙当政的6年中，5万多人在扫毒中丧生，其中既有毒品集团的成员，也有大量平民百姓和警察。

但墨西哥政府认为，墨西哥的凶杀案犯罪率为10万分之18.4，低于巴西的10万分之25、哥伦比亚的10万分之37和萨尔瓦多的10万分之61。这主要是因为墨西哥的总人口超过1.1亿。

毒品卡特尔的手段极为凶残。为了向政府示威，居然把人头割下来后放在学校、商店或停车场等公共场所，或挂在桥上。为了从肉体上消灭一个人，毒犯竟然把炸弹丢在热闹的舞厅或酒吧里，使许多无辜者受害。为了逃避惩罚，也会用巨资收买警察、检察官或法官。因此，墨西哥公检法内的腐败问题十分严重。一些国际媒体认为，这也是卡尔德龙政府扫毒斗争收效不佳的原因之一。当然，犯罪分子也经常把那些不愿意合作的公检法人员及其一家老少全部杀掉。

2011年6月23日，在一次电视实况转播的声讨犯罪分子的集会上，卡尔德龙总统动情地说："作为父亲，作为墨西哥人，作为这个国家的总统，我对那么多无辜民众被犯罪分子夺去生命表示痛心，请接受我的歉意，因为我们没有对这些犯罪分子早日动手。我认为，这个问题不是简简单单的毒品走私，而是一种有组织的犯罪，是一种暴力活动。"当主持会议的内政部长要求受难者家属玛丽亚·埃伦纳·埃雷拉发言时，这位失去了儿子的母亲满脸泪水，悲愤地说："我的儿子是一个诚实的工人。卡尔德龙先生，有多少人像我儿子一样死于非命。这说明政府无法保卫正义。"卡尔德龙缓缓地站起来，走过去把手放在她肩上，以示安慰。而她却哭得更伤心了。在场的许多死者家属也都放声大哭。

墨西哥的毒品卡特尔之所以如此无法无天，是因为它们手中有着各种各样杀伤力巨大的武器。这些武器中的70%来自美国。最近几年，美国加大了在美墨边界线查扣军火走私的力度，但收效甚微。其结果是，美墨边境线上出现了一道奇特的"走私风景线"，从南到北是毒品，从北到南是枪支弹药。

恐怖不堪的毒品暴力极大地影响了当地的经济活动。蒂华纳等边境城市本来是深受国内外游客青睐的，许多旅游点彻夜灯火通明。但在最近几年，许多商店很早就打烊或根本不开门，尽管街道上有政府的坦克和军车在巡逻。有些居民区基本上已没有人居住，甚至一些学校也只好停课。

为了保命，墨西哥人想出了各种各样的办法。最令人称奇的是在自己体内植入一块电子芯片。这一体积很小的装置能发出定位信号。这样，警察就很容易地找到被绑架者的具体位置。

当然，道高一尺，魔高一丈。曾参加过墨西哥总统竞选的政治家迭戈·费尔南德斯·德塞瓦略斯被绑架后，绑匪发现了他胳膊上的芯片，于是就用刀子挖了出来。

据报道，毒品卡特尔的"马仔"常会把满满一口袋的美元放到警察局长、法官或市长的面前并说道："要么你收下这笔钱，离我们远一点；要么明天我们让你的头和身体分开。"

2012年12月1日就职的墨西哥总统培尼亚·涅托表示，他的政府将不再针对贩毒集团采取军事行动。不少墨西哥人认为，新总统的表态似乎意味着，墨西哥政府与毒品卡塔尔之间的战争告一段落，胜者不是政府。因此，墨西哥的毒品卡塔尔的走私活动和暴力犯罪依然十分猖獗。

拉美的"中东化"现象

有这样一个描述拉美社会治安的段子：教皇出国访问，留在梵蒂冈的红衣主教用卫星电话问他到哪里了。教皇把手伸出飞机，说道："我摸到了埃菲尔铁塔，到法国了。"过了一会儿，红衣主教又问教皇到哪里了。教皇把手伸出飞机，说道："我摸到了自由女神的头，我到美国了。"又过了一会儿，红衣主教再问教皇到哪里了。教皇说道："我到拉美了。"红衣主教问："你怎么知道你到拉美了？"教皇说："我刚把手伸出飞机，手表就被人偷了。"

拉美的社会问题数不胜数，其中最引人注目的就是社会治安恶化。而且，除小偷小摸和抢劫以外，更为令人可怕的是暴力犯罪在不断增加。

有人说，如要在世界上挑选10个最不安全的城市，那么其中8个在拉美；如要在世界上挑选50个最不安全的城市，那么拉美就拥有40个。还有人做过这样的统计：在世界上发生的每4起杀人案中，有1起肯定发生在拉美。

毋庸赘述，富人因拥有大量财富而成为偷窃或抢劫的目标。但他们可以通过雇佣保镖或为自己的家庭财产安装防盗设施来减少风险。相比之下，低收入者因无力采取防范措施而面临更大的风险。如在秘鲁，低收入者受到小偷小摸和其他一些犯罪活动的伤害的概率大约相当于高收入者的2倍。

越来越多的外国人成为犯罪活动的受害者。拉美拥有许多名胜古迹，因此外国游客很多。此外，在拉美经商的外国人也不断增多。这些外国人越来越成为偷窃、抢劫和绑架的受害者。2002年5月10日，古巴驻墨西哥大使在家中遭到抢劫。

中国在拉美的企业也成为犯罪分子"青睐"的目标。据报道，2006

年11月，中国驻委内瑞拉使馆商务处遭武装歹徒抢劫。2016年3月9日中午，一伙歹徒持枪闯入位于里约热内卢博塔弗戈区的华为公司员工餐厅，对每个人都搜身三遍，手机、钱包、项链和戒指都被抢走。

法国《费加罗报》发表的一篇文章认为，一些拉美国家的"中东化"现象越来越明显。在不少国家的大都市，富人区（绿区）享受着高度的安全保卫，高墙和铁丝网随处可见；而在其他地区，暴力犯罪司空见惯，军警与犯罪分子的枪战时有所闻。文章写道：拉美国家内部的这一隐秘却残酷的战争被世界忽视了，而它造成的危害与叙利亚和伊拉克相比有过之而无不及。

《费加罗报》文章的叙述似有夸大其词之虞，但它的忧虑是真实的：拉美的社会治安问题已成为该地区的经济社会发展进程面临的最大障碍之一。而且，由于政府的治理能力得不到强化，加之贫富悬殊久治不愈，因此，在可预见的将来，社会治安难以得到根本性的改善。就此而言，"中东化"似乎不是一个危言耸听的词语。据报道，在许多拉美国家，销售量增长幅度最大的商品是防弹衣和其他一些与安保有关的设备。

社会治安恶化产生的负面影响是多方面的。毋庸赘述，即便是小偷小摸这样的行为，有时也会对社会造成巨大的损失。如2007年5月，犯罪分子偷窃了多米尼加首都圣多明各一个地区的约300米长的铜制输电线，使一些医院、旅馆和商店断电2小时，甚至海军基地的用电也受到影响。此外，不少拉美国家的公园中的铜像或铜质雕塑，也成为偷窃的"牺牲品"。

在许多拉美国家，居高不下的犯罪率使私人保镖业越来越兴旺发达。哥伦比亚一公司已研制出192种不同款式的防弹衣，其中包括具有防弹功能的女性内衣内裤。

除了普通人生命受到威胁和财产造成破坏以外，犯罪活动还导致政府、企业和个人不得不将本该用于投资的资金用在如何加强安全措施方面。此外，犯罪活动还影响了劳动生产率的提高，打击了外国投资者的信心。据估计，犯罪活动使拉美企业蒙受的各种损失相当于销售额的1.1%，萨尔瓦多的这一比重高达2.6%，在拉美名列榜首。

世界银行的经济学家认为，居高不下的犯罪率使拉美的国民经济增长率减少了8%。如果20世纪90年代初巴西的凶杀案发案率被降到哥斯达黎加的水平（哥斯达黎加的凶杀案发案率仅相当于巴西的六分之一），那么，90年代后期巴西的人均收入会增加200美元，GDP增长率会从3.2%上升到8.4%。

社会治安的恶化影响了加勒比国家的旅游业，从而影响了它们的经济增长。联合国和世界银行的有关研究报告指出，如果海地和牙买加的凶杀案发案率能降低到哥斯达黎加的水平，它们的人均经济增长率每年能提高5.4%。

拉美的社会治安为什么如此差？这是一个难以回答的问题。

有人认为，经济形势不佳导致失业率和通货膨胀率居高不下，从而加重贫困问题，收入分配不公等问题也会恶化。但是，在过去的30多年，拉美的贫困率在下降，收入分配也得到了改善，而社会治安却未能改善。

我认为，拉美社会治安得不到改善的原因是多方面的。第一，虽然拉美国家的贫困率在下降，收入分配有所改善，但这些可喜的进步并没有彻底解决贫困问题。第二，拉美的毒品问题十分严重，久治不愈。由于毒品与凶杀是息息相关的，凡是毒品交易活跃的地方，社会治安就无法得到改善。第三，枪支泛滥，从而加大了打击犯罪活动的难度。第四，政府的社会治理能力比较薄弱，有时甚至可以说是形同虚设。

联合国开发计划署发布的《2013—2014拉美人类发展报告》指出，在拉美，打击犯罪活动的"铁拳"没有起到应有作用。因此，拉美各国需进一步加大安保及司法监管体系改革，努力提高人民生活水平，扩大青年就业，促进包容性经济增长，从根本上解决社会治安恶化这一难题。

"绿色魔王"的末日

著名的哥斯达黎加作家卡洛斯·路易斯·法亚斯曾写过一本小说《尤纳依妈妈》(又译作《老联妈妈》)。在该小说的封面上,画着一条弯曲成美元符号的绿色毒蛇。这条令人毛骨悚然的毒蛇就是该小说抨击的美国联合果品公司(United Fruit Company)。

19世纪70年代,美国人约翰·梅格斯·基思携四个侄子,来到哥斯达黎加修筑铁路。他与其中三个侄子先后成为异乡鬼,因而第四个侄子迈纳·库珀·基思就接管了全部家产。

1884年,基思与哥斯达黎加政府达成一项铺设卡塔戈—利蒙铁路线的协议。根据协议,基思将帮助哥斯达黎加偿还一笔外债;作为"报答",哥斯达黎加给予基思以经营该铁路的长达99年的许可权,并赠予80万英亩土地。1893年,基思利用手中的铁路和良田,创建了热带贸易与运输公司。该公司仗恃雄厚的实力,兼并了一些弱小的竞争者,于1899年联合另一家活动于中美洲地区的美国公司,成立了联合果品公司。

中美洲地区土地肥沃、气候温和,非常适合香蕉种植业。联合果品公司问世之际,在中美洲地区经营香蕉种植业的外国公司就已多达20家。为攫取更多的超额利润,联合果品公司不择手段地打败了多个竞争者。

不仅如此,联合果品公司还通过垄断销售渠道,"挤兑"当地的小生产者。为尽快出售保质期较短的香蕉,小生产者常把香蕉运到铁路沿线,等候联合果品公司的火车前来收购。

火车到达后,走下一位验货员,报以低价。如果卖主不同意这个价钱,火车和验货员就扬长而去,甜美的香蕉就只能在铁轨旁等待腐烂。出于无奈,可怜的小生意者最后还是以低价卖给联合果品公司。

正如两次担任过哥斯达黎加总统的里卡多·西门尼斯1907年所说的

那样，联合果品公司"从一伙匪徒中间产生，最初无足轻重，后来战胜了他的竞争对手；而对于它所无法战胜的人就通过收买他们的半数股票来控制他们"。

通过各种奸诈险恶的手段，联合果品公司很快就垄断了哥斯达黎加东部地区的香蕉种植业。进入20世纪后，它又把业务扩展到邻近的危地马拉、洪都拉斯、巴拿马和哥伦比亚等国，贪得无厌地攫取了这些国家的主要运输线，并在价格上压榨小规模的香蕉种植园，迫使它们就范。

除经营热带农作物以外，联合果品公司还在畜牧业、电话、电报、广播、出版、建筑、发电、饮料、制糖、木材加工和商业等领域拥有大量企业。它建立了自己的武装、警察和法庭，俨然成为中美洲地区的"国中之国"。无怪乎中美洲人民恨之入骨地称联合果品公司为"绿色魔王""香蕉帝国"和"章鱼"。

联合果品公司不仅在经济上压榨中美洲人民，还在政治上为所欲为地干涉内政，欺凌东道国。1954年，联合果品公司出谋划策，通过美国中央情报局，颠覆了危地马拉的阿本斯民主政府。

阿本斯于1950年上任。他顺应人民的要求，在国内开展了以土地改革和维护民族经济权益为主要内容的改革。阿本斯政府还通过了许多旨在限制外国垄断资本的法令，并征收了联合果品公司40%的土地，将其分配给无地农民。这一行为无疑触怒了长期以来不可一世的"香蕉帝国"。

与美国国务卿约翰·福斯特·杜勒斯保持密切关系的苏利文·克伦威尔律师事务所曾为联合果品公司提供法律服务，其弟艾伦·威尔逊·杜勒斯系美国中央情报局局长，曾担任联合果品公司的董事。美国国务院主管泛美事务的助理国务卿约翰·莫斯·卡波特曾担任该公司的董事长。长期为联合果品公司在美国国会中游说的埃德·怀特曼娶了艾森豪威尔总统的私人秘书。由此可见，阿本斯政府对联合果品公司采取的行为无疑是"太岁头上动土"。

为除掉阿本斯，美国政府策动了一些中美洲国家的武装力量，在美制新式武器的装备下，由美国豢养的联合果品公司前职员、军人卡洛斯·卡斯蒂略·阿马斯率领，分两路于1954年6月18日从洪都拉斯侵入危地马拉。与此同时，美国驻危地马拉大使煽动危地马拉军队中的美国代理人发动暴乱。

在内外夹攻之下，阿本斯终于在6月28日被迫宣布辞职，流亡国外。他于1971年1月27日在墨西哥城去世。

阿本斯政府倒台后，联合果品公司再次从危地马拉农民手中夺回了被阿本斯政府征收的土地，并在税收等方面获得了亲美政府给予的更为丰厚的优惠。

虽然阿本斯政府被推翻了，但中美洲地区反对联合果品公司的斗争不仅没有停止，反而更为高涨。许多中美洲国家还制定了一些限制跨国公司活动的政策。

自20世纪60年代起，联合果品公司开始走下坡路。1969年，美国的一家肉类加工机器制造商获得了联合果品公司的控制权；翌年6月30日，两家公司合二为一，改名为联合商标公司（United Brands Company）。然而它的处境并未改观。

1974年4月，中美洲国家开始对外资控制的香蕉出口征收高额关税。9月，菲菲号飓风摧毁了联合商标公司的大片香蕉林。1975年，公司董事长在洪都拉斯行贿被曝光，加之公司的亏损越来越大，董事长艾里·布雷克从纽约的一座44层楼上坠楼自尽。

1990年，联合商标公司改名为金吉达商标国际公司（Chiquita Brands International）。该公司的网页上有这样一句话："金吉达致力于为全世界的消费者提供健康的食品，以改善人类的营养。"不知中美洲人是否认可这一广告。

在为本文搜集资料时看到这样一个报道：金吉达公司对2009年6月发生的洪都拉斯政变兴奋不已，因为在睡梦中被赶出总统官邸的塞拉亚总统曾发布了总统行政令，将洪都拉斯的最低工资提高60%。

金吉达公司和其他一些美国公司认为，提高最低工资后，香蕉种植业的成本就会上升，香蕉出口就会受到影响。为此，金吉达等美国公司曾求助于洪都拉斯商会，希望商会出面阻止塞拉亚总统的决定。而洪都拉斯商会是反对塞拉亚总统的。

"绿色魔王"灭亡了，但美国跨国公司与东道国政治的关系似乎没有太多改变。

为了改变秘鲁的社会性质

"十月革命一声炮响,给我们送来了马克思主义。"十月革命一声炮响,也推动了拉美的共产主义运动。

共产主义运动的正式兴起是以1847年6月2日成立第一个共产党(共产主义者同盟)为标志。1848—1849年欧洲革命失败后,共产主义者同盟的一些成员流亡到巴西,给拉美带去了共产主义的"火种"。1918年,拉美的第一个共产党在阿根廷成立。

在拉美的共产主义运动中,出现过一些重要的人物。在这些重要人物中,最著名的无疑是秘鲁共产党创始人何塞·卡洛斯·马里亚特吉(1895—1930年)。

马里亚特吉生于利马,家境贫寒,幼年时因跌伤膝盖而终身致残。14岁辍学后进新闻报社当学徒工后,利用工余时间学习文化,并从事文学创作。17岁任编辑,与志同道合者先后共同创办了三个报刊。由于经常撰写一些批评政府和支持工人运动和学生运动的文章,马里亚特吉于1919年被政府以留学为名流放欧洲。

在旅居欧洲期间,马里亚特吉深受欧洲无产阶级革命运动的影响,阅读了马克思、恩格斯和列宁的大量著作,成为马克思主义者。1923年回国后,先后创办了多家有一定影响力的报刊,并宣传社会主义思想和组织工人运动。

1926年,马里亚特吉加入了激进的阿普拉党,并成为流亡海外的阿普拉党领导人阿亚·德拉托雷在国内的代言人。1928年,马里亚特吉退出阿普拉党,创建了秘鲁社会党,任总书记。该党于1930年5月改称共产党。

除了肢体残疾以外,马里亚特吉还长期患有结核病。1924年截肢后,身体状况不断恶化。1930年4月16日在利马病逝，享年35岁。

马里亚特吉生前说过，他唯一没有抛弃的东西就是他对社会主义的忠诚。他主张用马克思主义的方法研究和解决拉美的实际问题，坚决拥护列宁主义和十月革命，反对修正主义。马里亚特吉短暂的一生为马克思主义在秘鲁和其他一些拉美国家的传播作出了贡献。

马里亚特吉的最著名代表作是《关于秘鲁现实的七篇论文》。全书共有七篇独立成章的论文："经济演变概况""印第安人问题""土地问题""公共教育进程""宗教因素""地方主义与中央集权主义"和"对文学的审理"。这些论文讨论的问题涉及秘鲁古今社会的生产力、生产关系、经济基础和上层建筑等领域。该书在国际上享有很高的声誉，曾被译成多种文字。

马里亚特吉认为，秘鲁社会面临的一系列问题都与印第安人和土地问题有关。"土著人问题，由于特殊的原因，它更加绝对从属于土地问题。"而"土地问题首先是在秘鲁消灭封建的问题。消灭封建这件事本来应该由独立革命正式建立的中产阶级民主制度来完成。但是在共和国的一百年间，我们秘鲁不曾有过真正的中产阶级，不曾有过真正的资产阶级"。

马里亚特吉在欧洲学习和生活过4年，因此一些人指责他是一个"欧化分子"。马里亚特吉当然予以反击。他说："除了欧洲和西方的科学思想，没有别的办法能拯救印第安美洲。"在分析历史上同是欧洲殖民地的拉美和美国为什么会有不同的发展道路时，马里亚特吉指出，"美国是由开拓者、清教徒和犹太人组成的，这些人具有强国富民的坚强意志，追求功利和实效的目的。反之，在秘鲁定居的却是这样一个种族，它在自己的国土上只是个四体不勤、充满幻想的种族，对于搞工业化和资本主义企业缺才少能。另一方面，这个种族没有继承它的优点，而是继承了它的缺点"。"在资本主义的发展方面，西班牙是一个落后的国家。……西班牙在美洲建立的殖民地必然由于西班牙本身的软弱无能而贫弱。这就十分清楚地说明，为什么英国这个谋求资本主义时代霸主地位的国家的殖民地接受的是上升的酵母素和精神与物质的动力，而西班牙这个束缚于贵族时代传统的国家的殖民地接受的是没落的胚芽和糟粕。"

马里亚特吉兴趣广泛，因此他不仅是一位伟大的思想家，也是一位颇有造诣的作家和评论家。除政治和经济以外，马里亚特吉还力图以历史唯物主义观点研究文学。他的研究成果至今仍然影响着拉美的不少左翼作家和评论家。

马里亚特吉的一生赢得了许多人的高度评价。例如，共产国际执行委员会首任主席、苏联共产党早期领导人格里高利·季诺维也夫（1883—1936）曾说过："马里亚特吉很聪明，是一位真正的创造者。他似乎不像拉美人。他从不剽窃，也不模仿，更不是照着欧洲人鹦鹉学舌。他创造的一切都是他自己的思想。"

中国人民的伟大领袖毛泽东说过，中国是一个半殖民地半封建社会。马里亚特吉也认为"秘鲁是一个半封建社会，同时也是一个半殖民地社会。虽然这看起来是自相矛盾的，但这是一个我们必须要加以改变的事实"。马里亚特吉短暂的一生就是为改变秘鲁社会的这一性质而努力奋斗的一生。

猪肉的特殊"功效"

那一年访问阿根廷时，接待单位安排我们参观布宜诺斯艾利斯郊外的一个农场。在那里，除了一望无际的转基因大豆田以外，我们还看到了无数肥牛。回到城里后，我们在一家烤肉店用晚餐。嚼着肥美的烤牛肉，喝着可口的红葡萄酒，看着不远处舞台上的探戈舞，真的感到阿根廷人很幸福。

阿根廷是一个农业大国。除种植业以外，阿根廷的畜牧业也很发达。据说牛是西班牙人1536年带到阿根廷的。由于阿根廷拥有肥沃的潘帕斯草原，以养牛业为主的畜牧业取得了快速的发展。

畜牧业的发展不仅创造了巨大的财富，还使阿根廷人养成了爱吃牛肉的习惯。有人说，阿根廷人的牛肉消费量居世界第二，平均每人每年吃掉约70公斤。

一个名为"阿根廷牛肉"的网站提供了不少牛肉菜谱。相比之下，传统的烤牛肉可能更好吃。不同部位的肉烤出来以后具有不同的口感。我最喜欢吃烤肩峰肉和烤牛肋。

除本国消费以外，阿根廷还出口大量牛肉。20世纪90年代，阿根廷曾经是世界上第三大牛肉出口国，仅次于巴西和澳大利亚。

2001年，阿根廷爆发了史无前例的金融危机，比索大幅度贬值，国内市场上牛肉价格大幅度上升。

政府认为，供求关系对任何一种商品的价格会产生重大影响，因此，为了降低牛肉价格，就必须减少出口。于是，2006年3月8日，阿根廷国家农牧业贸易控制办公室宣布，在为期180天的时间内，阿根廷不得出口牛肉。

由于受到牛肉出口商的反对，该办公室在3月26日作出新的规定，允许牛肉出口，但必须把出口量控制在一定的额度内。

2008年8月6日，该办公室规定，用于出口的牛肉占牛肉产量的比重不得超过25%，其余的75%必须全部供应本国市场。此外，该机构还要求牛肉生产商必须及时地向其上报牛肉的产量、库存量、国内市场供应量及出口量等数字，违反规定的牛肉生产商和出口商将受到吊销出口许可证等一系列严厉的惩罚。

当然，许多人认为，这种依靠政府的行政手段来控制物价的做法不仅不会奏效，还会打击养牛业的发展潜力，甚至可能会损害阿根廷的国际声誉。

除了限制牛肉出口以外，阿根廷还通过鼓励养猪业和养鸡业的发展来增加国内市场的肉类供应。据报道，由于猪肉和鸡肉的供应量大幅度增加，加之价格低于牛肉，因此，越来越多的阿根廷人开始减少牛肉的消费量，转而对猪肉和鸡肉大快朵颐。

为了鼓励消费者多吃猪肉，阿根廷总统克里斯蒂娜·费尔南德斯更是毫无保留地把自己的亲身感受讲出来。据报道，2010年1月下旬的一天，她在总统府会见一些养猪专业户时说："有人告诉我，猪肉胜似伟哥，吃了能提高夫妻生活的质量。真的是这样。上个周末我和丈夫在度假时吃了烤猪肉，后来我们俩感到非常兴奋，非常爽。"

阿根廷全国养猪专业户协会的会长胡安·乌塞利用下述观点来支持克里斯蒂娜：丹麦人和日本人喜欢吃猪肉，因此他们的性生活的质量高于吃牛肉的阿根廷人。

由于控制牛肉出口，阿根廷的出口量从2005年的77万吨下降到2015年的20万吨，在世界市场上的排名降低到第17位。

2015年12月10日马克里就任阿根廷总统后，立即放松对牛肉出口的限制，牛肉出口量快速上升。据估计，2018年阿根廷有望成为世界第8大牛肉出口国。

"西班牙人滚出去！"

2012年4月16日，阿根廷总统费尔南德斯发表电视讲话，称政府已向国会提交了对国内最大的石油天然气公司YPF实施国有化的法案。她说，阿根廷是拉美，也可能是世界上唯一不能控制自己的自然资源的国家。

YPF的大股东是西班牙雷普索尔公司和阿根廷人埃斯克纳西家族拥有的彼得森集团，各拥有57.43%和25.46%的股份，其余股份由若干投资者拥有。根据费尔南德斯政府的国有化法案，雷普索尔的股份将减少到6.43%，彼得森集团的股份则不变。这意味着阿根廷政府将拥有51%的股份。

费尔南德斯政府对YPF实施国有化的动因与阿根廷面临的能源短缺有关。阿根廷的石油产量在1998年曾达到创纪录的3.08亿桶，但此后持续下降，2011年已减少到2.09亿桶；天然气产量从2004年的520亿立方米减少到2011年的455亿立方米。虽然政府采取了一些节能措施，如要求家庭、政府部门和商店在晚上早熄灯，并对一些地区实施了配给制，但2011年阿根廷国内能源消费量仍然比产量高出15%，预计2012年的能源进口费用将高达120亿—140亿美元。

阿根廷政府将国内出现的能源短缺现象归咎于YPF，认为它仅仅满足于向股东提供利润，不愿意扩大投资。而雷普索尔则认为，阿根廷的能源短缺是阿根廷政府奉行的能源限价和其他一些错误政策造成的。由于限制能源价格上涨，能源浪费很严重，而能源公司提高产量的积极性受到影响。

一些国际媒体认为，费尔南德斯总统对YPF实施国有化也与政治考量相关。在阿根廷，费尔南德斯是伊莎贝尔·庇隆之后的第二位女总统，也是阿根廷第一位由民主选举产生的女总统。2011年10月23日，费尔南德斯再次以绝对优势获得大选的胜利，赢得连任。

在第二次任期内，费尔南德斯总统在经济领域遇到了一系列问题，其中最突出的是经济增长率下滑和通货膨胀压力得不到控制。而这些经济问题与能源供应的紧张有着密切的关系。她的支持率一路下跌。

费尔南德斯深知阿根廷的民族主义情感较为强烈，因此，为了提升她在国内的威望，她不仅对YPF实施国有化，还在马尔维纳斯群岛的主权问题上与英国进行高调的抗争。她的目标是希望这些"爱国主义"措施能使"胜利阵线"及其支持者在2013年阿根廷中期选举中居于上风，获得国会三分之二的席位。如果这一目标能够实现，她就有希望使国会修改宪法，允许她再次参加总统选举。

费尔南德斯总统宣布国有化政策后不久，西班牙外交部就约见阿根廷驻西班牙大使，对阿根廷政府的决定表示强烈的不满，并在翌日召回驻阿根廷大使。西班牙首相拉霍伊说，他对阿根廷的国有化措施感到不安。他认为，阿根廷的国有化"对任何人而言都是一个负面的决策"，这一决策是不正当的。西班牙工业大臣何塞·曼纽尔·索里亚表示要在外交领域和产业领域对阿根廷采取一些报复行为。西班牙外交大臣何塞·曼努埃尔·加西亚—马加略说，阿根廷"以一种不好的方式做了一件蠢事"。他认为，国有化将影响阿根廷进入国际资本市场和出口市场，由此而来的损失将是非常巨大的。

雷普索尔公司总裁安东尼奥·布鲁福认为，阿根廷的国有化是一种"非法行为"，是政府为了掩盖阿根廷面临的一系列社会问题和经济问题而采取的措施。他希望阿根廷能给予雷普索尔足够的赔偿，否则将会把阿根廷诉诸国际仲裁。

欧盟委员会主席巴罗佐说，他对阿根廷政府的决定深感"失望"，并希望阿根廷能恪守保护外国投资的国际协定。据报道，欧盟将停止其与南方共同市场的自由贸易谈判，西班牙甚至希望将阿根廷开除出二十国集团。4月20日，欧洲议会以458票赞成71票反对的投票结构通过了一项决议，谴责阿根廷政府对YPF实施国有化。欧洲议会敦促欧盟委员会"使用世界贸易组织和二十国集团框架内的一切可用工具，对阿根廷的强占行为作出反应"。该决议还指出，阿根廷的国有化将影响正在进行的欧盟与南方共同市场的自由贸易谈判，也将影响欧盟给予阿根廷的特惠关税待遇。

英国外交大臣威廉·黑格认为，阿根廷的做法违背了它在二十国集团作出的促进透明度和减少保护主义的承诺。世界银行行长佐利克说，阿根廷是一个"局外人"，它的国有化政策反映了当今世界上一些国家的"民众主义"和保护主义色彩。美国国务院发言人表示，美国对阿根廷的国有化政策深表关切，并希望它与投资者的关系实现正常化。

诺贝尔文学奖获得者、秘鲁作家马里奥·巴尔加斯·略萨认为，阿根廷的国有化政策与委内瑞拉的国有化政策如出一辙。他在西班牙《国家报》发表的一篇文章中指出，"这一政策使阿根廷蒙受的损失多于它能获得的好处，也使走向死胡同的蛊惑人心的民众主义政策导致的危机变得更加恶化"。他还将阿根廷面临的一切问题归咎于庇隆主义。他还认为，阿根廷的国有化使投资者丧失了对拉美投资的信心。

但委内瑞拉和尼加拉瓜等国的领导人则声援阿根廷的国有化政策。据报道，在费尔南德斯总统宣布国有化的当天，委内瑞拉总统查韦斯就致电费尔南德斯总统，坚决支持阿根廷将 YPF 收归国有的决定。时任委内瑞拉外交部部长马杜罗还在电视上宣读了一个官方声明，称委内瑞拉反对"来自欧洲的针对阿根廷的一切恐吓"，并呼吁其他拉美国家支持阿根廷的立场。他还说，阿根廷政府的国有化政策充分表明，拉美地区正在构建一个集团，反对外部力量对该地区的资源进行殖民主义掠夺。

尼加拉瓜总统奥尔特加也支持阿根廷的国有化政策。他说他以尼加拉瓜人民的名义，向阿根廷人民表达两国人民之间的团结，支持费尔南德斯总统"捍卫阿根廷主权的行为"。他还指出，欧盟成员国团结起来威胁阿根廷的做法是极其错误的。他认为，在马尔维纳斯群岛的主权争端和国有化政策等领域，阿根廷一定能得到其他拉美国家的大力支持。但尼加拉瓜工商界的领袖则表示，奥尔特加的立场仅仅是尼加拉瓜政府的立场，不能代表尼加拉瓜人民。

阿根廷人的反应有所不同。可能会参加 2015 年阿根廷总统选举的阿根廷首都布宜诺斯艾利斯市长毛里西奥·马克里认为，"国有化的决定会使形势变得更为恶化，对阿根廷人是极为不利的。一年后我们会变得更加艰难"。阿根廷反对党激进公民联盟的议员玛利亚·欧亨尼娅·埃斯登索罗说，费尔南德斯政府从未制订过能源计划，"我们如何能够指望政府（通过国有化）解决能源短缺问题？"一个名叫费德里科·汤姆森的阿根廷经济学家说："YPF似乎是另一个马尔维纳斯群岛。20世纪90年代所做的一切都被以怀疑的眼光看待。许多人更容易把石油产量下降归咎于YPF而非政府的低价政策。现在，（庇隆总统的夫人）爱娃·庇隆似乎复活了，很好地生活在（总统府）玫瑰宫里，或是我们回到了加尔铁里将军统治时期了。"

但绝大部分阿根廷人支持政府的国有化政策。民意测验表明，62%的受访者支持政府的国有化政策。有些阿根廷人说，"马尔维纳斯群岛是我们的，YPF也是我们的。"还有人认为，阿根廷政府的国有化措施将彻底摧毁西班牙对阿根廷的长达5个多世纪的殖民主义统治，值得庆贺。在费尔南德斯总统宣布国有化的电视讲话结束后，许多人在总统府广场上长时间欢呼，有的大声叫着她的名字"克里斯蒂娜"，有的则高呼"西班牙人滚出去"！

有意思的是，亲手把YPF实施私有化的前总统梅内姆也认为，"情况发生变化了"，对YPF实施国有化是应该的。

"别为我哭泣，阿根廷！"

每个人都有几首百听不厌的歌曲。在我最爱听的歌曲中，有一首是电影《爱维塔》的插曲，歌名是《别为我哭泣，阿根廷！》

这部电影是关于阿根廷总统庇隆的第二位妻子玛利亚·爱娃·杜阿尔特·德庇隆（María Eva Duarte de Perón）的传奇的一生。爱维塔在西班牙语里是爱娃的昵称。

这首歌曲充满了凄惨、悲哀和伤感，但曲调极为优美。

> 阿根廷，别为我哭泣，
> 事实上，我从未离开过你，
> 即使在我狂野不羁的日子里，
> 我也承诺不会离开你，
> 我从不希冀名与利，
> 但世人却以为我热衷名与利，
> 名利如梦幻泡影，难把问题解决，
> 解决之道，早在这里为你铺好，
> 我爱你们，亦希望得到回报。
> ……

令人遗憾的是，这首动听的歌曲的歌名却曾被许多国际媒体用来"唱衰"阿根廷。

那是2001年11月。国际货币基金组织以阿根廷政府未能实现将财政赤字降低到零的目标为由，决定推迟拨付一笔援助。这一决定进一步损害了国内外投资者对阿根廷克服经济困难的信心，也迫使公众争先恐后地到银行提取自己的存款。仅在11月30日这一天，人们从银行中提出的存款总额就高达13亿美元，从而使银行系统处于极度危险之中。

12月3日，政府开始实施金融管制措施。其核心是控制储蓄者从银行提款，即储蓄者每周只能从银行取出250比索。此外，政府还规定，许多种类的美元存款将被冻结到2003年。

这一措施非常不得人心。许多人说："无能的政府把我们的国家拖入泥潭，而今却又禁止我们取出自己的钱。"2001年12月18日，首都布宜诺斯艾利斯等地终于爆发了前所未有的大规模骚乱，抗议政府的金融管制措施。这一骚乱持续了两天。在与警察的冲突中，近30人死亡。面对这一不可收拾的局面，德拉鲁阿总统只得辞职。由于总统府被示威者团团围住，他只好乘坐直升机离开办公室。

由于阿根廷副总统在一年前辞职后无人接任，根据宪法的规定，德拉鲁阿下台后只能由参议院议长拉蒙·普埃尔托担任48小时的临时总统。此后，圣路易斯省省长罗德里格斯·萨阿州长被推举为临时总统。但他上台一周后就因得不到来自各党派的有力支持而愤然辞职。一周前担任临时总统的参议院议长普埃尔托理应再次担任临时总统，而他却临阵脱逃，决定辞去参议院议长一职。众议院议长爱德华多·卡马诺只得临危受命，就任临时总统48小时。经过各党派的协商，正义党参议员爱德华多·杜阿尔德在2002年1月1日就任总统。

在短短的十天时间内，阿根廷先后拥有5位总统。这在人类历史上是绝无仅有的。

同样使阿根廷政府难堪的是，许多人向法院提出诉讼，要求政府取消金融管制措施。2002年2月1日上午，最高法院作出判决：私人财产必须得到保护，因此政府禁止储蓄者从银行提款的行为是违法的。

"三权分立"演变为"三权分裂"。为了避免宪法危机，杜阿尔德总统发布行政命令，禁止任何人再向最高法院提出此类诉讼。但许多人依然在最高法院门前排着长队，争先恐后地提交诉讼状。

严酷的现实迫使阿根廷向国际货币基金组织和美国伸出了求援之手。国际货币基金组织表示，阿根廷只有在满足其条件的前提下才能得到援助。相比之下，美国的态度则极为冷淡。美国国务院和财政部的一些官员说，由于阿根廷危机的根源在于"体制改革不力"和"政治腐败"等原因，美国不会提供大量援助，除非阿根廷能有效地消除自身的各种弊端。美国官员还说，援助阿根廷的资金是一种"浪费"。

直到2003年，阿根廷经济才开始走上复苏之路。但这一危机在阿根廷政治、经济和社会等领域留下的"后遗症"是持久的。直到2016年，阿根廷才重新进入国际资本市场。

然而，就在阿根廷人和国际投资者弹冠相庆时，阿根廷经济形势却在进入2018年后再次告急。由于比索大幅度贬值，外汇储备急剧减少，阿根廷被迫在5月8日向国际货币基金组织提出了纾困的要求。6月20日，国际货币基金组织执董会批准向阿根廷提供为期三年、数额达500亿美元的备用安排（SBA）。

许多阿根廷人说："阿根廷，别再让我哭泣。"

秘鲁人爱"吃饭"

民以食为天。手机上收到过这样一个笑话：一个外国人对中国人说，"中国文化就是吃的文化。例如，谋生叫糊口，岗位叫饭碗，受雇叫混饭吃，花积蓄叫吃老本，混得好叫吃得开，占女人便宜叫吃豆腐，女人漂亮叫秀色可餐，受人欢迎叫吃香，受到照顾叫吃小灶，不顾他人叫吃独食，受人伤害叫吃亏，男女嫉妒叫吃醋，理解深刻叫吃透精神，工作太轻叫吃不饱，负担太重叫吃不消，犹豫不决叫吃不准，不能胜任叫干什么吃的，负不起责任叫吃不了兜着走，办事不力叫吃干饭"！中国人说："你不去总结中国与你们国家的关系，却来总结中国的'吃文化'，你是不是吃多了？"

确实，中国的"吃文化"威力无比。它不仅在中国家喻户晓，而且还漂洋过海，在秘鲁生根发芽。

在广东话中，"吃饭"的发音近似于"chifa"。在秘鲁，chifa 一词既指中餐馆，也指鸡蛋炒饭（有时还放一点肉末或虾仁）。因此，秘鲁可以说："今天晚上我们去 chifa 吃 chifa 吧。"

chifa 怎么会进入秘鲁的"吃文化"？

1845 年，拉蒙·卡斯蒂利亚元帅当选秘鲁总统后，废除了奴隶制度，并开始大规模地修建公路和铁路等公共设施。但秘鲁政府立即认识到，废除奴隶制后，廉价劳动力的短缺问题会越来越严重。于是，秘鲁政府向清政府提出了招募劳工的要求。

当时中国正遭遇太平天国战乱，广东等地的许多农民以为大洋彼岸是"天堂"，因此很愿意出洋谋生，但也有许多人是受到人贩子的蒙骗后背井离乡的。

1849 年，第一批劳工从广东乘船出发。在历时几个月的航行中，一些人怀着美好的梦想，死在船上，最后被抛入大海，葬身鱼腹。据史书记载，秘鲁引进华工的截止时间是在1874年。1840—1874年，约10万华工来到秘鲁。在这"又一次非洲奴隶贸易"中，死亡率一般在25%左右，有时高达50%。

幸存者踏上秘鲁土地后，被当作商品在"人市场"上标价出售。利马的报纸常常刊登这样的广告："新到华工，身体健康，四肢发达。"人贩子获得华工后，常常又转手将他们卖给农场主或其他需要劳动力的富人。

华工从事的体力劳动主要是挖鸟粪或在种植园中耕作。由于劳动强度大，工作时间长，加之营养不良，许多华工累死在农田里。

1874年，在英国政府的调解下，秘鲁政府与清政府相互作出让步，使华工获得了自由。从此以后，华工才可以上学、通婚和经营自己的小生意，在政治上也开始有一点发言权。据史书记载，清政府曾经派大臣郑藻如前往秘鲁看望华人。今天，在利马唐人街的华人通惠总局厅堂中，牌位上仍然供奉着清政府首任驻秘鲁公使郑藻如的像。这说明秘鲁华人念念不忘"天子"派来的这位钦差大臣。

人的器官无数，胃是最思念家乡的，也是最爱国的。身处异乡的华人并没有忘记在家中做一顿家乡的饭。在秘鲁买不到酱油和醋等具有中国特色的调料，聪明的华人就用当地的调料代替。这样的饭不是地道的中国饭，但厨房里飘出的香味足以使当地人垂涎三尺。

获得自由后的许多华人利用自己的聪明才智，开始经营一些小本生意或开中餐馆。据说利马的富人吃到华人做的中国饭后，赞不绝口，说是从来没有吃到这么好吃的饭。因此，中餐馆不仅在华人聚居区随处可见，还堂而皇之地进入了富人区，chifa一词就不胫而走。

一个半世纪的漫长岁月使秘鲁的华人逐渐增加到目前的约200万人。无论在辛亥革命时期，还是在抗日战争期间；无论在中华人民共和国初期的经济建设中，还是在改革开放时期，秘鲁华人为中华大地作出了巨大的贡献。一个名叫"隆善社"的广东华侨同乡会曾在抗日战争时期组织过三次大规模的募捐买飞机的活动。前两次是组织街头演出，第三次则是邀请国内名人题字作画，用义卖的方式来募捐。今天，在隆善社会馆的展览室里，还陈列着几十幅当年的名人题字，其中有周恩来和蒋介石等国共两党领袖的条幅。

随着时代的进步和发展，秘鲁的华人不再受歧视和虐待了。他们中大多数人凭着自己的智慧和勤劳，过上了较为富足的生活，不少人甚至步入了主流社会。华人对秘鲁的发展作出了不容忽视的贡献。据估计，利马有三千多家中餐馆，每一家餐馆都雇用若干名秘鲁人。毫无疑问，中国人的吃苦耐劳精神使他们在秘鲁获得了许多发展的机会。例如，一个名叫爱拉多·王的华人经营的超市连锁店几乎控制了整个利马的便利店销售业。

此外，在学术界、艺术界和政界，不少华人也取得了令人注目的成就。最近二三十年，秘鲁的一些政党注意到了华人的力量，因此在大选前夕都采取各种措施来讨好华人。当年藤森竞选总统时，有时声称自己有华裔血统。在他的政府中，先后有七位华人担任部长职位。华裔的国会议员、将军和地方政府官员也有不少。

为纪念华人抵达秘鲁150周年，中国和秘鲁于1999年各自在本国首都发行了一枚纪念邮票。同样令人欣慰的是，除秘鲁以外，chifa在其他拉美国家也越来越多。

说到吃饭，还要提及拉美对中国人的饭碗的贡献。早在明清时代，中国就从那里引进了玉米、番薯、马铃薯、花生、向日葵、番茄、辣椒和烟草等40多种农作物。这些农作物为中国解决吃饭问题作出了贡献，也为中国农业经济发展作出了贡献。

秘鲁是如何走上改革之路的

"英雄史观"是不对的，但国家领导人的重要作用则是不容否认的。

世界上不同国家走上改革之路的方式和动因各不相同。1978年中国实施的改革开放，应该归功于以邓小平为核心的中共第二代领导集体的英明决策。20世纪90年代秘鲁的经济改革，在很大程度上与藤森有关。

1990年是秘鲁的大选年。来自不同政治派别的候选人为在大选中获胜而采取了多种战略。藤森是以一个名不见经传的农业专家的身份参加竞选的。为此，他在1989年成立了"变革90"（Cambio 90），将"诚信""技术"和"工作"作为自己的竞选口号。

藤森的竞选对手主要是作家巴尔加斯·略萨。虽然两人都主张秘鲁应该进行大刀阔斧的改革，但他们也有重要的差别。巴尔加斯·略萨被认为是传统的保守派精英的代表人物。他的竞选策略是在电视媒体上频繁露面，以争取中产阶级选民、知识分子和城市选民的支持。而藤森则以"平民总统候选人"的形象走访各地，有时甚至坐着拖拉机去边远地区争取选票。1990年6月10日，在秘鲁大选前一天的晚上，藤森在接受一家媒体的独家采访时说："不久前我阅读了埃尔南多·德索托的《另一条道路》。他在这本书中所说的非正规人民，就是真正处于边缘化的秘鲁人。从那时开始，我认识到，这些秘鲁人实际上是伟大的新秘鲁的希望所在。"可见，在藤森的心目中，平民百姓是他战胜其他总统候选人的"法宝"。

但在多次民意测验中，巴尔加斯·略萨获胜的可能性很大。在第一轮选举中，巴尔加斯·略萨获得了28.2%的选票，藤森仅得到24.3%的选票。然而藤森并不气馁。第一轮选举结束后，他进一步调整了竞选策略。除了继续动员低收入阶层的选民以外，他还积极寻求中产阶级选民的支持。在第二轮投票中，藤森终于赢得了胜利。

藤森上台后面临的主要挑战是：在经济领域，国民经济已连续3年衰退，通货膨胀率高达7600%，宏观经济形势极不稳定；在政治领域，党派之争并没有随大选的结束而趋于缓和，藤森必须认真协调各派政治力量的利益关系，并要以良好的政绩来取信于民；在社会领域，以"光辉道路"为主的恐怖组织经常从事各种暴力活动，使整个社会处于一片恐慌之中；在国际上，发达国家的政府、媒体和投资者对藤森的治理能力缺乏了解，因而不时表现出疑虑的心态。

藤森在组阁时曾希望秘鲁自由与民主研究所所长、著名经济学家德索托出任总理。藤森还希望德索托帮助政府制订一个经济计划。但德索托担心自己就任总理后会丧失"独立性"，因而谢绝了藤森的提名，但他表示，他愿意为藤森政府提供咨询。

藤森在当选后的第三天就与国际货币基金组织（IMF）驻秘鲁的代表马丁·哈迪举行会谈。德索托也应邀参加了会见。藤森对哈迪说，他在竞选中提出的口号是"不对秘鲁经济实施休克疗法"，因此他上台后应该信守承诺，用渐进的方式来实施经济改革。

会后，德索托对藤森说，为了控制通货膨胀，除了实施"休克疗法"以外，没有其他选择。如果藤森能够改变其态度，自由和民主研究所愿意为他制订一个经济计划。德索托还建议藤森尽快会见国际金融机构的领导人，以便得到这些机构对秘鲁经济问题的"诊断"。藤森采纳了德索托的建议。

德索托的弟弟阿尔瓦罗·德索托时任联合国秘书长助理。在阿尔瓦罗的安排下，联合国秘书长德奎利亚尔（也是秘鲁人）答应在联合国总部主持一个会议，讨论秘鲁的改革方案。征得藤森同意后，德索托还请曾任秘鲁财政部长的卡洛斯·罗德里格斯·帕斯托（当时居住在美国旧金山）起草了一个"休克疗法"计划，以便在必要时替代藤森本人制订的渐进式稳定化计划。此外，德索托还与帕斯托提供了一个名单，供藤森在组阁时参考。

作为藤森的私人代表，德索托在藤森赴美之前就拜访了IMF总裁康德苏。德索托对康德苏说，藤森上台后将为恢复秘鲁经济增长而采取任何措施。德索托还希望康德苏直截了当地向藤森指出秘鲁的改革之路。康德苏许诺,他不会对藤森使用外交辞令,而是要明确地向藤森提出他对秘鲁改革方案的看法。德索托除了将这一信息传递给藤森以外,还透露给美国和日本的有关政府部门。

1990年6月29日,藤森与国际机构领导人讨论秘鲁经济形势的会议在联合国总部大楼的第38层举行。会议由联合国秘书长德奎利亚尔主持。参加会议的有IMF总裁康德苏、世界银行行长科纳布尔和美洲开发银行行长伊格莱西亚斯。德索托也参加了会议。当藤森介绍完其渐进式稳定化计划时,会议室内鸦雀无声。康德苏等人没有立即作出反应,因为他们不同意藤森的改革方案。而在德索托和盘托出卡洛斯·罗德里格斯·帕斯托制定的"休克疗法"后,康德苏立即说道:"这才是我爱听的美妙音乐。"

这一次会议无疑使藤森放弃了在竞选时他作出的"以渐进方式实施改革"的承诺。6月30日,在接受《纽约时报》采访时藤森说,他将按照IMF的要求,在秘鲁实施"休克疗法"。他还说,当务之急是稳定秘鲁经济,偿还一部分外债,并使秘鲁融入国际金融体系。这是藤森第一次对外正式公开改革计划。

7月5日,德索托领导的自由与民主研究所研究人员在美国迈阿密召开会议。藤森参加了这一会议。会议期间,藤森和德索托对一些有意在藤森政府中任职的人进行了面试,并选中了若干人。但由谁来出任财政部长这一职位,藤森和德索托颇为费心。他们看中的人选,却不愿意接受这一职位,主动要求担任这一要职的,却不被藤森和德索托接受。

回国后不久,藤森决定任命胡安·乌尔塔多为财政部长。令人不解的是,乌尔塔多是反对自由市场经济的。因此,1991年2月,乌尔塔多仅在任5个月后就下台了。他的接班人是德索托推荐的旅居美国的卡洛斯·博洛尼亚。在藤森和博洛尼亚等人的配合下,秘鲁的经济改革全面展开。

"光辉道路"不光辉

恐怖主义无处不在。在拉美，秘鲁曾经是恐怖主义最猖獗的国家之一。"光辉道路"（Sendero Luminoso，Shining Path）和图帕克·阿马鲁革命运动不仅使人民的生命和财产蒙受巨大损失，还严重影响了秘鲁的国家形象，导致国内外投资者趑趄不前。

"光辉道路"成立于20世纪60年代后期，其创始人阿维马埃尔·古斯曼（Abimael Guzmán）曾经是一位教授哲学的大学讲师。因为"光辉道路"是一个崇尚毛泽东农民革命学说的左翼组织，所以，国际媒体常把它称作"毛主义组织"。

秘鲁有多个左翼政党，其中一些政党的名称都用"共产党"的字样。"光辉道路"自称是正宗的共产党。据说"光辉道路"一词来自秘鲁共产党创始人马里亚特吉撰写的文章"马克思主义和列宁主义将开创革命的光辉道路"。

"光辉道路"的宗旨是通过暴力手段，用"新民主"取代秘鲁的资产阶级民主。该组织还认为，只有通过"无产阶级专政"和"世界革命"，才能实现"共产主义"。在它眼中，当时世界上的社会主义国家搞的都是修正主义，只有"光辉道路"才是"世界共产主义运动的先锋"。

1980年，秘鲁军政府同意举行大选。"光辉道路"不仅拒绝参加竞选，而且号召选民罢选。它甚至在投票前夕的5月17日焚烧了一个投票点的投票箱。这一行为被认为是"光辉道路"从事的第一起暴力活动。自那时起，"光辉道路"制造了无数起大大小小的恐怖事件，包括暗杀、绑架、抢劫以及炸毁桥梁和其他基础设施。一些媒体认为，它是西半球最危险的恐怖主义组织。

在藤森上台时，"光辉道路"的人数虽然不足万人，但控制了全国约三分之一的地盘。2003年8月28日，一个名为"真实与谅解委员会"的组织公布了长达400页的调查报告。该委员会在两年的时间内调查了17000个证人。它的结论是：1980—2000年的政治暴力中，共有69280人被杀或失踪，其中54%的死亡与"光辉道路"从事的恐怖活动有关。

1990年藤森上台后，对国内的恐怖主义组织加大了打击的力度。他成立了国家反恐局（DINCOTE），并赋予军队以任意逮捕嫌疑犯以及在军事法庭上进行秘密审判的权力。此外，藤森还鼓励农村地区的居民成立农民巡逻队，以保护自己的生命和财产。

古斯曼的被捕颇有传奇色彩。为了逃避政府的打击，古斯曼与女友躲藏在利马市富人区的一栋被用作教授芭蕾舞的房子里。这一房子的主人只有一人，就是教授芭蕾舞的一名老师。国家反恐局的特工人员发现，从这一房子里丢出来的垃圾数量不少，其中有一些治疗牛皮癣的药瓶。而古斯曼患的正是这一疾病。1992年9月12日，国家反恐局的特工人员以迅雷不及掩耳之势，冲进这一房子，将古斯曼及其女友抓住。此后，失去头目的"光辉道路"快速衰落。虽然它仍然会从事一些恐怖主义活动，但基本上已名存实亡。据估计，目前"光辉道路"的人数估计为数百人，活动地域仅限于山区的丛林地带。

图帕克·阿马鲁革命运动（Movimiento Revolucionario Túpac Amaru, Túpac Amaru Revolutionary Movement）是一个以秘鲁历史上反抗西班牙殖民主义者的印加王后裔图帕克·阿马鲁命名的左派组织。图帕克·阿马鲁是印加王国最后一位国王。他于1572年被西班牙殖民者杀死。两个世纪后，他的曾孙率领一批人向西班牙人发动进攻，但因寡不敌众而被捕，于1781年被杀。

图帕克·阿马鲁革命运动由若干个激进的反政府组织于1984年结合而成的。它赞赏古巴革命，并希望通过武装手段来推翻秘鲁政府，走古巴革命之路。据估计，在成立之初，它的规模在300—600人，后来扩大到1000人左右，活动范围限于秘鲁东部地区的丛林地带。该组织的成员在活动时一般都戴面罩，并仿效大侠罗宾汉，劫富济贫。它从事的恐怖主义活动虽然不及"光辉道路"那样频繁，但同样给秘鲁人民带来很大的生命和财产损失。

图帕克·阿马鲁革命运动于1996年12月17日发动了一次在日本驻

秘鲁大使官邸扣押人质的严重事件。

12月17日晚，日本驻秘鲁大使在大使官邸为庆祝日本天皇63岁生日而举行招待会。正在宾主举杯畅饮之际，图帕克·阿马鲁革命运动的一些成员冲进大使官邸，扣押了600多个人质。一场举世瞩目的人质危机由此开始。

恐怖主义分子提出的要求之一是藤森政府必须释放数年前被抓获的图帕克·阿马鲁革命运动领导人。双方僵持数月之久，恐怖分子先后释放了300余名人质，但藤森政府始终没有让步。

1997年4月22日15时27分，军警突击队首先把通向官邸大厅的地道口炸开，当场炸死了5名正在大厅内踢室内足球的恐怖分子。200多名政府军和特种警察在藤森的亲自指挥下冲入使馆，顺利救出人质。一场持续了126天的人质危机，在38分钟内得到彻底解决。据报道，这一行动得到了美国政府的指导和帮助。

我认识的一位日本学者那时就在日本驻秘鲁使馆工作。我问他："当你得知被扣押为人质时，你害怕吗？"他说："最初是害怕的。但我们坚信我们会平安无事。"

"光辉道路"与图帕克·阿马鲁革命运动之间不仅没有合作，反而曾发生过几次暴力冲突。冲突的起因主要是两派向毒品集团勒索钱财时分赃不均。一些观察家认为，这两个恐怖主义组织之所以能长期为所欲为，在很大程度上是因为毒品集团为其提供源源不断的资金。

秘鲁的恐怖主义终于被镇压下去了。但许多人认为，在秘鲁和其他一些拉美国家，滋生恐怖主义的贫困则更难对付。

国际藜麦年

在中国，随着人民生活水平的提高，曾经被当作猪饲料的一些植物和谷物，居然上了餐桌，而且价格不菲。毫无疑问，食客感兴趣的可能不是这些食物的口感，而是其"绿色"，即没有受到农药和化肥的污染。

拉美的农业资源极为丰富，因此地球上许多种农作物的故乡在拉美。以土豆为例，根据总部设在安第斯国家秘鲁的国际土豆中心公布的资料，地球上共有4000种可食用的土豆，其中大部分品种的"老家"在安第斯地区。

国际土豆中心的资料还显示，在世界上，土豆已成为仅次于大米和小麦的第三大粮食作物。全世界每年的土豆产量高达3亿吨。可想而知，如果没有土豆，10多亿人的肚子就填不饱。

近几年，安第斯地区的另一种农作物引起了人们的关注。这种有着不同颜色的谷物在当地被叫作Quinoa，中文译为藜麦。

在长达数千年的时间内，藜麦曾经是安第斯地区印第安人的主要食物之一。据说，在印加帝国时代，藜麦被视为神圣的"谷物之母"。每年的播种季节来临时，撒下第一粒种子的必须是印加帝国的国王，放种子的容器必须是金子做的。

西班牙殖民主义者到达安第斯地区后，曾禁止印第安人种植藜麦，要他们改种小麦。西班牙人甚至认为，藜麦是印第安人吃的东西，而且是一种只有穷人中的最穷的人才会咽下肚的食物。

其实，藜麦拥有非常高的营养价值，蛋白质和微量元素含量很高。因此，美国宇航局（NASA）经过长时间的比较研究后，决定将藜麦作为宇航员的主要食品之一。自那时以来，藜麦终于再次被人们刮目相看。作为印第安人，玻利维亚总统莫拉莱斯始终鼓励印第安人种植和食用更多的藜麦。

秘鲁和玻利维亚是最大的藜麦产地，2010 年的产量分别为 4.1 万吨和 3 万吨。2011 年，玻利维亚靠出口藜麦获得了 6400 万美元的收入，秘鲁获得了 2300 万美元的出口收入。令人遗憾的是，由于国际市场上藜麦的价格快速上升，玻利维亚和秘鲁等国的大部分藜麦被用于出口，本国消费者反而难以吃到。这是莫拉莱斯总统始料不及的。

2011 年 12 月，玻利维亚政府向联合国提出建议，希望 2013 年被确定为"国际藜麦年"。玻利维亚的这一动议得到了阿根廷、阿塞拜疆、厄瓜多尔、格鲁吉亚、洪都拉斯、尼加拉瓜、巴拉圭、秘鲁和乌拉圭的支持。2012 年 6 月，联合国同意将 2013 年确定为"国际藜麦年"。被联合国确定为国际年主题的食物不多。此前只有水稻和土豆分别在 2004 年和 2008 年获此殊荣。

2012 年 6 月 12 日，莫拉莱斯总统被总部设在罗马的联合国粮农组织任命为"国际藜麦年"的特别大使。在任命仪式上，莫拉莱斯总统说他小时候就开始吃藜麦，因此现在身体很棒。他认为，藜麦已有 7000 年的历史，是一种超级食品，有助于人类社会应对气候变化导致的粮食短缺等问题。他还激动地说："经过多年的努力，联合国终于承认藜麦是一种最好的食物。这一承认不仅颂扬了藜麦的营养价值，而且还肯定了（安第斯地区）土著人的传统知识和生活习惯。……过去，藜麦被看作是印第安人的食品。现在，我们终于认识到了藜麦的价值。"

当你在吃藜麦饭时，千万不要忘了莫拉莱斯总统。

了不起的查韦斯

2011年6月30日21时30分,委内瑞拉国家电视台开始播放查韦斯总统20多天来的首次电视讲话。令人感到意外的是,人们在电视上看到的查韦斯总统不再拥有那意气风发的神情,听到的不再是他那亢奋而激昂的声音。在15分钟的录音讲话中,查韦斯说,古巴医生已经成功地从他身上切除了恶性肿瘤。

1954年7月28日,查韦斯出身于一个教师之家。中学毕业后,查韦斯穿上了军装,若干年后进入军事学院深造。在军校学习期间,查韦斯深受委内瑞拉民族英雄、南美洲独立运动的领袖西蒙·玻利瓦尔思想的影响,因而于1982年在军队内组建了一个名叫"玻利瓦尔革命运动"的政治组织。当时查韦斯年仅28岁。

面对委内瑞拉政治体制中的种种弊端和腐败现象,查韦斯于1992年2月4日发动了一场政变。政变部队虽然控制了盛产石油的苏利亚州,但最终还是惨遭失败,查韦斯被关进监狱,两年后才获释。

在监狱中,查韦斯不仅与前来采访的女记者产生了爱情,而且对自己走从政之路下定了决心。

出狱后,查韦斯不辞劳苦地走访贫困地区,在低收入阶层中宣传自己的"闹革命"思想。在他的努力下,"玻利瓦尔革命运动"终于发展成一个政党。但是,委内瑞拉的有关法律不准以民族英雄玻利瓦尔的名字来命名政党,因此"玻利瓦尔革命运动"于1997年7月被改名为"第五共和国运动"。

"第五共和国运动"提出了消除腐败和提高社会公正等口号。在1998年11月的地方选举中,它一跃成为全国第二大党。在同年12月6日的总统大选中,查韦斯作为"第五共和国运动"和其他一些政党组成的竞选联盟"爱国中心"推举的候选人,以56.5%的得票率当选总统。上台后,他立即在原来的国名委内瑞拉共和国中加上了"玻利瓦尔",使之成为委内瑞拉玻利瓦尔共和国。

当选总统后,查韦斯依然对革命情有独钟。他多次表示,他要在委内瑞拉进行一场"玻利瓦尔革命",革命的大目标是走社会主义道路。

查韦斯经常看马列的书,对毛泽东著作尤为喜爱。他甚至能背诵若干段毛主席语录。2007年4月,查韦斯总统下令,政府部门的工作人员,在军队、学校、国有企业和私人企业中的雇员,都要学习马列主义理论,且每周的学习时间不得少于4小时。

2002年4月,查韦斯的反对派在美国的支持下发动政变。但在47小时后,查韦斯就重新回到了总统府,他与反对派之间的矛盾更加不可调和。

反动派为了推翻查韦斯政府费尽心机。2012年12月2日,反对派发动了长达2个月的大罢工。这一以石油部门为主的大罢工使委内瑞拉经济蒙受巨大损失。然而,查韦斯不仅没有屈服,反而加强了对国家石油公司的控制。

大罢工结束后,反对派希望通过征集签名和举行公民表决的方式来罢免查韦斯总统。根据1999年颁布的宪法,在总统和其他公职人员的任期过半后,委内瑞拉公民可通过全民公决来决定其是否可以继续执政,但同意举行全民公决的人数必须超过全国选民总数的20%。

2003年11月28日至12月1日,反对派大张旗鼓地在全国范围内征集支持全民公决的签名。2004年6月3日,全国选举委员会宣布,反对派征集到254万个有效签名,超过了宪法规定的20%(即243.6万个有效签名)的标准。6月8日,全国选举委员会宣布,8月15日举行全民公决,以决定查韦斯能否继续执政。8月16日,全国选举委员会宣布,查韦斯总统以59.3%的"拥护"票在15日举行的全民公决中胜出。这意味着反对派试图将查韦斯赶下台的努力再次告败。

这一次全民公决后,查韦斯采取了"秋后算账"的措施。凡是签名要求举行全民公决的人,都被列入政府有关部门设立的一个"黑名单"。这个"黑名单"中的任何人不得应聘政府部门的工作岗位。毫无疑问,查韦斯的这一措施引起了许多人的强烈反对。反对派控制的舆论工具提高了攻击查韦斯总统的声调。

2007年5月28日零点，一家有50多年历史的私人电视台因营业执照未被政府续签而被关闭。政府不予续签的原因是，在2002年4月的政变中，这家电视台"散布谣言"，"鼓动民众上街抗议查韦斯政府"。而电视台的工作人员认为，查韦斯政府的措施是压制言论自由。对此指责，查韦斯政府认为，对于进行蛊惑人心的舆论宣传的媒体，政府将给以毫不留情的打击。

在外交领域，查韦斯同样是敢说敢做。他敢于在联合国大会的讲坛上骂布什总统为"魔鬼"，在多个场合称美国国务卿赖斯为"胡说八道的小妹妹"；他敢于同那些受到西方制裁的国家积极发展关系，甚至敢于同俄罗斯在加勒比海开展联合军事演习；他敢于与足球明星马拉多纳肩并肩地在2005年11月举行的第四届美洲国家首脑会议的会场外高呼"埋葬美洲自由贸易区"的口号；他还敢于号召委内瑞拉民兵用当年印第安人对付西班牙殖民主义者的毒箭来回击"美国佬"。

由于查韦斯高举反美大旗，与古巴领导人卡斯特罗、玻利维亚领导人莫拉莱斯和厄瓜多尔领导人科雷亚等国结成了"反美轴心"，因此美国将他视为"眼中钉、肉中刺"。美国的主流媒体无一例外地抨击查韦斯的内外政策，甚至有一些美国人主张美国政府应该想办法把查韦斯从肉体上消灭掉。据报道，查韦斯总统确实曾躲过几次暗杀。

2011年7月28日，查韦斯总统携家人在总统府的一个阳台上庆祝自己57岁生日。这是查韦斯接受手术后度过的第一个生日。他表示，他的身体正在加快康复，因此他将参加2012年的总统选举。

查韦斯在2012年10月7日举行的总统选举中胜出。然而，翌年3月5日，查韦斯就与世长辞了。

联合国秘书长潘基文对查韦斯为委内瑞拉穷人作出贡献和支持哥伦比亚和平进程表示赞赏。潘基文办公室发表的声明说："秘书长对查韦斯阁下去世感到悲痛。"

美洲国家组织秘书长因苏尔萨指出：查韦斯的去世"对所有委内瑞拉人和本地区的其他人民来说都是极悲痛的时刻"。

俄罗斯总统普京就查韦斯总统去世向委内瑞拉副总统马杜罗和该国人民表示哀悼，称查韦斯是杰出的领袖，是俄罗斯的亲密朋友。普京在唁电中说:"他(查韦斯)是一个非凡、强大的人,他高瞻远瞩,总是给自己提出最高目标。"

美国前总统奥巴马也发表声明,表示美国"支持委内瑞拉人民",而且"有兴趣与委内瑞拉政府发展建设性关系"。

在查韦斯去世后,古巴宣布举国哀悼三天。古巴国务委员会发布的声明写道:"古巴人民把他(查韦斯)当作最伟大的儿子之一,把他当作自己的儿子那样欣赏、追随和热爱。"

玻利维亚总统莫拉莱斯在得知查韦斯去世的消息后立即飞赴加拉加斯。他说:"对查韦斯同志最好的纪念就是为争取尊严、自由和造福世界人民而团结、团结、再团结。"莫拉莱斯总统还宣布全国哀悼七天。

中国外交部发言人华春莹说:"查韦斯总统是委内瑞拉的杰出领导人,也是中国人民的好朋友,为促进中委友好合作关系作出了重大贡献。"

"21 世纪社会主义"

2005年1月30日,地处南半球的巴西南方城市阿雷格里港市烈日炎炎,热浪滚滚。然而,在该市小巨人体育馆外,不同肤色的人却汗流浃背地排着绵延数百米的队伍,缓缓地向入口处移动。

这些人进体育场不是去观看巴西人非常喜爱的足球比赛,而是去聆听前来阿雷格里港参加世界社会论坛的委内瑞拉总统查韦斯发表的讲演。

面对一万多听众,气宇轩昂的查韦斯总统说:"我越来越坚信,我们需要越来越少的资本主义,越来越多的社会主义。我毫不怀疑超越资本主义的必要性。但我必须补充一点,即资本主义不会从内部超越自己。资本主义需要通过社会主义道路来实现超越。超越资本主义强权的道路在于真正的社会主义、平等和正义。"这是查韦斯第一次较为明确地表明他对社会主义和资本主义的爱憎分明的立场。

在这一次演讲中,查韦斯还有力地抨击了美国。他说:"美国通过各种手段残酷地压迫我们:经济破坏,媒体恶意诬陷,制造社会动荡;恐怖主义,炸弹,暴力,流血和死亡;策划军事政变,操纵各机构制造国际压力等。他们企图通过美洲国家组织将委内瑞拉变为一个附属国;他们企图扶植一个只知道每天召开新闻发布会的殖民总督;他们企图建立一个凌驾于我们的法律、制度和宪政之上的跨国政权。所有这些,都被我们抵制了。"

同年5月1日,查韦斯领导的"第五共和国运动"在首都加拉加斯组织了一次规模庞大的庆祝五一国际劳动节的集会。在这一次集会上,查韦斯说:"要在资本主义的范围内达到我们的目标是不可能的,要找到一条中间道路也是不可能的。我现在请求全体委内瑞拉人民在新世纪走社会主义道路。我们必须为21世纪建立新的社会主义。"这是查韦斯总统首次公开使用"21世纪社会主义"的提法。

在2006年12月3日举行的总统大选中,查韦斯以63%的得票率再次成功获得连任。12月15日,在庆祝他大选胜利的一场大规模群众集会上,查韦斯说,在目前的新形势下,委内瑞拉需要一个能够为革命和社会主义服务的政治工具。他宣布,支持"21世纪社会主义"的所有政党将被合并成一个新的政党,名为"社会主义统一党"。这一新的政党将领导委内瑞拉人民开展"玻利瓦尔革命",进行"21世纪社会主义"建设。

2007年1月10日,查韦斯在全国最高立法机构"全国代表大会"宣誓就职。在就职演说中,查韦斯说,从他1999年当政至2006年,是"玻利瓦尔革命"的一个"过渡"阶段。而今这一阶段已顺利完成,因此委内瑞拉将进入一个新的历史时期。这一新阶段的名称是"2007—2021年全国西蒙·玻利瓦尔计划"。这一计划的最终目标是在委内瑞拉建立"玻利瓦尔社会主义"。他之所以选定2021年,因为那是委内瑞拉独立200周年华诞。

应该指出的是,查韦斯的"21世纪社会主义"与科学社会主义相差甚远,查韦斯本人也不是一个马克思主义者。在2005年10月2日的"总统你好"的电视节目中,查韦斯说:"我有许多马克思主义朋友,但'21世纪社会主义'不是一个马克思主义计划。"2004年8月18日,查韦斯总统在接受美国有线广播电视台(CNN)采访时说:"我不是一个共产主义者。如果我是的话,那我会毫不犹豫地说我是一个共产主义者。如果委内瑞拉有一个马克思主义计划的话,那么我从踏入政坛后的第一天就会这样说。我认为我亲近社会主义者和进步思想,但我不是一个马克思主义者。"

无论在国际上还是在中国,人们对"21世纪社会主义"的评价是多种多样的。最初的评价可能是褒贬参半,但是,在查韦斯去世后,随着委内瑞拉经济形势的不断恶化,褒贬参半似乎变为褒少贬多。

无论如何,查韦斯的"21世纪社会主义"是发展中国家探索新的发展道路的一种可贵的尝试。众所周知,在拉美左派东山再起的过程中,查韦斯功不可没。尽管他为"21世纪社会主义"描绘的图画依然是模糊不清的,但在美国的"后院"中有人敢于提出要走社会主义道路,这个人就可以被看作是一个了不起的人。

"美女工厂"委内瑞拉

委内瑞拉因拥有敢说敢做的查韦斯总统而名扬全球。

委内瑞拉因拥有丰富的石油资源而被视作"石油之国"。

委内瑞拉因获得许多世界级的选美冠军而被誉为"美女之国"。在过去的半个世纪中,委内瑞拉姑娘在四大国际性的选美比赛中共获得了23个冠军。

委内瑞拉的总人口占世界人口的0.36%,但它获得的世界级选美冠军则占世界总数的20%。美国的一个电视节目说,委内瑞拉获得的选美比赛冠军如此之多,以至于委内瑞拉可以被叫作"美女工厂"了。

委内瑞拉为什么出美女?最简单的答案无疑是委内瑞拉的人种好。"龙养龙,凤养凤,老鼠的儿子掘壁洞。"当然,这一答案也是容易引起争议的,因为谈论人种的美丑有种族歧视之虞。

且不论委内瑞拉为什么出美女,不容否认的事实是,在委内瑞拉,长期以来,美容业是一个欣欣向荣的行业。人们常说,姑娘的美丽的一半是天生的,另一半则是后天的。不管她是否富裕,她很舍得在美容上花钱。互联网上的一篇文章说,根据委内瑞拉全国美容协会的统计,1992—1998年,最常见的嘴唇整容和隆胸分别增长了264%和306%。

在委内瑞拉,大嘴唇、大嘴巴被看作"美丽"的必要条件。嘴巴大了,牙齿就要漂亮。因此,一位专门为牙齿"整容"的医生的生意非常好。他甚至被姑娘们称作"微笑先生"。有多位获得选美比赛冠军的姑娘都请他为自己的牙齿整容。

一方面,许多姑娘为了做一次隆胸手术而甘愿花费1000—3500美元;另一方面,许多人还生活在贫困线以下。这就是委内瑞拉的现实。

值得一提的是,在委内瑞拉,无论是男人还是女人的美丽,越来越与个人的成就联系在一起。无怪乎一位获得过国际性选美比赛的姑娘后来居然在一次竞选加拉加斯某区的区长时击败了多名男性对手。

有一次我在美国参加学术会议时看到，会议的赞助商在会场大做广告。在一个赞助商摆出的桌子旁，站着一位非常"养眼"的姑娘。她说她是委内瑞拉人，因为在老家的一次选美比赛中获得了冠军，所以她就在不久前移民到了美国。她说，根据美国的有关法律，获得选美比赛的冠军也可被视为拥有一技之长，因此她很容易就得到了美国的移民资格。

一位委内瑞拉整容医生说，如果一个姑娘拥有美丽的脸庞和身段，她会被视为取得了"事业上的成功"，她会在许多场合受到更多的尊重。换言之，在委内瑞拉，对美丽的欣赏已形成一种巨大的社会压力，促使姑娘们去努力追求。

由于选美比赛使许多姑娘获得了金钱、地位和声望，不仅本人受益，其家庭也得利，因此，委内瑞拉有许多选美培训班。这样的培训班不仅培训女青年，而且还"从娃娃开始"，培训女童，教她们如何走路，如何站立，如何打扮。

此外，爱美的委内瑞拉姑娘非常注意自己的服饰、走路的姿势、站立的形态、说话的声调等。这也在一定程度上制造了美丽。2009年"委内瑞拉小姐"玛莱丽莎·吉布森对一个采访她的美国记者说："委内瑞拉姑娘对自己的外表非常非常在意。这一特性从小就养成了。因此我们不仅严格要求自己要显露自己的美，而且还会欣赏别人的美。"她还说："我很小的时候我奶奶就跟我说，你一定要成为'委内瑞拉小姐'。在委内瑞拉，在每个拥有女孩子的家庭，长辈都会这样说，都会有这样的许愿。"

英国《镜报》（2009年8月24日）有一篇题为"为什么委内瑞拉获得的世界选美冠军最多"的文章。这一文章列举了十个原因：

- 委内瑞拉人的幸福感很强；
- 委内瑞拉是一个多民族国家；
- 委内瑞拉风光旖旎，自然景致美丽；
- 委内瑞拉人喜欢大自然的美；
- 委内瑞拉人的居住地离海滩近；
- 委内瑞拉人信奉罗马天主教；

- 委内瑞拉人喜欢晒太阳，从而使皮肤变得变黑；
- 委内瑞拉拥有许多历史文化遗产；
- 委内瑞拉是意大利探险家亚美瑞格·韦斯普奇命名的，意思是"小威尼斯"；
- 委内瑞拉人善于参加国际选美比赛。

上述十点真的是委内瑞拉姑娘在国际选美比赛中取胜的原因？你懂的。

当然，得到一个选美比赛的冠军并不容易。据报道，参加选美比赛的姑娘要在赛前训练9—12个月。训练的内容既有走路姿势和站立的动作，也有体能和文化知识方面的内容，甚至还要学英语和化妆。一位专门从事此类培训的专业人士说，训练一名参加选美比赛的姑娘，与训练一名奥林匹克运动员差不了多少。

令人遗憾的是，近几年，由于委内瑞拉经济形势不佳，参加选美比赛的一些委内瑞拉姑娘无法筹措到足够的资金。于是，有些人开始"傍大款"，以肉体换取金钱。已被媒体披露的钱色交易已有多起。

委内瑞拉与"荷兰病"

"荷兰病",不是病菌或病毒导致的损害人体健康的疾病,而是一种经济现象。

1959年7月22日6点33分,荷兰在北海天然气田的第一口钻井开始转动。不出十年,荷兰就成为一个天然气出口国。随着开采量和出口量的上升,天然气出口收入快速增长。但是,天然气带来的不仅仅是源源不断的财富,还有一系列不利于国民经济结构正常运转的副作用:天然气出口收入的急剧增长提高了荷兰货币(盾)的汇率,从而使制造业部门在面对外部竞争时处于不利的地位,而工业生产的下降又导致失业率上升。这种由初级产品出口收入的剧增所导致的不良后果被称为"荷兰病"。1977年11月26日出版的英国《经济学家》最早使用这一名称。

一个国家拥有丰富的自然资源,并通过出口这些资源来获取外汇收入,本来应该是求之不得的好事情,被视为"上帝的恩赐"。但是,如果这个国家只能依赖生产和出口自然资源,或不能很好地使用出口这些资源后得到的外汇收入,那么国民经济反而会陷入困境或危机。国际学术界将这种不良后果称作"资源诅咒"(resource curse)。

美国经济学家杰弗里·萨克斯和安德鲁·瓦纳1997年写过一篇题为"自然资源的充裕与经济增长"的论文。这一文章在国际上有很高的学术地位。他们在文章中说:"现代经济增长中的一个令人惊讶的现象就是,自然资源丰富的国家的经济增长率却不及自然资源匮乏的国家。"

确实,如果我们把资源丰富的拉美与资源匮乏的东亚相比,我们也可以得出类似的结论。换言之,"荷兰病"以及与此相关的"资源诅咒"是导致拉美经济业绩不如东亚"四小龙"的原因之一。

在拉美,罹患"荷兰病"的国家就是拥有大量石油资源的委内瑞拉。

早在1917年，委内瑞拉就开始对石油资源进行商业性开采。至1930年，石油已占委内瑞拉出口贸易的90%。今天，石油工业约占委内瑞拉国内生产总值的30%，出口收入的90%以及财政收入的50%来自该部门。

滚滚而来的石油美元使委内瑞拉历届政府养成了大手大脚花钱的习惯。据统计，仅1973—1979年，委内瑞拉政府的公共开支就超过了1830年建立委内瑞拉联邦共和国以来公共开支的总额。

由于石油部门来钱容易，委内瑞拉历届政府对发展制造业和农业的兴趣不大。其结果是，国内市场所需的大部分工业制成品和基本食品（如玉米、大米、糖、牛奶、牛肉、鸡肉和菜豆等）都依赖进口。曾在创建石油输出国组织的过程中发挥过重要作用的委内瑞拉前石油部长胡安·巴勃罗·佩雷斯·阿方索1970年说过，"十年后，二十年后，你会看到，石油带给我们的是（经济上的）毁灭"。

由于委内瑞拉经济过度依赖石油，国际市场上石油价格的起伏对其财政收入的稳定性产生了不小的影响。2008年国际金融危机爆发后，国际油价大幅度下降，委内瑞拉只好修改财政预算计划，大幅度压缩公共开支。甚至委内瑞拉的对外援助计划也受到了不良影响。

一方面，"荷兰病"使委内瑞拉经济失去了应有的活力；另一方面，查韦斯政府和马杜罗政府奉行的轻视市场作用的经济政策、反对派的"街头民主"以及美国的制裁，严重影响了投资。其结果是，委内瑞拉经济长期不能摆脱危机。据报道，自2016年起，委内瑞拉经济的负增长率都在10%以上。

综上所述，为了不使"上帝的恩赐"变为"资源诅咒"，政府应该制定正确的经济政策，把大量财富用于扩大投资、提升产业结构、发展教育和改善基础设施。

查韦斯的"阴谋论"

没有一个人是不会生病的,但伟人生病则会成为头条新闻,罹患癌症的伟人更能成为媒体关注的新闻人物。

委内瑞拉总统查韦斯就是这样一个病人。2011年6月30日晚,查韦斯在发表电视讲话时说,不久前他在访问古巴时进行了体检,查出体内有一个已经癌变的肿瘤,并在古巴接受了手术,手术非常成功。

此前,拉美已有两位政治家罹患癌症。2011年元旦宣誓就职的巴西总统迪尔玛·罗塞夫曾在2009年4月查出淋巴癌,并接受了化疗。经过四个月的化疗后才康复。当时,罗塞夫正在全力参加总统竞选。民意调查表明,罗塞夫获胜的可能性很大。因此,她的竞争对手就说她的身体不适合担任国家元首,而罗塞夫每次出现在公众面前时,总是面带微笑,精神焕发,显得颇为自信。

2010年8月,59岁的巴拉圭总统费尔南多·卢戈被查出患有淋巴癌。他在巴西接受了多次化疗。巴西医生说,卢戈总统需要治疗几个月后才能稳定病情,而卢戈总统本人则坚持边治疗边工作,直到2013年8月总统任期结束。他是在2008年8月就职的。

2011年10月29日,巴西前总统卢拉被确诊为喉癌患者。医生认为,卢拉必须接受化学疗法治疗。

天妒红颜。2011年12月27日,阿根廷总统发言人称,总统府医疗小组在12月22日对克里斯蒂娜·费尔南德斯总统进行常规体检时,在她的甲状腺右叶发现了癌细胞。经过进一步的化验和研究之后,医生决定择期为克里斯蒂娜实施外科手术。

为什么这么多拉美国家领导人罹患癌症?

查韦斯提供了答案。在得知克里斯蒂娜患病的消息后,查韦斯说,他不想"无缘无故地指控别人",但是有些"非常奇怪的"事情让他不得不产生怀疑。他问道:为什么那么多拉美的左派总统得了癌症?会不会是美国发明了一种能诱发人患癌症的技术?

查韦斯的这一"阴谋论"立刻成为世界头条新闻。美国当然不甘示弱。就在查韦斯发表其"阴谋论"的第二天,美国国务院发言人说,查韦斯的言论骇人听闻,应当受到谴责。

不过,查韦斯的指责也许不无道理。2005年8月,美国基督教联盟创始人、布什总统的铁杆支持者帕特·罗伯逊曾公开叫嚣暗杀查韦斯。他在其主办的宗教节目"700俱乐部"中说,对美国来说,查韦斯是个"极其危险"的人物。他指责查韦斯有意将委内瑞拉变成"共产主义渗透和穆斯林极端主义"的跳板。罗伯逊说:"我们有能力把他干掉。我认为,我们使用那种能力的时刻到了。我们不需要另外一个要花2000亿美元的战争,去干掉一个如你所知的拥有强大的武装力量的独裁者。让秘密特工人员来做这件事情要容易得多,干净利落。"

据报道,美国政府曾制订过多个暗杀查韦斯的计划。一是利用查韦斯热衷于在公众场合露面的机会,指使一位神枪手击毙查韦斯;二是在一个适当的地点发射导弹,击落查韦斯的飞机;三是再次策划军事政变,在乱局中杀害查韦斯;四是通过哥伦比亚的"右翼势力"下手,因为委内瑞拉与哥伦比亚的双边关系不佳。委内瑞拉有关部门曾在2010年4月30日称,一名涉嫌策划暗杀查韦斯总统的男子已被逮捕。据说这名29岁的男子频繁往返于哥伦比亚与委内瑞拉之间,委内瑞拉警方在他的电脑中发现了有关如何杀害查韦斯的计划。

美国中央情报局前特工人员菲利克斯·罗德里格斯曾于2005年3月对迈阿密的一家西班牙语电台说,布什总统确实曾试图通过暗杀的手段来"解决"委内瑞拉的问题。罗德里格斯曾在1967年参与了在玻利维亚捕获古巴民族英雄格瓦拉的活动。

委内瑞拉外交部多次说过,委内瑞拉情报部门获取了大量有关美国试图暗杀查韦斯总统的情报。为保护消息来源,该部门无法透露细节。

当约翰·内格罗蓬特在2007年年初被布什总统任命为美国常务副国务卿后,查韦斯说,内格罗蓬特曾任美国国家情报局局长,这样一位"职业杀手"进入美国国务院,就是要加强暗杀行动。

查韦斯在国内的政敌也力图置查韦斯于死地。据报道，委内瑞拉苏里亚州前州长、总统候选人罗萨莱斯曾承诺，如能暗杀查韦斯总统，凶手将得到2500万美元的奖赏。

为了除掉美国在世界各地的眼中钉和肉中刺，中央情报局可谓无所不为。据报道，古巴领导人菲德尔·卡斯特罗曾遭遇过600多次未遂暗杀，暗杀的手段五花八门，应有尽有，如在雪茄中放毒药，在钢笔中放炸药，在潜水衣中放致命的细菌，等等。卡斯特罗幽默地说："今天我还活着，完全是由于美国中央情报局的失误。"

由此可见，因为美国经常干一些见不得人的勾当，所以查韦斯提出了他的"阴谋论"。

2012年1月7日，阿根廷总统府发言人阿尔弗雷多·斯科奇马罗说，日前接受手术的克里斯蒂娜·费尔南德斯当天已出院。医院方面对手术切除的组织进行病理分析后证实，其中并没有癌细胞，医生对克里斯蒂娜罹患癌症的诊断属于误诊。

委内瑞拉的"府院相争"

2013年3月5日查韦斯总统去世后,副总统马杜罗就任总统。

马杜罗上台后,面临着以下三个严峻的挑战:一是经济形势不断恶化;二是马杜罗的个人魅力不及查韦斯;三是反对派的"街头民主"越演越烈。

在上述挑战中,最难对付的无疑是经济形势不断恶化。石油存储量居世界前列的委内瑞拉,居然无法为人民提供面包和卫生纸等生活必需品,导致通货膨胀率犹如脱缰的野马。混乱的政治局面及严重的商品短缺使社会秩序混乱,抢劫、绑架和谋杀等恶性犯罪司空见惯,犯罪率在拉美居于首位。

这一切为反对派攻击政府提供了有力的武器,也侵蚀了马杜罗的政治基础。因此,在2015年12月6日举行的议会选举中,29个政党组成的反对党联盟"委内瑞拉民主团结平台"获得多数席位。委内瑞拉的"府院之争"由此开始。

为应对议会的掣肘,马杜罗试图动用制宪这一撒手锏。2017年5月1日,马杜罗宣布,为解决国内朝野分歧、搭建政治对话平台、促进国家发展,根据宪法的有关规定,决定成立制宪大会。

马杜罗说,制宪大会将解决以下9个问题:如何维护国家实现和平的权力;如何发展经济;如何在法律上承认政府实施的各种社会发展计划;如何扩大司法体系权限;如何在宪法上承认人民参与民主进程的各种方式;如何捍卫国家主权和抵御外国侵略;如何复兴多元化和多文化特征;如何确保青年人能积极行使宪法赋予的各种权利。

反对派认为,制宪或修宪的程序首先应是总统签署行政命令,对是否需要制宪或修宪进行全民公投。如果公投结果是同意,那就由选民选出制宪大会成员，由制宪大会制定新宪法或修改宪法。如果公投结果是不同意，那就不必成立制宪大会。而马杜罗未就是否需要制宪或修宪举行公投，反而直接通过选举成立制宪大会，这是违反宪法的。

为阻止马杜罗，反对派在7月16日自发组织公投，要求选民回答三个问题：是否反对成立制宪大会？是否认为国家武装力量应该捍卫宪法？是否支持重新组建政府？据说有700万名选民在境内外2600多个投票站参加投票，98%的选民对这三个问题给予肯定答复。

但是，反对派组织的这一公投没有得到政府和最高法院批准，因此公投结果不具有任何法律意义，仅仅是反对派向马杜罗施压的手段而已。

在一定意义上，反对派组织的公投使其与政府的对峙更加恶化，也使残酷的街头政治越演越烈。为恢复秩序，支持政府的警察绝不手软。据估计，自马杜罗提出成立制宪大会动议以来，一百多人在不同形式的抗议活动中丧生。毫无疑问，委内瑞拉的政治危机、经济危机和社会危机已到了无以复加的地步。

委内瑞拉最高法院认为，宪法并未规定成立制宪大会前必须要公投。因此，2017年7月30日，制宪大会选举投票照常举行。虽然没有爆发全国性大规模骚乱，但有些地方还是发生了流血事件。8月4日，制宪大会正式成立。

批评马杜罗政府的声音不在少数。8月8日，17个拉美国家外长或代表在秘鲁首都利马开会讨论委内瑞拉局势。会议通过的声明指出，17国政府谴责委内瑞拉"中断民主秩序"，不承认委内瑞拉制宪大会的合法性，呼吁马杜罗与反对派通过和平谈判解决危机。

美国当然是制裁委内瑞拉的"急先锋"。美国财政部迫不及待宣布了制裁委内瑞拉的多项措施，包括冻结马杜罗在美国境内资产、禁止美国人与马杜罗进行交易往来等。

欧盟表示希望马杜罗政府与反对派在民主框架内寻求解决危机之道，认为在充满怀疑和暴力的环境下产生的制宪大会无法为危机提供出路，相反加剧了分裂。

古巴、厄瓜多尔、玻利维亚、尼加拉瓜和萨尔瓦多等拉美左翼国家则支持马杜罗成立制宪大会，甚至联手挫败了美洲国家组织试图通过的制裁委内瑞拉决议。

中国外交部发言人表示,作为一项原则,中国从不干涉别国内政,作为委内瑞拉的朋友,中国真诚希望委内瑞拉各方依照宪法、通过对话解决问题,维护国家稳定和经济社会发展,中国希望并相信委内瑞拉政府和人民能够妥善处理好本国内部事务。

谁是一国之主

在 2012 年 10 月 7 日举行的委内瑞拉总统选举中，业已罹患不治之症的查韦斯取胜。翌日，他任命时任外交部部长马杜罗为副总统。同年 12 月 8 日，查韦斯在电视讲话中说："如果我无法继续胜任总统职位，无法继续领导全国人民，无法为人民利益和国家未来服务，那么马杜罗将是新一代领导人中最有能力接班的人选。"他还要求选民在下一次大选中投他一票。

生于 1962 年的马杜罗在中学时代就对政治有着浓厚的兴趣。或许是热衷于参与学生运动，他未能完成中学学业。走出中学校门后，他在首都加拉加斯的一家公司当司机，并成为该公司工会组织的一名积极分子。由于他人高马大，他曾为参与 1983 年总统竞选的一位政治家做贴身保镖。

1999 年，马杜罗当选为委内瑞拉全国代表大会（议会）议员，并在 2005 年担任全国代表大会主席（议长）。2006 年被查韦斯总统任命为外交部部长。

2013 年 3 月 5 日，查韦斯去世，副总统马杜罗任代理总统。

委内瑞拉宪法规定，总统去世后，需要在一个月举行大选。在同年 4 月 14 的总统选举中，马杜罗以高出对手不足 2 个百分点的微弱优势取胜。

马杜罗上台后，反对派变本加厉发动抗议和示威。而且，每一次"街头政治"都会有人丧生。如在 2014 年 2 月 18 日的一次由大学生组织的游行中，委内瑞拉卡拉沃沃州的"旅游小姐"卡尔莫娜被冷枪击伤。她被同学们用摩托车送到医院救治，但第二天就去世了。

在 2015 年 12 月 6 日举行的委内瑞拉议会选举中，反动派取胜。这无疑进一步强化了反对派与马杜罗作对的决心和实力。

根据委内瑞拉宪法第 233 条的规定，如果出现以下情况：总统死亡、主动辞职、被最高法院罢免、因身体或精神因素无法胜任、被议会确定为"离职"以及被公投罢免，那么，在新总统就职以前，由议会主席行使总统的职权，即由其担任临时总统。

为了把马杜罗"拉下马"，反对派控制的议会就根据宪法的这一条规定，在2017年1月9日通过了一项关于马杜罗总体"离职"的动议。但最高法院在同一天宣布，议会的决定不符合宪法的规定，因而是无效的。

2018年5月20日，马杜罗以68%的得票率连任总统，任期为2019年至2025年。但反对派抵制了这一选举，并称其为非法，因而要求重新举行大选。

2019年1月10日，马杜罗在最高法院宣誓就职，开始了其为期6年的第二任期。中国国家主席习近平特使、农业农村部部长韩长赋出席了就职典礼。

但在1月23日，议会主席胡安·瓜伊多在一大型集会上自行宣布就任委内瑞拉"临时总统"，称他将领导"过渡政府"，直到举行新的总统选举。在此之前，国际上可能无人知晓这个35岁年轻人。

委内瑞拉议会主席这一重要职务实行的是"轮流坐庄"制。自2019年元旦开始，应该由人民意愿党出任议会主席。但该党领导人莱奥波尔多·洛佩斯尚在监狱服刑，因此，该党就推举年仅35岁、在反对派阵营内少有对手的胡安·瓜伊多取而代之。1月5日，瓜伊多正式就任议会主席。

想当年，"9·11"事件发生后，小布什总统对世界各国说，要么跟着美国走，要么跟着恐怖主义者走。岂料美国国务卿蓬皮奥在时隔近20年后发出了同样的喊话。在2019年1月26日联合国安理会举行的委内瑞拉问题的公开会上，蓬皮奥说，在委内瑞拉问题上，每一个国家都应该尽快选边站：要么与自由力量站在一起，要么与马杜罗及其制造的混乱站在一起。

且不论蓬皮奥的喊话是多么荒唐，可以肯定的是，在委内瑞拉问题上，世界似乎分裂成两个阵营。美国及多个拉美国家承认瓜伊多政府。俄罗斯和中国等国不予承认。

委内瑞拉每况愈下的经济形势以及300万委内瑞拉人的"背井离乡"对邻国产生的负面影响，使美国看到了置马杜罗政府于死地的良机。

事实上，早在瓜伊多"就职"前一天的 1 月 22 日，美国副总统彭斯就发表视频讲话，呼吁委内瑞拉人参加翌日举行的反政府游行。他在这一视频中说，委内瑞拉总统马杜罗"不是在自由而公正的总统选举中取胜的"，因而是一个"无合法权力的独裁者"。除了在视频底部加上西班牙语以外，彭斯还用西班牙语说："我们与你们在一起""跟着上帝走"。

彭斯真的是在关心委内瑞拉人民吗？答案显然是否定的。无论如何，美国不会同意在其"后院"中出现一个反美政权。

在 1 月 25 日中国外交部举行的例行记者会上，记者问："美国正采取行动以确保委内瑞拉石油收入归'委临时总统'所有，而非马杜罗政权。中方有何评论？"外交部发言人华春莹答道："委内瑞拉的事务必须也只能由委内瑞拉人民自己选择和决定。我们呼吁各方尊重委内瑞拉人民选择，支持委各方在委宪法框架内通过和平对话方式，寻求政治解决方案。委内瑞拉保持稳定和发展符合各方利益，希望各方多做有利于委内瑞拉稳定的事情。中方反对外部干预委事务，特别是威胁军事干预，将继续支持委内瑞拉政府为维护国家主权、独立和稳定所作努力。"

英语中有两句谚语，第一句是 Right is might（正确的就是有力的），第二句是 Might is right（有力的就是正确的）。在美国的处世哲学中，这两句似乎应该改为：Right is not always might, but might is always right（正确的未必总是有力的，而有力的总是正确的）。

坏事真能变好事

2010年8月5日，智利北部圣何塞铜矿塌方，33名矿工受困地下622米处，生死未卜。10月13日，被困69天的所有矿工回到地面，重见光明。

智利是铜矿之国。据估计，智利的铜矿储量占世界储量总额的约四分之一，2017年的产量高达533万吨。在这样一个铜矿之国，发生一起矿难并不鲜见。但智利政府却成功地使这一事故变成提升国家地位和改善政府形象的不可多得的良机。

8月26日晚，智利政府通过国家电视台播放了一段被困矿工的视频录像。从录像中可以看到，虽然矿工们已经被困地下20多天了，但他们的精神状况依然很好。有些矿工站着，有些躺着，似乎刚刚睡醒。一群赤裸上身的矿工手挽手地站成一排，唱起了智利国歌，并齐声高喊"智利万岁！""矿工万岁！"这样的场面无疑改善了智利的国家形象，提升了智利人的爱国主义情感。

营救活动进行时，我正好在国外。由于时差的原因，我无法入睡。打开电视机一看，英国广播公司（BBC）正在现场做全程实况转播。电视画面上，智利总统皮涅拉身穿红色工作服，头戴安全帽，一会儿接受记者的采访，一会儿与从事营救工作的技术人员交谈，一会儿又安慰井下矿工的家属。一国之最高领导人能亲临现场，委实令人感动不已。当最后一名矿工到达地面后，皮涅拉总统激动得流下了眼泪。世界各地的电视机前的每一个人都看到了这一幕。

据说皮涅拉总统曾打算亲自下井去迎接被困的矿工，但保安和他的妻子不同意，认为下井的安全风险太大。

在营救工作全部结束时，皮涅拉总统发表了重要讲话。他说，从今天起，智利将以一个崭新的面貌屹立在世界舞台上。他还宣布，政府将在圣何塞铜矿修建一座国家纪念碑，向后代展示智利人不畏艰难的精神力量。现场的智利人个个欢呼雀跃。这样的场面似乎不是在报道矿难，而是在描绘春节晚会之类的喜庆场面。

令人意想不到的是，智利的营救工作也为改善中国的形象作出了贡献，因为营救时使用的起重机就是由中国三一重工制造的。8月6日，6辆卡车组成的车队载着漆成鲜亮红色的中国自主设计、研发、制造的重型起重机的一部分零件，浩浩荡荡地开往救援现场。现场的矿工家属手持智利国旗，唱起为矿工们鼓劲的自创歌曲《加油，矿工们》，欢迎车队的到来。三一重工的一位领导说，能够参与此次救援，说明三一重工品牌在国际市场有知名度。更为重要的是，这是一个让世界各国了解"中国制造"品质的机会，有利于改变西方人心目中的那种中国只能生产毒奶粉和毒玩具的偏见。三一重工智利分公司的一位中国员工作为技术服务工程师参加了救援行动。他是现场唯一参与救援的亚洲人。

还应该指出的是，国际媒体在报道营救工作时，都给予积极、正面的报道，与当年对皮诺切特将军的高压统治的报道形成了鲜明的对比。

当然，除了上述积极因素以外，以下两个方面也是极为重要的。一是智利政府最大限度地公布各种信息，使矿工家属和媒体能及时了解地下矿工的身体状况及政府的营救计划。二是智利政府秉持"生命至上"和"以人为本"的原则，不惜一切代价进行营救。皮涅拉总统缩短了国外行程，有关政府部门与时间赛跑，制订了周到的营救计划。为了打通一个为矿工输送空气、水和食品的通道，智利快速地从澳大利亚进口了昂贵的钻机设备。为使矿工在地下保持健康的身躯提供了保障，智利甚至请美国宇航局的专家制定了菜谱。

矿工获救后的第5天，皮涅拉总统访问英国。他向伊丽莎白二世女王和卡梅伦首相赠送了获救矿工从地下带到地面的矿石。据报道，矿工获救后，皮涅拉总统在国内的支持率大幅度攀升。此外，智利矿工获救的经历将由好莱坞搬上银幕。

一场矿难居然成了提升国家地位、改变国家形象、增加国家领导人的支持率和振奋民族精神的事件。

阿连德总统死于何人之手

1973年9月11日的智利军事政变，为后人留下了一个千古之谜：当时的智利总统萨尔瓦多·阿连德究竟是怎么死的？是自杀还是死于政变军人的枪下？

阿连德总统可谓中国人民的好朋友了。在智利与中国的双边关系中，智利有数个"第一"：第一个与中国建交的南美洲国家，第一个与中国达成关于中国加入世界贸易组织协议的拉美国家，第一个承认中国市场经济地位的拉美国家，第一个与中国签署自由贸易协定的拉美国家，其中第一个"第一"就是在阿连德总统当政时实现的。

1970年春天，阿连德的夫人和女儿访问中国。国务院总理周恩来亲切地接见了她们。在热情友好的谈话中，阿连德夫人对周恩来总理说：智利国内的形势对左派十分有利，人民联盟很有可能在此次大选中获胜。一旦阿连德能当上智利总统，将会尽快解决和中华人民共和国建立外交关系的问题。周恩来说，中智建交是两国人民盼望已久的事，衷心希望能早日得以实现。阿连德在大选即将获胜的形势下，也积极部署了中智建交工作。

1970年12月初，智利驻法国大使伯因斯坦奉命约见中国驻法大使黄镇，商谈两国建交事宜。伯因斯坦提出了一份建交公报草案，其中关于台湾的一节是这样写的："中国政府重申，台湾是中华人民共和国领土不可分割的一部分。智利政府注意到中国这一声明。智利政府承认中华人民共和国政府是中国唯一的合法政府。"

中华人民共和国成立之后，世界上还有一些国家在美国的控制下，依然和台湾当局保持着"外交关系"。因此，其他国家在与中国建交时对待代表中国的合法政府及台湾问题的态度非常重要，因为它涉及中国的主权和尊严。中华人民共和国政府的立场是，在和其他国家建交时必须重视对台湾问题的处理，不允许在这一点上出现"两个中国"或"一中一台"的问题。

智利政府提出的这份与中华人民共和国建交的公报草案，在台湾问题的处理上，完全符合中国政府的建交原则。当这份草案报到北京后，周总理阅后说，智方考虑很周到，一个字都不用改动。由于双方都有早日建交的愿望，而且在一些重大问题上没有大的意见分歧，因此两国很快就达成了协议。1970年12月15日，两国对外发布了建交公报，中国和智利正式建立了外交关系。

阿连德被认为是一个民众主义总统。为了报答选民，阿连德上台后就开始冻结价格上涨，并大幅度提高工资。这些措施极大地提高了民众的收入水平，也刺激了他们的购买力。然而，冻结价格损害了企业、批发商及零售商的利益，其生产积极性受到了影响。

除此以外，阿连德还实施了国有化和土地改革。国有化维护了智利的民族经济权益，土地改革改变了农村存在的土地分配严重不均的局面。但是，这些措施也遭到了外国资本和大地主的反抗和抵制。

上述弊端对经济活动产生了严重的负面影响。进入1973年后，通货膨胀压力开始快速攀升。"屋漏偏遭连夜雨。"国际市场上铜价的下跌减少了智利的出口收入。

其实，在阿连德上台之初，美国就对其怀有戒心。美国国务卿基辛格说道："我不懂为什么我们必须抱着胳膊坐在这里，看着一个国家因为自己的人民不负责任而滑向共产主义。"尼克松总统发出了这样的指令："让（智利）经济哀叫起来。"美国中央情报局用800万美元支持阿连德的反对派，包括支持工人罢工以及对智利的《信使报》进行渗透。美国不再向智利提供贷款，还要求其他国家也不要向智利提供贷款。

自1972年年中开始，智利经济出现了危机的迹象。与此同时，社会动荡也开始加剧。1972年8月，店主举行了一天的罢市，以抗议政府的经济政策；10月，一系列抗议活动席卷全国。1973年，铜矿工人、卡车司机、律师、医生和中产阶级家庭的妇女都相继上街游行或罢工。

1973年9月11日，陆军参谋长皮诺切特以阿连德政府无法治理国家为由，发动了军事政变。阿连德拒绝了要求他流亡海外的请求。他说：

"智利总统不会坐飞机出逃。正如他知道士兵怎样行动那样,我知道我作为共和国的总统应该如何履行我的职责。"

9月11日中午,智利空军的猎鹰式飞机用火箭向总统府发动了攻击。曾目睹了多次和平交权的这一建筑物被笼罩在黑烟中。

火力攻击停止后,人们发现,阿连德已中弹身亡。当时智利官方的说法是,由于总统府遭到空中和地面的火力攻击,绝望的阿连德总统就用古巴领导人菲德尔·卡斯特罗送给他的枪结束了自己的生命。但是,长期以来,许多拉美国家的一些左翼人士(包括古巴领导人卡斯特罗在内)不相信骨气很硬的阿连德会自杀。他们认为,这位拉美左翼政治偶像是被皮诺切特手下的人当场处决的。

阿连德家人认为,阿连德是自杀的。阿连德总统的女儿、担任智利参议员的伊莎贝尔·阿连德说:"我们相信,阿连德总统决定选择死亡,以实际行动维护人民对他的委任。"

为彻底搞清死因,在阿连德总统家人的要求下,2011年5月23日,阿连德的棺木被开启。伊莎贝尔对美国有线电视台(CNN)说,开棺验尸并不意味着她的家人对死因的看法发生了变化,或是出现了从未有过的怀疑,而是家人支持有关方面对阿连德死因展开调查。但她又说:"我们认为,对于智利、对于世界来说,在法律上确定他的死因以及死亡时的情况确实是极为必要的。"

7月19日,负责调查阿连德死因的法医研究组宣布了开棺验尸的调查结果,确认他是自杀身亡。

美国人心目中的独裁者

每一种语言都有不堪入耳的骂人话。在英语里,"畜生"(son of bitch, SOB)就是一个例子。一位美国总统曾骂拉美国家的一位总统"畜生"。

20世纪80年代以前的拉美有几位独裁者,其中之一就是尼加拉瓜的索摩查。

索摩查的全名是安纳斯塔西奥·索摩查·加西亚(Anastasio Somoza García)。19世纪后期,他的父亲在卡拉索省拥有大片土地,靠种植咖啡获取了巨额财富。索摩查生于1896年。1926年,他投身于尼加拉瓜内战。虽然他在战场上毫无建树,但他能说一口流利的英语。因此,美国海军陆战队就请他担任翻译。美国出兵尼加拉瓜的目的,名义上是"调停"尼加拉瓜内战双方,实质上是为了建立在尼加拉瓜的永久军事基地。

在美国人的帮助下,善于钻营的索摩查先后担任了尼加拉瓜莱昂省省长、驻哥斯达黎加大使、尼加拉瓜外交部部长和国民警卫队司令。

索摩查不仅在1934年杀害了尼加拉瓜民族英雄、游击队领导人桑地诺,还在1936年迫使萨卡沙总统辞职。1937年元旦,索摩查出任尼加拉瓜总统。上台后,他立即修改了宪法,将政府权力集中于总统一人,其家庭成员和支持者都在政府和军队中担任要职。

索摩查对外积极跟随美国,对内实行独裁统治,严厉打击反对派,残暴地压制民主,还利用手中的权力中饱私囊,几乎将整个国家的财富都占为己有。

美国为了维护其在中美洲地区的利益和势力范围,抵御苏联的所谓"共产主义影响",对索摩查的独裁统治听之任之。据报道,美国总统富兰克林·罗斯福曾在1939年说过:"索摩查可能是一个畜生,但他是我们美国的畜生。"

1956年9月21日，索摩查去一个俱乐部出席一个社交活动。他万万没有想到，在俱乐部里，一个名叫戈维托·洛佩斯·佩雷斯的27岁青年人正在向他靠近。在离索摩查很近的地方，那名青年人掏出手枪，击中了索摩查的胸口。洛佩斯当场被索摩查的保镖击毙，索摩查被送到美国设在巴拿马运河区的医院抢救。数日后，索摩查不治身亡。

洛佩斯生于1929年。这个年轻人早在17岁就发表了处女诗。1979年尼加拉瓜革命胜利后，政府将首都马那瓜的体育场命名为洛佩斯国家体育场。1981年9月21日，即在洛佩斯死后25年纪念日这一天，尼加拉瓜政府追认他为民族英雄。但在1998年11月20日，即在这一体育场落成50周年之际，当时的尼加拉瓜总统阿莱曼将该体育场改名为丹尼斯·马丁内斯国家体育场。丹尼斯·马丁内斯是在尼加拉瓜出生的美国棒球运动员，而且是唯一不是出生在美国，但深受美国人爱戴的著名棒球运动员。

索摩查死后，其长子鲁易斯·索摩查继位。他打着政治稳定的旗号，大肆逮捕潜在的政敌，继续实行家族独裁统治。

20世纪50年代，在联合国拉美经济委员会的推动下，中美洲国家积极推动区域经济一体化。在鲁易斯·索摩查当政时期，尼加拉瓜在构建中美洲共同市场的过程中发挥了积极的作用。但在1961年美国策划的"猪湾事件"中，鲁易斯·索摩查允许美国训练的古巴流亡人员在尼加拉瓜加勒比海海岸的卡贝萨斯港登船出发。

鲁易斯·索摩查不愿意参加1963年的总统竞选，但他想方设法使忠诚于索摩查家属的人掌权。因此，在他1967年因心脏病去世以前，仍然掌控着国家的实权。鲁易斯·索摩查在这个世界上仅活了45年。

鲁易斯·索摩查的胞弟安纳斯塔西奥·索摩查·德瓦伊莱毕业于美国西点军校。其父亲遇刺后不久，他就担任尼加拉瓜国民警卫队司令，并在1967年5月出任总统。受宪法的约束，他不能在第一任总统结束后立即参加第二次总统竞选。因此，他玩弄权术，成立了一个由他钦定的三人执政委员会，在1972年至1974年期间行使总统的权力。1974年12月，他再次当选总统，直至1979年7月被桑地诺民族解放阵线推翻。

如果说鲁易斯·索摩查的独裁统治有所收敛，那么纳斯塔西奥·索摩查·德瓦伊莱则与其父亲极为相似。他积极跟随美国在拉美推行的反共政策，以高压手段对付各种反政府力量和异己人士，并不择手段地贪污国家财富。

古巴革命胜利后，尼加拉瓜的进步力量成立了桑地诺民族解放阵线。经过近20年的斗争，这一阵线终于在1979年7月推翻了索摩查政权，建立了民族复兴政府。美国豢养的"畜生"终于寿终正寝。

据报道，纳斯塔西奥·索摩查·德瓦伊莱下台后，曾试图流亡美国，但未能获得卡特政府的批准。他只好在巴拉圭寻求避难。1980年9月17日，他在巴拉圭首都亚松森的住家附近遭到4男3女共7名枪手的袭击后当场死亡。一名枪手事后说道："我们不能容忍这样一个亿万富翁和花花公子的存在，而成千上万的拉美人却食不果腹。我们完全愿意用我们的生命来实现我们的事业。"

为了干掉索摩查，暗杀小组花费了半年的时间，摸清了他的行动规律。17日，假装卖报纸的一位暗杀小组成员得知索摩查乘坐奔驰汽车离开家门后，立即发出信号，其他人向奔驰车发射了一枚火箭，但打偏了方向。其他人用机关枪继续开火，为发射第二枚火箭赢得了时间。索摩查的脸部和身体被炸烂，最后只能看他的脚才断定死者确实是索摩查。

加勒比的4个"S"

这里说的加勒比的4个"S"不是卖汽车的4S店。卖汽车的4S店是指"销售"(Sale)、"零部件"(Sparepart)、"售后服务"(Service)和"信息反馈"(Survey)。加勒比的4个"S"是指"大海"(Sea)、"沙滩"(Sand)、"天空"(Sky)和"阳光"(Sunshine)。

2012年6月,我有幸访问了牙买加、特立尼达和多巴哥以及巴哈马三国,对加勒比的旅游业获得了一些初步的感性认识。

根据世界旅游组织(World Tourism Organization)的定义,旅游是人们为消遣、娱乐、度假、探亲访友和经商等目的而在常住地以外停留时间不超过一年的各种活动,国际旅游是指不以获取经济收入为目的、在国外停留至少一晚的活动。游客需要在异乡满足精神和物质等方面的需求,因此,旅游业是一个涉及住宿、交通运输、娱乐以及与之有关的建筑业、农业及通信等领域的产业。

加勒比旅游业的起源可追溯到18世纪下半叶。当时,由于甘蔗种植业不景气,一些加勒比岛屿的居民开始利用当地的自然风光吸引游客。1778年在尼维斯岛建立的巴斯旅馆(Bath Hotel)被认为是加勒比地区第一家为游客服务的旅馆。这一用石头建造的旅馆曾因拥有当地特有的温泉而深受不少欧洲游客的青睐。

20世纪中叶以前,受国际交通运输条件的制约,国际旅游业难以与今日相提并论,到加勒比旅游的国际游客为数不多。20世纪下半叶以来,尤其是最近二三十年,国际航空以及游轮的发展使加勒比与世界各地的距离大大缩短,同时也大幅度地降低了国际游客的旅行费用。这一切都为加勒比地区吸引更多的游客创造了有利条件。

旅游业已成为加勒比国家的经济支柱之一。在一些国家(如安提瓜和巴布达、巴哈马、巴巴多斯和圣卢西亚），旅游业占国内生产总值的比重已超过50%。

相比之下，在经济结构较为多元化的特立尼达和多巴哥以及多米尼加，旅游业在国内生产总值中的比重不大，尽管最近一二十年这一产业也获得了较快的发展。在海地，由于受到政局不稳定、经济落后和基础设施不完善等不利因素的影响，旅游业发展缓慢，无法带动整个国民经济的发展。

加勒比的旅游业具有以下特点。

一是丰富的旅游资源以自然风光为主。加勒比各国拥有的旅游资源极为丰富。这些资源主要是"4S"，历史古迹则为数不多。因此，前来加勒比旅游的游客主要是为了与大自然"亲密接触"。

二是政府重视旅游业的发展。加勒比国家的国内市场狭小，不利于发展工业生产。传统的热带作物制造业也因不时受到飓风、农产品价格波动等因素的影响而长期处于不景气状态。因此，政府将发展旅游业作为实现经济结构多元化、创造就业机会和获取外汇收入的重要手段。为实现这一目标，政府采取了多方面的措施，其中包括：为国内外旅游业企业提供税收优惠，放宽对旅游业企业进口各种外国商品的限制，努力完善旅游点的基础设施，将旅游业作为投资重点。

三是在国际上大力开展宣传活动。虽然加勒比地区具有邻近北美洲的优势，但在国际旅游市场竞争不断加剧的条件下，在国际上扩大宣传加勒比的风光是十分必要的。多年以来，加勒比国家常在欧美的电视、报纸和电台上做广告，以确保加勒比的度假胜地的美誉长盛不衰。

四是不断开发除"4S"以外的非传统旅游资源，如探险、野营、狩猎、自行车环游、高尔夫球。这些旅游项目一般都远离大海，因此，非传统旅游资源的开发既丰富了旅游活动的多样性，又减轻了沙滩上的拥挤，甚至还刺激内陆山区的经济发展。

五是最大限度地融入加勒比文化特色。加勒比地区是一个"民族熔炉"。加勒比文化既有非洲文化的特色，也有欧洲文化的韵味；既有拉美文化的传统，也有亚洲文化的一些遗风。因此，世界各地的游客不仅对加勒比的"4S"流连忘返，而且还对加勒比文化情有独钟。特立尼达和多巴哥的狂欢节、牙买加的雷加音乐节和圣卢西亚的爵士音乐节等文化活动，每年都吸引了大量游客。有些游客甚至是专门去加勒比感受那里的独特文化。

最后应该指出的是，我们在访问加勒比三国时很少看到中国游客。据了解，为了减少对美国游客的依赖，许多加勒比国家已制定了吸引中国游客的措施，其中包括扩大对华宣传和降低旅游团的收费标准。一些加勒比人士甚至还希望开通中国直飞加勒比的空中航线。

西半球只有一个社会主义国家

最近几年，拉美左派东山再起，成为拉美政治舞台上的一大"景观"。比这一景观更引人注目的是，委内瑞拉总统查韦斯和厄瓜多尔总统科雷亚提出了"21世纪社会主义"，玻利维亚总统莫拉莱斯提出了"社群社会主义"。对此，国内外一些学者和网民兴高采烈，认为西半球多出了几个社会主义国家。例如，有人认为，在拉美，"除传统的社会主义国家古巴外，还有委内瑞拉、玻利维亚、尼加拉瓜和厄瓜多尔的激进左翼政权公开宣称实行社会主义制度"。甚至还有人使用了"拉美社会主义国家集体崛起"这样的标题。但这些判断会令人误入歧途。

什么是社会主义？小平同志也问过这个问题。我认为，社会主义应满足三个基本条件，即坚持共产党的领导、公有制占主导地位和马克思主义在意识形态中占主流。而且，判断一个国家是否社会主义国家，不能仅仅着眼于这个国家是否满足上述条件中的某个条件，而是要满足所有条件。例如，摩尔多瓦的前执政党是共产党人党。该党在党章中规定，其最终目标是实现共产主义。它主张发展社会主义，复兴共产主义运动，并以马克思列宁主义思想为指导，把马列主义同摩尔多瓦国内实践相结合，反对私有化，反对西方腐朽文化对摩的渗透。该党领导人沃罗宁在四大政治报告中指出，"摩尔多瓦共产党人的历史使命在于：要向世人证明，共产主义思想、共产主义运动有着极其美好的历史前景"。但是，摩尔多瓦的所有制不是以公有制为基础，马克思主义根本没有成为摩尔多瓦意识形态的主流。因此，摩尔多瓦不是社会主义国家。

今天，满足上述三个条件的只有包括中国在内的5个国家（其他4个是朝鲜、越南、老挝和古巴）。换言之，在西半球，只有古巴是社会主义国家。

2005年5月1日，委内瑞拉总统查韦斯提出要在委内瑞拉建设"21世纪社会主义"。2006年1月莫拉莱斯就任玻利维亚总统后，也在不同场合表示，玻利维亚要搞"社群社会主义"。2007年1月科雷亚就任厄瓜多尔总统后，也表达了厄瓜多尔要搞"21世纪社会主义"的愿望。

何谓"21世纪社会主义"？何谓"社群社会主义"？迄今为止，尚未见到查韦斯、科雷亚和莫拉莱斯作出过深入而全面的论述。因此，只能从他们在不同场合的讲话中提炼出"21世纪社会主义"和"社群社会主义"的含义。

查韦斯和科雷亚都承认，"21世纪社会主义"是玻利瓦尔思想、基督教教义和马克思主义的混合体。主要内容包括：第一，人类的劳动和劳动力是生产的结果，不是生产的手段，因此劳动比资本更重要。第二，国家的作用比市场的作用更重要。第三，与交换价值相比，使用价值更重要。第四，市场机制并不是一个非常良好的机制。第五，所有生产资料都必须由国家控制。第六，社会公正是经济发展的最终目标。

关于"社群社会主义"，莫拉莱斯认为，在殖民主义者征服"新大陆"以前，"社群"就构成了印第安人的社会经济结构。因此，在印第安人占人口多数的玻利维亚，"社群社会主义"具有悠久的历史传统。他认为，"为了拯救地区，为了拯救生命和人的尊严，我们必须抛弃资本主义，以社群社会主义取而代之"。

且不论"21世纪社会主义"和"社群社会主义"与科学社会主义有多少相似之处，可以肯定的是，由于以下三个原因，委内瑞拉、厄瓜多尔和玻利维亚三国不是社会主义国家。第一，这三个国家不是共产党领导，它们的执政党不是马克思主义政党。第二，私有经济仍是这三个国家经济的主体。诚然，查韦斯、科雷亚和莫拉莱斯高举民族主义大旗，在能源等领域实施了国有化，并强化了国家对经济的干预，但其经济体制依然是私有制，国有经济成分所占比重极为有限。第三，共产主义思想和马克思主义远未深入人心。即便是查韦斯、科雷亚和莫拉莱斯本人也并不信奉马克思主义，不认为自己是马克思主义者，尽管他们口口声声地说要消灭殖民主义、资本主义和帝国主义。

盲目地将"21世纪社会主义"和"社群社会主义"视为科学社会主义，有三个不利之处。

一是不利于我们正确判断当前世界社会主义运动的态势。东欧剧变、苏联解体后，虽然中国和其他4个社会主义国家力挽狂澜，顶住了压力，但世界社会主义运动陷入低潮是一个不争的事实。

二是不利于我们坚持中国特色社会主义。如果把"21世纪社会主义"和"社群社会主义"也当作社会主义，那么有人就会理直气壮地说，委内瑞拉、玻利维亚和厄瓜多尔是在没有共产党、没有公有制和没有马克思主义的情况下搞社会主义的，中国也可以仿而效之。这显然是危险的。

三是不利于我们提倡实事求是的学风。学术研究同样离不开实事求是。我们不能因为查韦斯、科雷亚和莫拉莱斯在政治口号中使用了"社会主义"而兴高采烈地称其领导的国家是社会主义国家。

玻利维亚副总统加西亚曾对记者说："社会主义只能建立在坚强的无产阶级基础上，……玻利维亚至少还需要50年时间才能建成社会主义国家。"加西亚的这一预测有何依据，尚不得而知。可以肯定的是，在可预见的将来，委、厄、玻很难成为社会主义国家。这是由下列因素决定的。

首先，虽然近几年拉美左派东山再起，但该地区的共产党难以改变它们在政治舞台上的边缘化地位。此外，拉美国家的共产党力量薄弱，难以肩负起领导人民进行社会主义建设的重任。

其次，尽管委内瑞拉、厄瓜多尔和玻利维亚等国主张通过国有化等措施来强化国家在经济生活中的作用，但拉美国家不可能抛弃目前的私有制转而采纳公有制。

再次，美国不会容忍其后院出现新的社会主义国家。古巴成为社会主义国家后，美国对古巴实施了长达近半个世纪的经济封锁。这一封锁是人类历史上一个大国对一个小国实施的持续时间最长的制裁。

虽然"21世纪社会主义"和"社群社会主义"不是科学社会主义，但也不宜全盘否定。毋庸置疑，这在一定程度上反映了查韦斯、科雷亚和莫拉莱斯对社会主义的憧憬和热爱，说明社会主义的优越性引起了这些政治家的关注。因此，"21世纪社会主义"和"社群社会主义"的提出，有以下三个有利之处。

一是有利于探求社会主义的不同模式。社会主义拥有不同的模式，而且是与时俱进的。其他国家对社会主义模式的探求有利于在理论和实践的层面上充实社会主义思想的内涵。

二是有利于拉美左翼力量的壮大。拉美的左翼力量几起几落，经历了一个曲折的发展过程。"21世纪社会主义"和"社群社会主义"的问世无疑为当前拉美左派的东山再起提供理论上的支持。

三是有利于探索新的发展道路。拉美的左翼政权已彻底放弃了"游击战"策略，试图通过加快社会发展改变拉美的现状。20世纪90年代以来，政治变革、经济改革和社会变迁使拉美发生了天翻地覆的变化。在这一过程中，拉美的左翼政治家孜孜不倦地摸索新的发展道路，无疑是值得提倡的。

1988年5月18日，邓小平在会见莫桑比克总统希萨诺时说："你们根据自己的条件，可否考虑现在不要急于搞社会主义。确定走社会主义道路的方向是可以的，但首先要了解什么叫社会主义，贫穷绝不是社会主义。要讲社会主义，也只能是讲符合莫桑比克实际情况的社会主义。"邓小平的这一告诫令人深思。

卡斯特罗是一个伟人

2004年9月，我随中国社会科学院的一个代表团访问古巴。记得那天晚饭时，我们得到通知，古巴领导人菲德尔·卡斯特罗要在当天晚上接见我们。我们感到非常高兴。

我们来到卡斯特罗的办公地点时，我们被告知，卡斯特罗正在电视台与记者和观众代表对话，对话的核心内容是如何应对即将到来的飓风。

我们在会客室里边看电视，边等待会见时间的到来。半个多小时后，卡斯特罗在电视直播间说："会客室里有一个从中国来的高级代表团，我必须离开这里了。"

过了几分钟，会客室的门打开了，只见一位高大而英俊的老人出现在我们面前。我们代表团的每一个人都知道，他就是我们久仰的古巴领导人卡斯特罗。

卡斯特罗和蔼可亲地与我们每一个人握手，还说："对不起，让你们久等了。"他坐下后，工作人员给他送来一杯咖啡。据说他还没有吃晚饭，而当时已经是晚上10点多钟了。

卡斯特罗首先向我们介绍了当时古巴的形势，并对一些重大的国际问题进行了分析，提出了一些颇有见地的观点。

卡斯特罗十分健谈。他一口气说了两个多小时。临别时，他给我们代表团的每一位男士送了一盒古巴雪茄，给每位女士送了一束鲜花。

这是我第一次亲眼见到卡斯特罗。与我原来想象中的形象相比，眼前的这位伟人似乎要苍老一些，但他的身躯似乎更为高大，眼睛更为炯炯有神。

卡斯特罗真是一位伟人。

卡斯特罗之所以伟大，是因为古巴人民在他的领导下，在社会主义建设的道路上取得了令人瞩目的成就。尤其在社会发展领域，古巴人民享受了真正意义上的社会主义的优越性。即便是那些对古巴抱有偏见的人们，也不得不承认这一事实。

卡斯特罗之所以伟大，是因为他"先天下之忧而忧，后天下之乐而乐"。据报道，在国际媒体流传的美洲国家领导人的工资表上，卡斯特罗的工资最低，月薪仅为 30 美元。在卡斯特罗以身作则的影响下，古巴党政干部的廉洁程度在世界上是少有的。

卡斯特罗之所以伟大，是因为他能在有生之年自觉地离开领导岗位。这样的具有高风亮节的革命家，在世界上不多见。

卡斯特罗之所以伟大，是因为他能勇敢地反击美国对古巴实施的经济封锁，也能巧妙地使美国对他实施的数百次的暗杀流产。

卡斯特罗的退休引起了国际社会的关注。许多人提出了这样的问题：这位在位时间近半个世纪的领导人退出政治舞台后，古巴将向何处去？

事实上，早在 2006 年 8 月卡斯特罗因病住院时，国际社会就开始讨论古巴的前途。他们的看法不尽相同。概而言之，在他们的预期中，古巴将面临三种选择：一是"变天"，即古巴会像当年的苏联和东欧国家那样，放弃共产党的领导，放弃社会主义，走资本主义道路，成为西方所说的"民主"国家。二是"不变"，即原封不动地保留目前的政治和经济体制，继续奉行目前的那种较为稳健的改革开放政策。三是慢慢地"变"，即在坚持社会主义道路的前提下，适度加大经济改革和政治改革的步伐，努力提高人民生活水平。

影响一个国家的发展前途的决定性因素主要包括国家领导人的意愿、人民的呼声以及外部条件的影响。

多年前卡斯特罗多次曾说过，虽然艺术家死了，但他的作品仍然挂在墙上。古巴党中央机关报《格拉玛报》不久前发表的一篇文章也指出，"在古巴的词典中，没有'变天'这个字"。

2008 年 2 月，劳尔·卡斯特罗当选古巴国务委员会主席兼部长会议主席，兼任革命武装力量总司令。在中国，人们把菲德尔·卡斯特罗称作"老卡"，称劳尔·卡斯特罗为"小卡"。劳尔也是一个伟大的革命家，也是一个立场坚定的马克思主义者。因此，在他的领导下，古巴将继续走社会主义道路。就此而言，所谓卡斯特罗退休后古巴将进入"后卡斯特罗时代"的提法并不贴切。

人民是推动历史前进的动力。古巴人民走社会主义道路已有半个世纪，共产主义思想已深入人心。尤其在社会发展领域，古巴人民享受免费教育和免费医疗，真正享受到了社会主义的优越性。古巴人民不会在卡斯特罗退休后放弃共产党的领导，不会放弃社会主义制度。

此外，古巴共产党是这个国家的唯一合法政党。除古巴共产党以外，没有一种政治力量能够领导一千多万人民。

古巴是一个小国家，人口仅为1200万，因此外部因素对它的影响是非常重要的。在影响古巴前途的外部因素中，美国因素非常重要。美国始终将古巴视为眼中钉、肉中刺。美国不喜欢当前古巴的政权交接方式。早在2006年8月卡斯特罗因病住院前，美国就制订了所谓加速古巴"转轨"进程的计划，并为此拨出巨款。美国政府表示，古巴不应该出现"权力的继承"（succession），即不应该由劳尔·卡斯特罗接替其兄的领导岗位；而是要实现"转轨"（transition），向"西方民主"过渡。毫无疑问，美国的如意算盘是不可能成为现实的，社会主义古巴将继续屹立在加勒比海之中。

诚然，美国"亡古之心"不死。这是一个非常不利于古巴发展前途的外部因素。但是，世界上更多的国家是同情和支持古巴的。作为社会主义国家，中国无疑会以多种方式支持古巴继续走社会主义道路。作为西半球"反美轴心"的主要组成部分，委内瑞拉也对古巴给予有力的支持。此外，其他拉美国家也会尊重古巴人民的选择，希望古巴保持政局稳定。

国际上的一些分析人士认为，劳尔·卡斯特罗等古巴领导人赞赏中国在改革开放过程中取得的伟大成就，并表示要借鉴中国的成功的经验，因此，在劳尔·卡斯特罗的领导下，古巴已开始加大改革开放的力度。当然，任何一个国家都不应该照搬其他国家的发展模式，而是要把他国的经验与本国国情结合在一起。只有这样，才能做到"他山之石，可以攻玉"。

总之，古巴人们将继续高举社会主义大旗，继续坚持共产党的领导。但这并不意味着古巴将故步自封。事实上，东欧剧变、苏联解体后，古巴一直在发展道路上进行着有益的探索，并取得了显著的成效。

2016年11月26日凌晨，劳尔·卡斯特罗发表全国电视讲话，宣布古巴革命领袖菲德尔·卡斯特罗逝世，享年 90 岁。当天，中国国家主席习近平向古巴共产党中央委员会第一书记、国务委员会主席兼部长会议主席劳尔·卡斯特罗致唁电，代表中国党、政府、人民并以个人名义，对菲德尔·卡斯特罗同志逝世表示最沉痛的哀悼，向其家属致以最诚挚的慰问。29 日上午，习近平主席前往古巴驻华使馆，吊唁古巴革命领袖菲德尔·卡斯特罗。

"加勒比海的中国"

中国共产党的十一届三中全会是在重大历史关头召开的。当时,世界经济快速发展,科技进步日新月异,而十年内乱导致我国经济濒临崩溃的边缘,人民温饱都成问题,国家建设百业待兴。邓小平同志指出:"如果现在再不实行改革,我们的现代化事业和社会主义事业就会被葬送。"此外,邓小平同志还说过,"贫穷不是社会主义"。

除中国以外,西半球唯一的社会主义国家古巴也在改革。当然,中国与古巴的改革在动因、力度、深度、广度和成效多方面有着较大的差异。

古巴的经济改革既有机遇,也有挑战;既有动力,也有障碍。机遇和动力主要来自以下几个方面。

一是古巴最高领导层终于认识到了推进经济改革的必要性。古共六大是一次具有划时代意义的大会。会议通过的《经济与社会政策方针》较为详细地阐述了古巴经济改革的措施、步骤、方向和目标。这一重要文件体现了古巴最高领导层的意愿和决心。

作为古巴的最高领导人,劳尔·卡斯特罗被认为是经济改革的总设计师和掌舵人。与菲德尔·卡斯特罗不同的是,劳尔对推进经济改革的必要性的认识更为深刻,而菲德尔·卡斯特罗对古共六大确立的经济改革方案也是首肯的。毫无疑问,最高领导层对经济改革表现出来的前所未有的热情,是推进经济改革的必不可少的动力和有利条件。

二是古巴人民希望改革的呼声在上升。1959年的古巴革命彻底改变了古巴的发展进程。革命之前,古巴的贫困问题和收入分配不公非常严重。例如,全国的成人文盲率高达43%,占农户总数不足8%的地主拥有全国70%的农田,农村地区75%的房屋是用泥土构建的,90%的农村居民无法使用电和自来水。革命后,古巴政府在社会发展领域取得了骄人的成就。联合国开发计划署和世界银行等国际机构也赞扬古巴在文教卫生领域取得的进步。

但是，古巴的社会进步与经济建设出现了长期不能消除的失衡。有人说，"在古巴，做一个心脏移植手术比得到一片阿司匹林容易，得到一个大学文凭比得到一支圆珠笔容易"。这两句话既反映了古巴社会发展领域的成就，但也表明了古巴短缺经济的严重性。有这样一个笑话：古巴有三大成就，也有三个欠缺。三大成就是捍卫国家主权，普及全民教育，提供免费医疗。三个欠缺是早饭、中饭和晚饭。当然，古巴人民生活尚未得到大幅度提高的原因是复杂的，既有美国对古巴实施的经济封锁，也有经济体制中的一些问题。古巴人民希望通过推动经济改革来纠正经济体制中的问题，尽快改善生活水平。这一良好的愿望无疑是经济改革的动力。

三是20世纪90年代末开始的小规模的经济改革积累了一些经验。苏联解体和东欧剧变后，古巴经济陷入了前所未有的危机。面对这一危机，古巴实施了一些经济改革。尽管这些改革的力度不大，深度有限，但至少可以说是一个难得的良好开端。这一改革的某些成败得失完全可以成为今后改革进程的参考和借鉴。

古巴的经济改革也面临着一些障碍和挑战，其中尤为引人瞩目的是如何进一步解放思想，如何进一步发挥非公有制经济成分的积极性，如何应对不利的外部环境。

思想是行动的先导，没有思想的大解放，就无法推进改革。毋庸置疑，任何一个国家的改革既不能急于求成，也不能"前怕狼后怕虎"。古共六大通过的经济改革计划之广度和深度在古巴是史无前例的。但是，古巴领导人对市场经济与计划经济的关系的认识、对非国有经济所有制的评价、对社会主义初级阶段的定位以及对参与全球化进程的利弊的判断，都有或大或小的不足之处。因此，为了稳步而大胆地推进改革，古巴有必要进一步解放思想，在坚持社会主义大方向的前提下，早日走上社会主义市场经济之路。

诚然，社会主义国家必须坚持公有制，这是不容争辩的大方向。但在社会主义初级阶段，非公有制经济应该成为社会主义市场经济的重要组成部分。中国的经验表明，随着改革开放的不断深化，非公有制经济的地位将进一步上升。虽然古共六大放宽了对非公有制经济的活动范围，但放宽的范围是有限的。因此，古巴似乎应该加快发展个体经济和私营经济。尤其在非战略性部门，古巴更应该采取更多的鼓励非公有制经济成分发展的措施。

中国改革开放的成功充分表明，外部环境的优劣对改革进程的影响是十分巨大的。良好的外部环境既可为大力发展经济外交创造条件，也可为吸引外资和开拓国际市场提供便利。1979 年 1 月，邓小平访问美国。据说陪同他出访的一位资深国际问题专家曾问他，中国为何要开放，又为什么主要向美国开放？邓小平回答说，跟着美国的那些国家都富强了。这一句话出自中国改革开放的总设计师邓小平之口，可见美国在中国改革开放战略中的地位是极为重要的。这也说明，邓小平看到了中美关系正常化对于中国改革开放、以经济建设为中心的转变的重大影响。

国际社会一直在要求美国停止对古巴进行经济封锁，但美国依然我行我素。这一损人不利己的封锁使古巴经济遭受了沉重的打击。中国和其他一些同情古巴的国家为其提供了力所能及的援助，使古巴经济能少受美国经济封锁的影响。但是，因为美国在可预见的将来难以终止其对古巴的封锁，所以古巴经济改革进程面临的外部条件将是严峻的。

国际上有人预测，古共六大后，古巴的经济改革步伐将不断加快。在这一过程中，古巴或许会认真学习中国模式中的可取之处。因此，他们认为，在不远的将来，古巴或许能成为"加勒比海的中国"。

古巴为什么没有爆发"茉莉花革命"

突尼斯爆发"茉莉花革命"后，墨西哥《晨报》发表的一篇评论文章说，突尼斯总统本·阿里的下台预示着"哈瓦那的独裁者也会随之倒台"，因此古巴领导人现在非常害怕古巴发生类似的抗议活动。此外，其他一些国际媒体也认为，因为卡斯特罗兄弟已连续执政半个多世纪，而且古巴经济长期得不到发展，人民生活水平低下，因此，古巴迟早会爆发"茉莉花革命"或"烟草革命"（古巴盛产雪茄）。

这些预测是不会成为现实的。古巴之所以不会爆发"茉莉花革命"，主要是因为以下几个原因。

第一，古巴人民热爱其领导人。突尼斯和埃及等国的经济发展水平大大高于古巴，但其社会发展水平不及古巴。古巴人可以享受全民免费医疗和教育，基本生活有充分保障，这与失业率居高不下的突尼斯和埃及等国形成了鲜明的对比。这也在一定程度上说明，为什么古巴人民热爱卡斯特罗兄弟，尽管卡斯特罗兄弟长期执政。

第二，古巴人民憎恨的是美国的经济封锁。美国对古巴实施的经济封锁已有半个多世纪。这是近代国际关系史上一个国家对另一个国家实施的时间最长的经济封锁。这一封锁使古巴的经济发展受到了很大的影响。因此，古巴人民认为，他们的生活水平之所以无法得到提高，不是政府的经济政策有问题，而是美国长期实施封锁的结果。这在一定程度上说明，每当首都哈瓦那举行反美游行时，每个古巴人都会积极参与，义愤填膺地高呼反美口号。而当极少数反政府人士呼吁人民上街抗议政府的政策时，响应者寥寥无几。

值得注意的是，美国美洲学会高级研究员克里斯托弗·萨巴蒂尼提出了这样一个观点：在遭受美国经济制裁的国家，不会发生"人民革命"。

利比亚是在2004年被美国解除经济制裁的，而古巴则依然受到美国的制裁。他认为，这一制裁不仅使古巴人与外界的联系减少，还可使政府将国内面临的一切问题归咎于外部因素。

第三，古巴的收入分配较为公正。苏联解体后，古巴开始进行改革开放。古巴领导人认为，只有改革开放，才能救社会主义。诚然，古巴改革开放的步伐是缓慢的，但步伐较为稳妥，在处理改革、开放和稳定三者关系时较多考虑稳定。因此，古巴的收入分配依然较为公平。这为政府消除社会不安定因素创造了有利条件。

第四，古巴政府官员较为清廉。在突尼斯和埃及等国，阿里总统和穆巴拉克总统等政府官员的腐败问题很严重。但在古巴，无论是国家领导人还是其他级别的政府官员，都比较清廉。这与古巴采取的下述措施不无关系：加强思想教育；制定有利于整饬吏治的规章制度；党和政府的高级官员以身作则；对违法违纪的党政官员给予严厉的处罚。

第五，古巴保卫革命委员会能发挥强有力的震慑作用。成立于1960年的古巴保卫革命委员会是一个建立在基层的群众性治安组织，由各级政府主管。其宗旨是及早发现反革命活动或不安定因素，组织警戒和巡逻，防止敌对势力搞破坏活动，以保护公共财产和人民的生活秩序。目前该组织共有840万名成员（占全国总人口的75%），分布在包括厂矿企业、机关、农村、学校和居民区在内的全国每一个角落。他们被誉为"革命的耳目"。可想而知，一俟发现有人策划、组织或实施反政府活动，该组织的成员就会及时上报或当场处置。这对试图在古巴发动"茉莉花革命"的任何人来说无疑是一个强有力的震慑。

第六，古巴政府对媒体的控制较为严格。在突尼斯和埃及等国，反政府媒体不时发表反政府言论，蛊惑人心，煽动民众聚众闹事。在古巴，政府不允许非官方的媒体存在，对官方媒体的言论也有较为严格的管制。因此，在宣传领域，古巴缺乏"茉莉花革命"发酵的土壤。

此外，古巴的"社交媒体"微不足道。"社交媒体"是人们通过移动电话或互联网来传播、分享或交流信息的平台。它既能传播文字，也能传播图像、音乐和视频。在突尼斯和埃及等国，"社交媒体"在鼓动民众参与反政府活动的过程中发挥了重要作用。甚至许多不明真相的人也在"社交媒体"的影响下参与了抗议活动。

古巴是西半球互联网普及率最低的国家之一。根据古巴政府公布的数据，全国的网民总数约为 160 万人（仅占总人口的 14.2%），其中大多数人集中在政府部门、高校、外国企业以及旅游饭店。此外，古巴的互联网只能使用费用高昂而速度缓慢的卫星线路。这些缺陷使古巴的"社交媒体"微不足道。而且，古巴政府对互联网的控制十分严格，因此，反政府言论很难通过"社交媒体"在社会上扩散。

第七，古巴严格管制反政府人士的活动。古巴有一些反政府人士。2011 年 1 月中旬，美国国务院官员在哈瓦那与古巴政府举行移民问题第四轮会谈结束后还会晤了这些人。但是，古巴政府对这些人的活动和言论有严格的管制。因此，他们很难在大范围内发动民众举行反政府示威游行。

人类历史上持续时间最长的经济封锁

美国对古巴的经济封锁,是人类历史上持续时间最长的经济制裁。这一制裁在美国被叫作"禁运"(embargo),在古巴则被视为"封锁"(blockade)。

1959年元旦古巴革命胜利后不久,美国就承认古巴临时政府。同年4月,卡斯特罗以私人身份访问美国,同尼克松副总统讨论了两国关系等问题。当时,谁也不会料到美国会对古巴实施经济制裁。

关于美国与古巴的关系为什么会发展到如此恶化的地步,国际上主要有以下两种说法:一是因为古巴走社会主义道路。众所周知,在冷战期间,"抵御共产主义影响"是美国的战略目标之一,因此,与苏联争霸全球的美国当然不希望西半球出现一个社会主义国家。二是因为古巴政府实施的政策触动了美国资本的利益。1959年5月,古巴开始实施土地改革。根据古巴政府的有关法令,美国资本在古巴拥有的大片土地应该被征收。美国不接受古巴提出的"赔偿"方式,古巴则拒不让步。

1960年5月,美国停止对古巴的一切经济援助。10月,美国开始对古巴进行贸易禁运。美国的行为无疑遭到了古巴的反对和抗议。1961年1月3日,美国与古巴断交。1961年1月20日肯尼迪就任总统后,美国加快实施军事入侵古巴的计划。4月15日凌晨,美国轰炸机从亲美的尼加拉瓜出发,对古巴多个机场进行轰炸。16日,在抗议美帝国主义的群众集会上,卡斯特罗宣布古巴革命是社会主义革命。17日凌晨,由美国训练的1500名雇佣军在吉隆滩登陆,企图用武力推翻古巴政府。经过3天的战斗,古巴击败了入侵者。

1962年2月,美国开始对古巴进行全面的经济封锁。7月,苏联运送导弹到古巴,后被美国发现。肯尼迪总统宣布用武力封锁古巴,并要苏联立即撤出其布置在古巴的进攻性武器。这一"加勒比海导弹危机"最终以苏联的退步而于1963年1月7日告终。美国与古巴的关系进一步恶化。自那时以来，美国对古巴的制裁不仅没有放松，反而变得更加严厉。

冷战结束后，世界格局发生了重大变化。古巴因苏东国家的援助中断而面临前所未有的经济困难。1992年10月，为连任而拉选票的布什总统在古巴移民较多的迈阿密签署了《1992年古巴民主法案》（又名"托里切利法"）。根据该法令，进入古巴港口的船只6个月内不得进入美国港口；设在第三国的美国公司不得与古巴做生意；对任何向古巴提供援助或进行贸易活动的国家进行制裁。布什总统说，"托里切利法"的签署意味着美国"把锤子砸了下去"（Put the hammer down）。在迈阿密的古巴移民甚至认为，卡斯特罗即将下台，因此他们可以在2个月后回哈瓦那过圣诞节了。

克林顿上台后，继续奉行"以压促变"的政策。1996年6月，美国实施更加严厉的《赫尔姆斯—伯顿法》。其主要内容是：禁止第三国在美国市场销售古巴产品；禁止在古巴投资和与古巴有贸易关系的公司的人员进入美国；允许古巴革命后被古巴政府征收财产的美国人在美国法院起诉那些在古巴利用这些财产进行生产和经营活动的外国公司；不准国际机构向古巴提供贷款。

国际社会强烈反对美国的这一做法。1996年7月16日，克林顿总统宣布，今后6个月内暂不实施《赫尔姆斯—伯顿法》中有关在美国法院起诉外国公司的规定。迄今为止，这一规定已多次被暂停执行。

2002年5月12日，美国前总统吉米·卡特抵达古巴，卡特成为1959年以来第一位访问古巴的美国总统。卡特的私人飞机刚刚降落在机场，亲自前往机场迎接的卡斯特罗就挥手向卡特致意。在访问古巴期间，卡特参观了哈瓦那的基因工程和生物技术研究中心，以证实古巴是否将生物技术转让给"流氓"国家。此外，他还在古巴政府的允许下会见了一些"持不同政见者"，并与卡斯特罗在棒球场上切磋技艺。卡特甚至在古巴国家电视台的直播节目中说："我们两国42年来都陷在一种破坏性的敌对状态中。现在是我们改善关系、改变相互间的思考和对话方式的时候了。"他说："因为美国是超级大国，所以我们应该首先为此迈出第一步。"但是，美国敌视古巴的政策并没有发生变化。

2006年7月31日卡斯特罗因病住院后，美国加紧实施颠覆古巴的计划。美国认为，在所谓"后卡斯特罗时代"，古巴不能出现权力的"继承"，而是要"转轨"，向民主"过渡"。换言之，美国不愿意看到劳尔·卡斯特罗成为新的古巴领导人后继续带领古巴人民走社会主义道路。

2009年4月13日，奥巴马政府宣布解除对美籍古巴人前往古巴探亲及向古巴亲属汇款的限制，并允许美国电信企业进入古巴电信网络建设和卫星广电服务市场，授权美国电信网络供应商与古巴方面合作，构建连接美古两国的光纤及卫星通信设施，允许美国电信服务供应商与古巴方面签订漫游服务协定，允许美国卫星广播电视服务供应商向古巴境内的客户提供服务，允许部分个人电信器材不经审查即可向古巴捐赠等。6月3日，第39届美洲国家组织大会废除了1962年通过的驱逐古巴的决议，为古巴回归该组织铺平了道路。美国也一改初衷，对美洲国家组织的这一决议表示支持。

在美洲国家组织作出允许古巴重返该组织的决定后，古巴政府在古共中央机关报《格拉玛报》发表的声明中说，古巴政府感谢"拉美各国政府本着团结、独立和公正的精神，捍卫了古巴重返美洲国家组织的权利"，但古巴不会重返美洲国家组织，因为"该组织一直在美国敌视古巴政策的实施过程中起着积极作用"。而且，对古巴来说，重返美洲国家组织就意味着抹杀了美国的一段犯罪史。

应该指出的是，在美国国内，要求美国与古巴改善关系的呼声时有所闻。如在2009年3月30日，美国国会参议院理查德·罗加致信奥巴马总统，要求他改变美国对古巴的政策，以达到改善美国与拉美国家关系的目的。4月初，美国国会黑人核心小组（Congressional Black Caucus）代表团访问古巴时，菲德尔·卡斯特罗曾问来宾："古巴怎样做才能帮助奥巴马总统改善美古关系。"回国后，这些国会议员向奥巴马总统表示，美国应该调整对古巴的政策，放弃经济制裁。

在2014年5月19日公布的一封致奥巴马总统的公开信中，数十位各界名流要求奥巴马政府为改善与古巴的关系而采取实实在在的措施。

美国国内的一些智库和非政府组织更是坚持不懈地积极地呼吁美国政府放弃制裁，实现与古巴关系的正常化。

2014年12月17日，奥巴马和劳尔·卡斯特罗分别在华盛顿和哈瓦那发表讲话，宣布两国将就实现双边关系正常化进行磋商。奥巴马说，持续时间长达50多年的美国对古巴的政策"过时"了，而且未能促进美国的利益。因此，美国与古巴将开始启动双边关系正常化的进程。他还说，美古关系的改善有利于两国人民，也有利于在美洲国家之间开启新的一章。劳尔·卡斯特罗说："奥巴马的决定值得我们的人民承认和尊重。……古巴认识到古美两国在国家主权、民主、人权和国内政策等问题上有分歧，但我再次重申，我们愿意（与美国）就所有问题开展对话。"他还希望美国立即终止使古巴人民蒙受巨大损失的"经济封锁"。

2015年7月，美古两国终于恢复外交关系。2016年3月，美国总统奥巴马对古巴进行国事访问。但是，特朗普入主白宫后，却重新强化对古巴的封锁措施。

古巴为什么没有上访

古巴没有上访。这真是一个奇迹。

上访的原因就是心中有不满或是遇到问题得不到公正圆满的解决。由此可见，根治上访的有效手段之一就是要让老百姓能够表达心中的不满。

在这方面，古巴的经验是很值得我们学习的。古巴的基层干部经常性地在所管辖的地区召开工作汇报会（rendición de cuenta）。这样的汇报会实际上是一种干部与群众的对话会。在会上，群众既可评论干部的政绩，也能表达自己的愿望，甚至可以发发牢骚。基层干部在收集了群众的意见后，能自己解决的就自己解决，不能解决的就向群众说明情况或是向上级领导汇报，以引起上级有关部门的重视。也就是说，群众遇到的问题不是他自己通过上访的形式找高层领导反映，而是由基层领导逐级向上级领导反映。

当然，在遇到群众提出的种种问题后，干部的责任心也是非常重要的。古巴的各级干部不能在上班时间打扑克或玩电脑游戏，更不可能用公款大吃大喝，也不会打着"考察"的幌子出国公费旅游。古巴的各级领导干部能做到"先天下之忧而忧，后天下之乐而乐"。这就使古巴的各级干部与普通老百姓能手拉手、心连心。

古巴政府官员的清廉是举世公认的。那年我们访问古巴时，陪同我们的一位副部长说，只有因公外出办事时，才能使用公家的手机。回到办公室后，手机就要上交。而当时我国许多领导干部的手机费都是公家报销的。

根据古巴政府的有关规定，领导干部即使自己有外汇也不能去旅游饭店消费；装修房子即使是用自己的钱也要事先得到有关部门的批准；政治局委员、部长不得更换新型汽车；部级以上干部及其家属不能在企业兼职或担任名誉职务；不允许高级干部子女经商；不允许企业领导人把家属和亲戚安排在本企业工作；政府部门的公车如有空座位时必须允许马路上的任何人搭车。

毫无疑问，在整饬吏治的过程中，对领导干部加强思想教育是十分重要的。古巴共产党的有关文件也强调，"在社会主义国家中，任何一种经济体制都无法替代政治、思想和觉悟的作用"。卡斯特罗曾说过，"我们正在为祖国和革命的生存而战，而加强思想政治工作是我们生存的基础"。他告诫全党，"物质是有限的，不可能应有尽有，但精神生活是无限的"，"政治和思想精神方面的因素在我国仍然起着主要和决定性的作用"。他还说，腐败是导致苏联解体的原因之一。他多次指出，古巴的"革命不仅受到美国的威胁，而且也受到腐败和容许腐败滋生的自由化立场的威胁。腐败将一直伴随着我们，但是我们必须将腐败控制在踝关节以下，决不能让它达到我们的脖子位置"。他还对试图向古巴官员行贿的外国商人发出警告："别以为我们是能够被贿赂的。"

2005年，美国的《福布斯》杂志说，卡斯特罗的个人净资产为5.5亿美元，与英国女王伊丽莎白二世的财富相差无几。这一报道立即遭到了卡斯特罗本人及古巴政府的谴责。2006年，该杂志评出了2006年度全球首脑财富排行榜，称卡斯特罗在位47年，拥有约9亿美元的个人财富（包括哈瓦那会议中心、Cimex零售集团和一个生产出口疫苗的制药厂），在全球富有首脑中排第7位。《福布斯》还表示，如果古巴国有企业的部分利润归卡斯特罗所有，并且卡斯特罗在瑞士银行拥有个人账户的传言是真实的，那么他的财富可能超过了身价5亿美元的英国女王。

针对《福布斯》杂志的无中生有，古巴中央银行行长索韦龙指出，哈瓦那会议中心和其他被提及公司的收入都被用于国家的经济建设、医疗、教育、安全、国防和外交事业，并没有装进卡斯特罗个人的腰包。针对卡斯特罗在瑞士银行拥有秘密存款的谣言，索韦龙说："政府高层领导人中绝对不可能有人在国外拥有个人账户。"

卡斯特罗在得知《福布斯》杂志的报道后，立即在电视台和电台发表讲话，称这一报道完全是"诽谤中伤"，并要求《福布斯》公开道歉。他说："他们必须向全球舆论公开道歉"，"如果他们证明我有任何海外账户，我将从现在的职位辞职，辞去所有职务"。他还说："目前，我的个人净资产是零，所有收入只有每月900古巴比索（约40美元）。"卡斯特罗经常戏称，他的全部财富只够买布什总统衬衫的一个口袋。英国左翼国会议员乔治·加洛韦也曾表示，卡斯特罗的确身无分文。

整饬吏治必须以严厉处罚违规违纪领导干部为基础。拉美国家的腐败之所以得不到遏制，主要是因为有法不依、执法不严。而古巴则能严肃党纪法纪，对腐败分子毫不留情。

1989年6月12日，原古巴驻安哥拉军事使团团长阿纳尔多·奥乔亚中将在即将被任命为西部军区司令前夕被捕，因为他参与了国际贩毒和走私活动。奥乔亚曾与卡斯特罗一道，参加过马埃斯特腊山的游击战，革命胜利后曾任革命武装力量部副部长。他立功3次，得过多枚勋章，是古巴5名"共和国英雄"之一。卡斯特罗亲自过问这一案件。为了打击腐败，由47名将军组成的特别法庭对奥乔亚等人进行了审查。奥乔亚被判处死刑，其余十名高级军官和官员被判处10—30年有期徒刑。2011年7月，古巴国营航空公司的6名高官和国营生物技术公司的2名高官因从事腐败活动而被判刑。

一个没有高楼大厦的国家

2017年12月初，我应中国驻苏里南使馆的邀请，前往这个南美洲国家的首都，为中国使馆主办的一个关于"一带一路"倡议的会议作一主旨发言。

拉美和加勒比地区共有5种语言，其中之一就是荷兰语。在该地区的33个国家中，只有苏里南将荷兰语作为官方语言。

苏里南是一个多民族国家，印度裔占33%，克里奥尔人占31%，印尼裔占15%。因此，除荷兰语以外，苏里南人还使用英语和各个民族特有的语言。

苏里南可谓南美洲最小的国家。它的人口只有57万，国土面积为16.4万平方公里，比乌拉圭还少1.2万平方公里。

苏里南位于南美洲北部，东邻法属圭亚那，南界巴西，西连圭亚那，北濒大西洋。属热带雨林气候，年均气温23℃—27℃。这一温度最适宜人的生存了。

苏里南原为美洲印第安人居住地，1593年被西班牙探险者宣布为其属地，1602年荷兰人开始到此定居。1630年英国移民迁入，1667年英、荷签订条约，苏里南成为荷兰殖民地。1975年11月25日，苏里南宣告独立。

苏里南的经济发展水平不高，人均国内生产总值仅为5300美元。这或许与经济结构单一有关。例如，石油和黄金的出口占出口贸易总额的85%和政府财政收入的27%。由此可见，苏里南经济很脆弱。如果国际市场上石油和黄金的价格下跌，由此而来的副作用是不容低估的。

根据世界银行的统计，苏里南的国内生产总值不足30亿美元，仅相当于我的老家江苏省苏州市吴江区的约十分之一。

虽然苏里南的发展水平不高，但生态环境很好。据说全国的森林覆盖率超过全国国土面积的90%。绿水青山真的是金山银山。

苏里南首都帕拉马里博（Paramaribo）的人口约26万，占全国总人口的将近一半。当地的华侨带我去市中心转转。我感到诧异的是，一国之都居然没有超过七八层高的建筑物。其繁华程度大致相当于中国的一个县级城市。

帕拉马里博为什么没有高楼大厦？当地的华侨说，苏里南地广人稀，不必建高层建筑。此外，那里的土壤结构较为松软，建高楼的成本很高。

帕拉马里博的道路很窄，因此，有时候还能看到一些堵车。但总的说来，这个城市没有车水马龙，没有拥挤的喧嚣，当然也没有北京闹市区那样的繁华景象。

1853年，首批华人劳工来到苏里南。今天，据说苏里南的华人占全国总人口的将近10%。他们中绝大多数人从事多种多样的经济活动，事业有成。他们对苏里南如何参与"一带一路"建设有着浓厚的兴趣。有一天晚上，10多个侨领请我吃饭时，问的问题都与"一带一路"有关。令人欣慰的是，2018年5月，中国与苏里南已签署了共建"一带一路"的备忘录。

华人的经济地位为其参与苏里南的政治生活奠定了基础。苏里南独立后的首任总统陈亚先（Johan Henri Eliza Ferrier）就有华人血统。此外每年有两个与华人有关的日期被确定为全国性的公共假日：一是中国的春节，二是10月20日（华人定居苏里南纪念日）。

在帕拉马里博逗留的几天中，除了没有看到高楼大厦以外，还遇到了两个有趣的经历。

第一个经历与购物有关。苏里南盛产黄金，因此，我想买一个金首饰。当我选中后拿出信用卡时，店主说不能使用信用卡，只能接受当地货币或美元。据说这与以下两个因素有关：一是苏里南的信用卡支付系统欠发达，二是店主认为信用卡支付不安全。

第二个经历与上厕所有关。应苏里南大学的邀请，我去做了一个关于中国的演讲。走出教室后，我想上厕所。让我大吃一惊的是，学校的厕所要收费。

非凡的领袖　杰出的学者

许多外国领导人写的书被译成中文后出版。这为我们了解他们的思想及治国方略提供了便利,也促进了中外文化交流,可谓一举多得。

加勒比海岛国特立尼达和多巴哥前总理埃里克·威廉斯有四本书被译成中文后出版。他可能是在中国出版书最多的外国领导人之一了。

埃里克·威廉斯(1911—1981年)是国际上知名的学者,他1938年在英国牛津大学获得了历史学博士学位。他的博士学位论文是关于英属西印度群岛的奴隶制与资本主义发展的关系。在当时的宗主国英国撰写这样一篇毕业论文,无疑引起了极大的争论和非议。1944年,威廉斯的博士论文以"资本主义与奴隶制度"为题出版。从此,他在国际上黑奴贸易研究领域中的学术地位得到确立。此后,威廉斯又出版了多部学术专著,其中包括被译成中文的《特立尼达和多巴哥史》《内心的渴望》《加勒比地区史》和《资本主义与奴隶制度》。据我所知,有四本书被译成中文的融国家领导人与学者于一身的杰出人物,虽然不能说是"绝后",至少可以说是"空前"的。

在上述4本专著中,最有学术价值的是《资本主义与奴隶制度》。该书力图从历史角度出发,阐述以英国为典型例子的早期资本主义与黑奴贸易、黑奴制度以及与17—18世纪殖民地贸易之间的关系。他在这本书中提出了许许多多振聋发聩的观点。例如,他认为,"每一个时代都要重写历史,在我们这个时代,更是如此。这个时代出现的种种事变,使我们不得不重新评价我们原有的历史观点以及原有的经济和政治的发展观点"。

威廉斯认为,"1492年,哥伦布以西班牙国王的名义发现了新大陆。从此以后,国与国之间为争夺殖民地而发生了一系列长期而激烈的冲突。虽然4个半世纪过去了,但仍然未能找到解决的方案"。

威廉斯还说，"在我们论述的这个时期，起决定作用的力量，是正在发展中的经济力量。这些经济力量的变化是渐进而微弱的，但却产生了一种不可抗拒的越来越大的影响。……18世纪的商业资本主义通过奴隶制和垄断的方式增加了欧洲的财富，但商业资本主义在增加财富的过程中却促进了19世纪工业资本主义的形成。而工业资本主义的形成反过来又摧毁了商业资本主义的力量，摧毁了从属于它的一切行业，也摧毁了奴隶制度"。

我敢断定，时至今日，该书仍然是国际上研究黑奴贸易的最权威的专著之一。

威廉斯也是加勒比地区的一位杰出政治家。他从英国获得博士学位后，先到美国任教8年。1948年，他回到特立尼达，开始从事政治活动。1956年，他创建了人民民族运动党，并在1956—1981年连续25年担任特立尼达和多巴哥总理。在威廉斯的领导下，特立尼达和多巴哥于1962年取得了民族独立。独立后，这个加勒比国家在维护国家主权、反对殖民主义和推动经济发展等方面取得了显著的成就。

在威廉斯执政期间，我国与特立尼达和多巴哥的双边关系发展迅速。1971年，特立尼达和多巴哥支持我国恢复在联合国中的席位。两国于1974年6月建立了外交关系。同年11月，威廉斯对我国进行了正式访问，受到了毛泽东和周恩来的接见。时隔两个多月后，威廉斯又对中国进行了工作访问，受到了周恩来和邓小平的接见。

为了纪念威廉斯，西印度群岛大学于1998年在特立尼达和多巴哥分校设立了威廉斯纪念馆。威廉斯的女儿埃里卡·康内尔、特立尼达和多巴哥的一些政府官员和祖籍在加勒比国家牙买加的鲍威尔（现任美国国务卿）共同为纪念馆剪彩。据埃里卡·康内尔介绍，在他父亲的纪念馆中，收藏了不少与中国有关的图片和实物，如世界知识出版社出版的《新中国外交50年》画册（内有毛泽东与威廉斯的合影）、威廉斯访问中国时周恩来在人民大会堂设宴款待客人的请柬以及威廉斯在中国出版的一些译著复印本。

埃里卡·康内尔曾于1974年陪同其父亲访问中国，因此，她对中国十分友好。她对笔者说，直到今天，数千人在机场欢迎她父亲的热烈场面还历历在目。她还自豪地说，她的外祖母来自广东，因此她认为自己血管中有中国人的血。她相信，在过去的18年中，中国发生了翻天覆地的变化。她希望在不远的将来能亲眼看看中国在改革开放后取得的巨大成就。

2002年新春佳节，我赴美国纽约参加了由特立尼达和多巴哥政府与美国普林斯顿大学共同举办的"埃里克·威廉斯生平和学术思想"的讨论会。会议的其他参加者来自特立尼达和多巴哥、牙买加、圭亚那、美国、法国和日本。

我在20世纪80年代初对一些加勒比国家进行跟踪研究时，曾拜读过埃里克·威廉斯的一些专著，深深地敬佩他渊博的知识和反殖民主义的坚强斗志。遗憾的是，只是由于后来自己的研究兴趣发生转移，因此未能进一步研究威廉斯的学术思想。那次参加研讨威廉斯生平的会议，受益匪浅。我在发言中指出，虽然威廉斯离开人世已有20余年，但他的学术思想和政治才能是永不褪色的。在全球化趋势快速发展的今天，他的反殖民主义思想和维护发展中国家主权的各种主张仍然具有现实意义。他在生前为发展中特两国人民之间的友谊而作出的贡献，将永远留在两国人民的心目中。

在纽约的那次会议上，我遇到两位自费参加威廉斯生平和学术思想讨论会的日本学者。据他们介绍，在日本，研究加勒比地区的学者多达数十人，研究领域涉及该地区的政治、经济、国际关系和文学。相比之下，从20世纪90年代初起，我国研究加勒比政治、经济、外交、文化和历史的科研人员已寥寥无几。这无疑是十分令人遗憾的。

中国送给巴哈马的大礼

英国《经济学家》(2012年3月10日)的一篇文章说,2012年2月25日晚上,1.7万人涌向托马斯·A.罗宾逊国家体育场,观看启用仪式上燃放的烟花,而这个加勒比岛国的总人口仅为35万人,即体育场内外的人数占全国总人口的5%。

中国与巴哈马在1997年5月23日建立了外交关系。2004年8月,中巴双方签署了《中华人民共和国政府帮助巴哈马国政府建设巴哈马体育场项目的换文》。随后,中国政府委托山东高速集团所属山东高速齐鲁建设集团公司承建该体育场。2009年7月正式动工,2011年6月通过了中国商务部专家组的竣工验收。2012年6月我们访问巴哈马时,当地导游高兴地说道:"这是加勒比地区最大的现代化体育场,是中国人送给我们的大礼。"

也有一些国际媒体说,巴哈马的人均收入超过2万多美元,中国这样一个发展中国家为什么要给它建造一个能够容纳全国总人口5%的体育场?

在过去的几年中,中国与加勒比国家的关系取得了快速的发展。除双边贸易额不断增长以外,中国在加勒比地区的投资也在大幅度增长。2005年问世的中国—加勒比经贸合作论坛已举办了3次。2011年9月16日,中国人民海军的"和平方舟"号医院船从浙江舟山起航,赴古巴、牙买加、特立尼达和多巴哥以及哥斯达黎加访问并开展医疗服务工作,历时105天,总航程达24600海里。

应联合国要求,中国从2004年起开始向海地派遣维和警察防暴队和由民警组成的维和警队。2010年1月12日,海地发生里氏7.3级强烈地震,8名中国维和警察在地震中不幸遇难,为维护世界和平献出了宝贵的生命。

对于美国来说，加勒比的地缘政治地位是十分重要的。加勒比地区既有不少自然资源（如牙买加的铝矾土、特立尼达和多巴哥的石油以及古巴的镍），又有多条海上航线，甚至还邻近巴拿马运河。此外，巴哈马的一个岛屿离美国只有 60 多公里。古巴离美国的距离也只有 150 公里左右。因此，中国在加勒比地区的存在必然会引起美国的高度警觉和忧虑。

美国国防大学的学者埃文·艾利斯在多篇文章中说，中国在加勒比的存在既有经济目的，也有战略企图。他认为，中国与加勒比的关系对美国在该地区的利益产生了以下三种威胁。

第一，中国与加勒比的经贸关系损害了美国在该地区追求的目标。这一目标包括维护人权、巩固民主化、强化法治以及遵守财政纪律。虽然中国不会在加勒比地区推行反美政策，但确实为委内瑞拉和古巴在加勒比地区扩大其影响提供了良机。

第二，从长期来看，中国在加勒比的行为可能会使加勒比地区的安全面临新的挑战，例如，中国工程项目使用的中国工人、来自中国的走私物品以及进入开曼群岛等"避税天堂"的中国资本，都有可能滋生有组织的犯罪组织。而且，这些犯罪组织甚至会与墨西哥和哥伦比亚等地的贩毒集团或加勒比地区当地的黑社会勾结在一起。

第三，如果中美关系恶化，中国在加勒比的存在还可能对美国造成更大的破坏性影响。利用中国在该地区的海上设施和通信装备，数千名中国人可能会切断海上航线，使加勒比海附近的美国设施陷入困境。

我与这位美国学者在多个国际会议上见过多次面，也算是比较熟悉了。据我所知，在美国，埃文·艾利斯可能是对中国与拉美关系研究最深的一位学者了。我佩服他的学术水平，但他的上述观点我是坚决不能同意的。

2012 年 6 月我们在访问牙买加时，曾拜访过这个加勒比国家的交通、工程与住房部部长奥玛尔·戴维斯。我问他如何看待"中国威胁论"。这位曾在美国大学做过教授的学者型高官说，历史上，牙买加是英国的殖民地，不是美国的殖民地。但在牙买加独立后，因为来牙买加旅游的游客以美国人为主，还有许多牙买加人到美国留学或工作，所以，现在牙买加与美国的关系比与英国的关系更加密切。

他说，冷战期间，美国对牙买加的兴趣是在安全领域，因为它担心古巴的影响力会波及牙买加。冷战后，美国与牙买加的关系主要是在经济领域。无论如何，牙买加有自己独立的外交政策，不会成为任何国家的敌人，而是希望与包括中国在内的所有国家交朋友。

他还指出，虽然牙买加是一个小国，但有权选择与什么样的国家发展关系。牙买加知道美国担忧中国在加勒比的存在，但不会因为美国有这样那样的担忧而停止与中国发展关系。只要牙买加与中国的关系是平等互利的，相互尊重的，牙买加就一定会继续与中国发展关系，不会考虑所谓"中国威胁论"。

海地为什么如此贫穷

风水轮流转。谁能想到，历史上曾经是一块富庶之地的海地，后来居然会成为世界上 48 个最不发达的国家之一。

400 年前，海地曾是世界上最富的海岛之一，被誉为"安的列斯群岛中的珍珠"。当时，山上到处是桃花心树和雨林，河道深而宽，河流清澈见底。哥伦布在日记中说，"土地极为肥沃，……成百上千种高大的树木似乎能碰到天空"。据说哥伦布深信这就是他希望发现的宝地。

加勒比海中的另一个国家巴巴多斯在历史上的富庶程度还不及海地，但今天它的人均国民收入高达 1.3 万美元。而根据世界银行的统计，今天海地的人均国民收入不足 700 美元。2008 年年初海地的多个地方发生饥荒后，许多人用泥巴做成饼，晒干后当作饼干充饥。互联网上有许多海地人做泥巴饼干的照片，看了以后确实很心酸。

海地为什么如此贫穷？

第一，殖民主义统治为贫穷埋下了祸根。当海地沦为法国殖民地后，殖民主义者开始无所顾忌地砍伐树木，把林地变为甘蔗、可可和其他热带经济作物的种植园。他们还从非洲运来了大量奴隶，使热带作物种植业成为海地的经济支柱。

1915—1934 年，海地被美国占领。在此期间，一些美国公司进入海地。美国资本同样是为了牟取利润而不顾海地的生态环境。例如，美国糖业公司（HASCO）为了扩大甘蔗种植面积而砍伐了大片林地，使水土流失问题变得越来越严重。

早在法国殖民地时期，被贩运到海地的非洲人就已经在数量上超过了法国人。1804 年元旦海地独立后，非洲后裔的生活状况并没有得到改善。他们无力购买燃料，只能上山砍柴。直到今天，许多穷人仍然依靠砍伐树木来做饭。长期的砍伐使海地的水土流失问题变得越来越严重，下半天雨就能导致泥石流的发生，土地的肥沃程度也不断下降。事实上，海地已陷入一种恶性循环。贫困导致砍伐树木的现象越来越司空见惯，生态环境的恶化导致水土流失越来越严重；水土流失使土地肥力下降，自然灾害频繁发生，生产活动受到影响，最终加剧了贫困。

第二，长期的专制统治和政局动荡破坏了经济发展的基础。1957年，弗朗索瓦·杜瓦利埃就任海地总统。为巩固自己的统治地位，他成立了国家安全志愿部队，疯狂地逮捕和迫害学生领袖和工会领袖，严厉打击其在政界、军界、商业界和宗教界的对手。据估计，被杜瓦利埃用各种手段剥夺了3万多人的生命。1964年修改宪法后，杜瓦利埃取得了终身总统头衔。

1971年1月，弗朗索瓦·杜瓦利埃病重期间迫使参议院通过决议，把担任总统的年龄资格从40岁降低到20岁，以便让他不满20岁的儿子让—克洛德·杜瓦利埃成为总统接班人。同年4月老杜瓦利埃去世后，其子顺利继任总统。

小杜瓦利埃当政期间采取了一些与反对派和解的措施，但总的来说仍然奉行专制统治，他和家人过着奢侈的生活。1975年，小杜瓦利埃耗资300万美元，为其父修建陵墓。1980年结婚时，各种开销和花费高达700万美元，仅用于燃放烟花的支出就不少于10万美元。而许多平民百姓则仍然食不果腹、衣不蔽体。

1986年2月，首都太子港爆发大规模的反政府运动。7日凌晨，小杜瓦利埃被迫交权，乘坐美国安排的军用飞机流亡海外。据说飞机上装着1亿多美元的现金。

1990年12月，阿里斯蒂德当选总统，但上台8个月后就被军事政变推翻，流亡海外。1994年7月，联合国安理会授权以美国为首的多国部队对海地进行干预。同年10月15日，阿里斯蒂德返回海地，重新执政至1996年。

2001年2月，阿里斯蒂德再次出任海地总统。2004年元旦是海地独立200周年，海地理应热热闹闹地庆祝一番，但取而代之的是大规模的社会动乱。2月29日，阿里斯蒂德宣布辞去总统职务，随后乘飞机离开海地，开始其流亡生涯。4月，联合国安理会通过决议，向海地派遣多国维和部队,帮助海地恢复安全与稳定。

第三,单一经济结构长期得不到改变。工业化是现代化的基础。在海地,动荡的政局、低下的资本积累能力、落后的基础设施以及人才的大量流失,使海地的工业长期得不到发展,以热带经济作物种植业为基础的单一经济经济结构一直延续到今天。今天,海地的农业占国内生产总值的比重高达25%,而工业仅占16%。

第四,教育得不到发展。毫无疑问,经济发展水平与教育有着正相关关系。许多海地人连饭都吃不饱,哪有钱送子女上学?拉美国家的平均识字率为90%,而海地仅为53%。富人家的子女能获得较好的教育,但一般情况下都到海外去谋生了。

国外的一些学者试图从文化因素入手,分析海地为什么如此贫穷。例如,有人说,当年非洲黑奴带到海地的伏都教(Voodoo)遏制了海地的经济发展,因为这一宗教认为,只有那些没有本事的人才去没日没夜地劳动。

当然,反对"文化决定论"的学者不在少数。有人认为,伏都教仅仅是世界上无数宗教信仰中的一种,而每一种宗教都有其特点。

2011年10月,全国对外友协邀请拉美和加勒比的一些对华友好人士访问中国。我在为他们讲课时曾问一位来自海地的记者:"伏都教是影响海地发展的主要因素吗?"他的回答是:"不是。"

不论文化因素是否导致海地落后的根源,不容否认的事实是,海地确实是一个多灾多难的国家。2011年年初的地震救灾工作尚未完成,2011年下半年又爆发了严重的霍乱疫情。泛美卫生组织副主任安德鲁斯说,截至2011年12月,海地政府已经报告了52万多个病例,平均每天新增200名患者。安德鲁斯说,这是现代历史上一个国家所遭受的最为严重的霍乱疫情。

2018年1月11日,美国总统特朗普在一次讨论移民问题的闭门会议上问,为什么美国要接受来自海地那样的"粪坑"(shithole)国家的移民?他还说,把海地人赶出去。

一个大国的领导人居然将他国称为"粪坑"。这样的领导人大概不会很多。

驳"中国害臊论"

2010年1月12日16时53分9秒，海地发生里氏7.3级地震。就是在这一次天灾中，8位中国维和警察遇难。

2010年4月3日，美国《迈阿密先驱报》发表了该报记者安德雷斯·奥本海姆的一篇文章，题为"中国应该为援助海地而感到害臊"。奥本海姆写道："世界上59个国家和国际组织参加了2010年4月1日在联合国总部召开的海地重建国际捐助大会。这些国家和组织作出了援助海地的承诺，总额为53亿美元。美国答应援助11.5亿美元，欧盟援助16亿美元，中国的援助少得可怜，仅为150万美元，小于卡塔尔和韩国（分别为2000万美元和1000万美元）。"

奥本海姆还引用了一个非政府组织领导人的话："显而易见，中国没有达到一个世界好公民的标准。"奥本海姆最后写道："中国应该争取得到其他国家的尊重，使自己成为一个值得信赖的世界好公民。现在是中国为此而努力的时候了。"

我与奥本海姆相识已有多年，但在我看到他的文章后，忍不住要驳斥奥本海姆的上述论调。

海地发生地震后，中国国际救援队在当天就飞赴海地实施人道主义国际救援行动。诚然，海地与我无外交关系。海地无视中国的国际地位，多次带头在联合国提出"让台湾重返联合国"的提案。但是中国并没有将其另眼相待。中国还在海地重建国际捐助大会之前为其提供了9300万元人民币的现汇和物资。中国有数千万人尚未解决温饱问题。作为一个发展中国家，中国力所能及的援助难能可贵。

按照奥本海姆的推理，因为中国在海地有维和人员，所以中国就应该提供更多援助。这显然也是无稽之谈。维和行动与援助的多少无必然的联系。此外，作为联合国安理会常任理事国成员之一，中国向海地派遣维和人员是中国执行联合国使命的体现。

用对外援助额的大小来判断中国是不是一个"世界好公民"同样是不恰当的。试问，作为世界头号经济强国，美国的对外援助为什么从来没有达到联合国确定的发达国家的对外援助应该占其国内生产总值0.7%的标准？美国将拉美视为其"后院"，但最近几年美国对拉美的援助却未见增长。

改革开放以来，随着综合国力的增强，中国的对外援助额有所增加。对此，西方国家耿耿于怀，酸溜溜的评论不时出现。我们不禁要问：一会儿批评中国向其他发展中国家提供大量援助，一会儿又说中国因提供的援助太少而应该感到"害臊"。真不知道中国究竟应该怎么办。

奥本海姆在文章中多次提到"世界好公民"。何谓"世界好公民"？迄今为止，国际学术界、国际媒体或国际组织尚未给出一个定义。但我们认为，倚强凌弱、搞霸权主义、干涉他国内政、随意指责他国、践踏国际法准则，甚至发动战争，肯定不是一个"世界好公民"。而倡导和谐世界理念、笃守和平共处五项原则、力所能及地援助发展中国家、尊重国际法准则、在世界经济陷入危机后能保持本国汇率稳定等行为，则是一个"世界公民"应有的特征。

中国实施改革开放以来，"中国崩溃论""中国威胁论"不绝于耳。今天又多了一个"中国害臊论"。不知明天西方人又会想出一个什么论调。

波多黎各会不会成为美国第 51 个州

第二次世界大战后，民族解放运动在世界各地蓬勃展开，一大批殖民地挣脱殖民主义统治的枷锁，获得了民族独立。但是，时至今日，世界上尚有为数不少的殖民地，其中相当一部分是在加勒比地区。

值得注意的是，20 世纪后期以来，一些西方学者常以"属地"（Dependency）来取代"殖民地"（Colony），认为上述岛屿的殖民地性质已不复存在，因为它们都已实现了自治，与宗主国的关系仅是一种依附性与被依附的关系，不具有统治与被统治的性质。

波多黎各是加勒比地区殖民地中最大的岛屿，陆地面积 8870 平方公里（天津市的面积为 1.13 万平方公里），人口近 400 万。1509—1898 年，它是西班牙的殖民地，1898 年美西战争后沦为美国殖民地。1917 年，美国国会通过了《琼斯—谢佛罗思法》，把美国国籍给予波多黎各人，1952 年又给予"自由联邦"的地位。但是这种名义上的"自治"仅限于内部事务中的一部分，许多方面的主权仍掌握在美国手中。

在历史上，许多波多黎各人民曾为取得民族独立进行了艰苦的斗争。尤为著名的就是 1869 年 9 月 23 日爆发的"拉雷斯呼声"。这次武装起义曾一度取得胜利，并宣布成立共和国。但最终还是遭了西班牙殖民地军队的镇压。

20 世纪 30 年代至 50 年代，要求独立的呼声再次出现。一些主张民族独立的组织甚至诉诸武力和恐怖行为，以引起国际社会的关注。如在 1950 年 11 月 1 日，两名主张波多黎各独立的波多黎各人在华盛顿行刺杜鲁门总统未遂。1954 年 3 月 1 日，又有 4 名主张波多黎各独立的波多黎各人在美国众议院会议室内开枪扫射，打伤 5 名众议员。

在国际上，声援波多黎各独立的呼声也时有所闻。例如，1972 年以来，联合国非殖民地化特别委员会曾多次重申波多黎各人民享有"自决和独立的权利"。不结盟运动也曾多次通过决议，支持波多黎各独立。由古巴等国发起的"声援和支持波多黎各独立国际会议"于1975年和1979年分别在哈瓦那和墨西哥城召开。古巴领导人卡斯特罗、巴拿马前总统马丁·托里霍斯以及诺贝尔文学奖获得者、哥伦比亚作家加西亚·马尔克斯等一大批国际名人，都积极支持波多黎各独立。

在选择自身政治前途的问题上，波多黎各内部主要有三派政治力量：新进步党主张成为美国的第51个州，人民民主党要求维护目前的"自由联邦"地位，独立党和社会党等党派则呼吁早日实现民族独立。在1967年、1993年和1998年的三次关于自身的政治地位的全民公投中，大多数人表示要维持现状，即既不想独立，也不愿意成为美国的第51个州。

那时，大多数波多黎各人希望维持现状的原因是多方面的，其中经济因素尤为重要。美国资本的输入使这个小岛的经济获得了较快的发展，人民生活水平大幅度提高。虽然他们不能参加美国总统的选举，但是美国的联邦政府不向波多黎各人征税。因此，人们普遍担心独立后会从美国那里获得较少的经济实惠。正如人民民主党前领袖穆尼奥斯·马林所说的那样，尽管在政治上来说独立是十分必要的，但是在经济上，"独立则意味着破坏"。

主张维持现状的波多黎各人还认为，波多黎各的政治、经济、社会和文化具有自己的特色，加入美国后，这些特色会荡然无存。他们不希望波多黎各加入美国后成为"一个乡巴佬的州"（un estado jibaro），即受人冷落和落后的州。

主张成为美国第51个州的波多黎各人则认为，美国是世界上的超级大国，成为美国的一个州以后会提升自己的地位，也能与其他州平起平坐，可以投票选举总统，享受到更多的经济上的好处。

必须注意到，波多黎各人的立场是会发生变化的。2012年11月6日，波多黎各就自身的政治地位问题举行第四次全民公投，大多数波多黎各人选择的是成为美国的一个州。

2017年6月11日，波多黎各就其与美国之间的地位关系举行第五次全民公决。投票结果显示，超过97%的选民支持波多黎各正式成为美国的一个州，而支持完全独立和支持维持美国联邦领土地位现状的选民仅占

1.5%和1.32%。但是，此次公投的投票率不高，因此其合法性和有效性存在争议。

美国不希望波多黎各实现独立。不仅如此，美国甚至还试图将这个人人会说西班牙语的加勒比小岛变成自己的第51个州。1976年，主张成为美国第51个州的波多黎各新进步党在大选中获胜后，美国更加明确地表达了吸纳波多黎各的愿望。福特总统在其任满前6天向国会提交了《1977年波多黎各立州法》，正式主张将其变成美国的第51个州。1982年11月，里根总统发表声明，支持将波多黎各并入美国。布什总统在1989年2月9日的一次讲话中说："我主张（波多黎各）成为美国的州。但是我要请美国国会允许那里的人民来决定。"

美国不愿意放弃这个殖民地的主要原因是出于战略地位的考虑。加勒比海素有"美国的后湖"之称。古巴革命后，波多黎各的战略地位愈益突出。因此，在美国的苦心经营下，该岛已成为美国的重要军事基地。美国在那里驻扎了数以万计的军队，设有多个军事基地。这些基地所占面积占波多黎各全岛面积的14%。罗斯福罗兹海军基地是美国在本土以外的最大的海军基地，成为五角大楼对整个加勒比海和南大西洋的海上控制中心。

当然，也有一些美国人反对将波多黎各变成美国的一个州，而且反对的理由不止一个。例如，有些美国人认为，因为英语和西班牙语都是波多黎各的官方语言，所以，一旦波多黎各成为美国的州，美国英语的"纯正性"将遭受更大的破坏。因此，他们建议，除非用法律形式将英语定为波多黎各唯一的官方语言，否则语言上的隔阂必将影响联邦政府对波多黎各事务的管理，也会掣肘波多黎各与美国联邦政府和其他各州之间的联系。

还有一些美国人认为，虽然波多黎各的经济发展水平在加勒比来说并不低，但与美国相比则有很大的差距。因此，美国一旦背上这个包袱，联邦政府将给予更多的财政补贴和援助，这会增加美国纳税人的负担。

如果波多黎各成为美国第51个州，美国的疆域将增加近9000平方公里。美国领土面积的扩大意味着什么？这是一个有待探讨的重大问题。

富可敌国的开曼群岛

天生我材必有用。这一句话既可描述人，也可形容地。巴西疆域广袤，拥有多种资源；阿根廷的潘帕斯草原土地肥沃，被誉为"世界的粮仓"。加勒比海中的开曼群岛（又译凯曼群岛）只有264平方公里，甚至小于北京丰台区的304平方公里，但这个英国殖民地在国际上的知名度却很高。

开曼群岛位于牙买加西北，由大开曼、小开曼和开曼布腊克三岛组成。居民仅为5.1万人。这些岛屿是哥伦布在1503年发现的，1670年沦为英国殖民地。当时岛上的居民多为躲债的穷人、遇难船民或流浪汉。直到20世纪40年代，开曼群岛才结束了与世隔绝的状态。

1962年牙买加独立后，开曼群岛由英国女王任命的总督统治。那里有立法议会和行政议会，但没有军队和警察。

开曼群岛的降雨量不多，而且缺乏河流，许多地方是不毛之地。水果和蔬菜只能在岩石间的小块土地上种植，因此岛上居民和旅游业所需的绝大部分食物依赖进口。

开曼群岛过去盛产海龟，素有"海龟之岛"之称。由于过度捕杀，现在只能在人工养殖场里看到它们了。据说饲养一只海龟需要9年的时间。

开曼群岛的海滩和潜水活动很吸引旅游者。透过清澈的海水，能看到五光十色的珊瑚、鱼群和沉船遗骸。因此，旅游业是其一大产业。2008年，共有190万游客到开曼群岛旅游（其中一半是美国人），旅游业的收入占总产值的70%和外汇收入的75%。

相比之下，开曼群岛的知名度似乎不是海龟和旅游业，而是离岸金融业。截至2008年，共有世界各地的9.3万家公司在开曼群岛注册，其中包括300家银行，800家保险公司和1万家共同基金。换言之，在那里注册的公司在数量上比本地人的人口还多。

开曼群岛之所以具有如此大的吸引力，是因为在那里注册的企业不用交税，只需交一些所谓管理费；保密性好；在国际资本市场上筹资容易。这些特点也使开曼群岛和加勒比海中的其他一些离岸金融中心（如巴哈马、英属维尔京群岛和百慕大）被称作不太好听的"避税天堂"。

国际上确实有不少人利用离岸金融中心的特点，在那里从事洗钱活动。因此，最近十多年，国际上越来越关注开曼群岛和其他一些离岸金融中心的负面影响。

2009年5月4日，美国总统奥巴马表示，美国将采取措施，阻止跨国公司利用"避税天堂"来偷税漏税。他在讲话中提到了开曼群岛。翌日，开曼群岛金融服务协会发表了一封致美国总统奥巴马的公开信。该协会在信中说："我们高兴地得知美国有意恢复全球税收政策的平衡性和公开性，也同意你对偷税漏税的关注，以确保每一家公司能公正而合法地纳税。……但是，我们对你涉及开曼群岛的言论表示关切。你错误地认为，在开曼群岛运营的美国公司从事偷税漏税。但我们认为，设在开曼群岛的公司都是合法经营的，而且都有透明度，与你说的正好相反。开曼群岛的税率低，这与爱尔兰等地的做法并无二致。……为了构建一个充满活力的、负责任的、透明的和公正的监管体系，我们一直在严格遵守美国、国际货币基金组织、经济合作与发展组织、反洗钱金融行动特别工作组制定的规章制度。"

这一公开信还写道："在当前的金融危机中，在开曼群岛没有一家银行倒闭，没有一家倒闭的银行与开曼群岛有关。相反，在当前这个关键的时刻，设在开曼群岛的1.2万家与美国有关的公司以一种透明的方式为美国的金融机构提供了数万亿美元的资金。"

根据中国商务部、国家统计局和外汇管理局出版的中国对外直接投资统计公报，中国在拉美的直接投资的存量从2003年的46.2亿美元上升到2017年的3869亿美元，但其中大部分流向开曼群岛。以2017年为例，在中国对外直接投资存量前20位的经济体中，香港以9813亿美元居首位，开曼群岛以2497亿美元名列第二。这意味着，中国在拉美的实体经济中的投资不足1400亿美元。

不论在开曼群岛注册公司的动机是什么，岛上的居民却是赚得盆满钵溢。谁能想到，他们的人均收入接近5万美元，真可谓富可敌国。

拉美研究如何避免"摘樱桃"

"摘樱桃"（cherry picking）是一个英语习语，意思是为了证明自己的观点正确而有意识地选择一些证据或事实，对其他一些证据或事实则视而不见。

国际问题研究中"摘樱桃"的例子俯拾皆是。例如，为了证明美国在衰落，有人说，侵越战争耗费了美国的大量黄金储备，而欧洲、日本和中国的经济则蒸蒸日上，从而使美国在全球经济中风光不再；在国际政治舞台上，美国已不再能够心想事成，美国甚至对付不了小小的伊拉克和阿富汗；美国的国内社会问题成堆，也严重地消耗了美国的国力……但也有人说，美国尚未衰落，因为美国的国内生产总值在世界上仍然雄踞首位，美国的跨国公司在世界上所向披靡，美国的军事实力可以与任何一个国家PK，美国的科技水平和科技创新在世界上独占鳌头，获得诺贝尔奖的美国科学家的人数超过世界上任何一个国家……

又如，为了证明全球化是"洪水猛兽"，有人说，20 世纪 90 年代以来，世界上之所以接二连三地爆发金融危机，都是因为全球化造就了一大批索罗斯这样的"金融大鳄"；此外，全球化冲垮了发展中国家的市场，使发展中国家与发达国家之间的差距不断扩大，贫困问题更加严重……但也有人为了证明全球化是"灵丹妙药"而大谈商品、资金和人员在全球范围内自由流动的好处，对全球化带来的风险视而不见。

再如，为了证明欧洲的前途岌岌可危，有人从希腊债务危机说起，视欧洲为"没落地主"；他们认为，欧盟在是否应该援助希腊的问题上犹豫不决，充分说明欧盟内部的所谓团结一心仅仅是华丽的辞藻而已；欧洲国家超前的高福利模式是一种"寅吃卯粮"的生活方式，因此是不可持续的；在希腊债务危机最严重的时候，甚至还有人认为欧元的崩溃是迟早要发生的悲剧……但也有人列举了许多事例来证明，欧洲仍然是"世界的先行者"。他们说，欧盟的经济规模早已居世界首位，欧洲国家的科技水平和创新能力完全可以与美国媲美；此外，欧洲的文明、在推动一体化的过程中积累的经验、欧洲人的良知理性以及欧洲模式中的那种真正意义上的"以人为本"，都充分说明欧洲的发展前景充满希望……

拉美研究中也有"摘樱桃"的事例。

例如，为了证明拉美不再是美国的"后院"，许多人提到了"东山再起"的拉美左派，尽管国内外学术界尚无"左派"的定义；也有人说，拉美出现了一个包括古巴、委内瑞拉、厄瓜多尔和玻利维亚等国组成的"反美轴心"，其他一些拉美国家（尤其是巴西）也胆敢与美国对着干；美国在美洲国家组织内发号施令的时代已一去不复返；委内瑞拉总统查韦斯甚至在联合国讲坛上骂美国总统布什为"魔鬼"……但也有人说，从地缘政治角度出发，拉美永远是美国的"后院"，在市场、资金、技术和移民等领域，拉美离不开美国，世界上没有一个地区像拉美那样与美国达成了如此多的自由贸易区……

又如，有人认为，拉美经济改革是失败的，因为拉美的社会问题越来越严重，贫富差距不断扩大，墨西哥、巴西和阿根廷甚至爆发了严重的金融危机……但也有人认为，拉美经济改革是成功的，因为经济改革使拉美摆脱了 20 世纪 80 年代的债务危机和经济危机，宏观经济形势越来越稳定，国民经济的开放度不断扩大，市场机制发挥越来越大的作用……

再如，有人认为，墨西哥与美国和加拿大签署的北美自由贸易协定（NAFTA）扩大了墨西哥对美国的出口，吸引了美国的大量投资，也改善了墨西哥在国际上的形象。正是因为有了 NAFTA，美国才愿意在 1994 年 12 月墨西哥爆发金融危机后给予慷慨的援助……但也有人认为，NAFTA 对墨西哥是弊大于利，因为美国产品更容易占领墨西哥市场，墨西哥的大量小农更是受害匪浅……

总而言之，在拉美研究领域，类似上述那些"公说公有理、婆说婆有理"的争辩还有许许多多。正方似乎有足够的证据或事实来证明其观点的正确性，而反方使用的证据或事实似乎亦非空穴来风。这在一定程度上说明，有时候无论是正方还是反方，都有"摘樱桃"之虞，只是程度不同而已。

如何才能避免"摘樱桃"？

以下几个原则或许是非常重要的。首先，必须坚持正确的政治方向，坚持唯物辩证法，反对形而上学，摒弃人云亦云。其次，必须倡导科学的研究方法，努力发现事物的本质，不被表面现象所迷惑。既要发现"树木"，更要看到"树林"。最后，必须反对以偏概全，坚持实事求是，去伪存真。

当然，说起来容易做起来难。尤其在今天这个信息化时代，面对五花八门的出版物和互联网上的研究资料，我们更应该坚持上述几个原则，尽量不要去"摘樱桃"。

后　　记

撰写一本介绍拉美的通俗读物这个想法早就有了，只是由于抽不出足够的时间，断断续续，写写停停，一直未能脱稿。在完成《拉美发展前景预测》（中国社会科学出版社 2011 年版）一书后，我决定见缝插针，力求以最快的速度完成这一本通俗读物。经过半年多的努力，我终于在 2012 年 9 月把稿子交到中国社会科学出版社国际问题出版中心主任冯斌先生的手中。

本书在 2013 年 4 月出版后，据说销路还好。在上海大学全球问题研究院拉美研究中心和中国社会科学出版社的支持下，我在 2018 年年底和 2019 年年初对该书进行了一些修改和补充。

中国社会科学出版社张林主任为本书第二版的出版提供了巨大的帮助。我在此向她表示诚挚的感谢。

毫无疑问，本书表述的仅仅是我对拉美的观察和思考，很可能是盲人摸象，不能恰如其分地反映拉美的现实，有些内容甚至可能是错误的，或是误人子弟的。我非常欢迎读者能不吝指正。请把你的宝贵意见发至我的电子邮箱 jiangshixue@126.com。

江时学
2019 年 2 月